浙江省21世纪教科研精品成果文丛

亲近自然

——德育走向亲和

夏美丝 著

ZHEJIANG UNIVERSITY PRESS
浙江大学出版社

图书在版编目(CIP)数据

亲近自然：德育走向亲和/夏美丝著. —杭州：浙江大学出版社，2012.3
ISBN 978-7-308-09434-4

Ⅰ.①亲… Ⅱ.①夏… Ⅲ.①儿童教育：德育 Ⅳ.①G611

中国版本图书馆 CIP 数据核字（2011）第 259853 号

浙江省 21 世纪教科研精品成果文丛

亲近自然——德育走向亲和

夏美丝 著

责任编辑 李玲如
封面设计 魏 清
出版发行 浙江大学出版社
（杭州市天目山路 148 号 邮政编码 310007）
（网址：http://www.zjupress.com）
排 版 杭州大漠照排印刷有限公司
印 刷 杭州丰源印刷有限公司
开 本 710mm×1000mm 1/16
印 张 13.75
字 数 257 千
版 印 次 2012 年 3 月第 1 版 2012 年 3 月第 1 次印刷
书 号 ISBN 978-7-308-09434-4
定 价 40.00 元

浙江大学出版社发行部邮购电话（0571）88925591

总　序

方展画

浙江人素以“敢为人先”而饮誉，创新是浙江精神的“关键词”，也是浙江经济社会蓬勃发展的“基因”。

在浙江这块充满激情与活力的热土上，教育事业也伴随着改革开放的大潮得到了长足的发展。倘若解读如火如荼的教育发展态势，不难发现：正是“创新”这种不竭的动力催生出累累的教育改革硕果，推动着教育事业不断地走向兴旺发达。尤其是步入新世纪以来，浙江的教育工作者更是以前所未有的勇气和领风气之先的智慧，矢志改革，锐于探索，掀开了浙江教育崭新的一页。

要改革，要创新，要敢为人先，离不开科学的态度和方法。就教育而言，教育事业要实现健康有序的跨越式发展，离不开对科学的探索，离不开教育科研的强有力支撑。事实上，经过多年的摸索和实践，科研兴教、科研兴校、科研兴师在学校教育中已成共识，群众性的教育科研工作风生水起，后浪推着前浪，并由此推进着浙江省教育改革不断地向纵深发展。

值此步入新世纪第二个十年之际，我们觉得有必要展示一下浙江省教育科研的重大成果，这不仅仅是留存十年的“印痕”，更重要的是从不同的侧面展示教育改革是如何迈出一步又一步坚实的步伐，展示“创新”所赋予我们事业的力量与价值。

为此，我们组织《浙江省21世纪教科研究精品成果文丛》的评选、编写和出版工作。今年年初，我们首先组织全省各地申报“精品成果”项目，将新世纪头10年取得的课题研究成果报上来，组织专家对这些成果进行筛选，确定了11个项目进入“文丛”选题，然后要求成果持有人按照专著的要求重新编写，最后选定了10本专著编入《浙江省21世纪教科研究精品成果文丛》，由浙江大学出版社正式出版。

综观《浙江省21世纪教科研究精品成果文丛》选辑的10本专著，具有以下四个方面的特点：

1. 着眼新的理念，诠释并改革传统学校教育。镇海中学办学的个性化诉求体现了一所百年名校对教育价值的全新追求，杭州长寿桥小学的“课程整合”和金华金师附小的“项目学习”对传统的分科教学作出了大胆的挑战，北仑淮河小学则从综合实践活动入手构筑了学生成长的一个精神家园。

2. 立足教育内涵，开展并提升了深层次的教育创新。义乌实验小学凭籍“文化立校”之径努力打造书香校园，温州瓦市小学用“创新教育”引领着学校方方面面的工作从而使学校发生了深刻的变化，金华东苑小学在学校德育中积极探索“回归自然”这一新的教育取向努力彰现德育的亲和力。

3. 探索区域教育特色化发展的创新之路。“文丛”中有三本书是由教育局长领衔的课题研究成果，通过研究与创新有力地推动了区域教育的发展，形成了区域教育的显著特色。如杭州市教育局局长徐一超的“名校集团化”项目，淳安教育局局长管国良的“小课程研究”项目，东阳教育局局长陈绍龙的“校外体艺制度”项目，这些项目的实施而形成的区域教育特色已成为浙江教育的亮点，并促进了区域教育特色品牌建设。

4. 借助教育科研机制提升实践智慧层次与水平。“文丛”所选的10本书，无一例外都是浙江省教育科学规划的研究课题，都经历了选题的论证、资料文献的分析与借鉴、研究思路的研讨、研究过程的调整与完善等科研手段，从而在不同程度上提升了来自实践的感悟与经验，并使之获得了理性的力量和深刻。

当然，在某种意义上，“文丛”属于“立此存照”。我们期待着：在新的十年中，浙江的教育会有更大更辉煌的创新成就，浙江省群众性的教育科研工作会有更多更丰硕的创新成果。

——期待教育的明天将不断翻开绚烂的新页。

2011年12月

目　录

CONTENTS

第一章　思考：小学德育的转变

一、"悄悄话信箱"的声音

思想品德教育在当前社会面临着巨大挑战。农业经济时代，专制体制造就了单一的价值观；工业经济时代，商业利润成为价值主流；如今的中国社会处在农业经济、工业经济和现代化经济杂糅的过渡时期，一方面传统单一价值观仍然存在，另一方面，经济、科技、信息网络的全球化、一体化趋势，使整个世界就在眼前，一个价值多元的世界无可回避地呈现在我们眼前。这个世界似乎消解了道德教育的存在体系和价值意义，道德失去了其高尚性和理想性，道德控制社会的能力直线下降，道德的权威彻底瓦解。

小学生是一个尚未形成自我价值定位和自我道德承担的时期，价值观没有形成，道德观念还未明确，价值体系还不完善。面对良莠不齐、缺乏价值判断的网络信息，小学生的道德认知会受到极大冲击，在信念、意识、伦理和品行等方面会出现善恶观念的混淆。生活在多元化时代的新生一代小学生，他们的价值观念更加多元，价值选择会更加自由，而这种自由一方面表现为对多元化社会和多样价值选择的自主性；另一方面也表现为对教育，特别是对价值取向选择的自主性。这种自由的结果一方面是对于学生道德判断能力的考验，另一方面也带来了缺少社会认同的迷茫和焦虑。一些研究者甚至秉持相对主义价值观，否认人类存在共同的道德价值观念，认为道德是个人的，随意的，可以随着个体的发展而自然发展的，将学生自身的生活经验作为确定道德观念的标准，衡量和评判自身的社会行为。在这样一个现代向后现代转型的阶段，德育工作的重点是限制他们选择、替代他们选择，还是尊重他们的选择，创造新的价值取向去引导他们选择？这是摆在德育工作者面前的一个至关重要的课题。

(一)“悄悄话信箱”的实践

金华市东苑小学创办于1999年,经过十二年努力已发展为一所极具潜力的新生代学校。学校办学理念先进、教学水平高。在校学生的家庭社会经济地位较高,父母对他们的期望较高;学生个性鲜明,思维活跃。满足学生成长的需要,办好家长和社会满意的学校成为东苑小学成立伊始就开始的思索。

培养人、教育人的前提是尊重学生人格,这是叩开学生心灵大门的唯一正确的途径。首先应善待学生,平等地对待每个学生,充分地理解、尊重、信任他们,并学会宽容,以充分满足学生自尊的需要。关注学生的心理需要和精神需要,以爱为基点,将心比心,运用心理换位法像学生那样去感受生活,理解他们的真实情感。通过谈心、郊游、劳动等活动,缩短心理距离,促使感情上的融洽。其次,要用发展的眼光看待学生,发扬其特长、潜能,建立其自信。只有从尊重出发,才能打开人的心扉,打通人与人之间的心理隔阂,促使人与人交往和谐、关系友好、心理相容,从而创造适宜、开放、民主自由、宽松、生动活泼的心理教育氛围,有效地发挥人潜在的无意识的心理作用,顺利相互传递各自情感、态度、充分发挥潜移默化功能,完成真正的精神交流,达到真正的心理教育目的。

人本主义认为,人类有机体有一种自我发展的潜能,人的本性是积极向上的,富有理性的,可以通过自我教育不断地完善自我达到自我实现。罗杰斯在《患者中心疗法:它的实践、含义和理论》中指出:人类有机体有一种天生的“自我实现”的动机,所有其他动机都是这种自我实现的不同表现形式,自我实现指的是一个人发展扩充和成熟的趋向。这种潜能只有在真诚、共情、无条件关注的环境和条件下得以充分的发展和展现。罗杰斯认为:人类给予人印象最为深刻的事实似乎就是其有方向性的那种倾向性,倾向于朝着完美,朝着事项各种潜能的方向发展。因此他所倡导的以人为中心的治疗就是使来访者自我调整、自我成长并逐步摆脱外力的控制前进,而且每个人都可以作出自己的决定,每个人都有着实现的倾向,若能有一个适宜的环境的话,一个人将有能力指导自己,调整自己的行为,控制自己的行动,从而达到良好的主观选择与适应。

我们贯彻以人为本的观念,主动为学生搭建探索自我、思考自我和表达自我的平台,学生在真诚、合作、民主的关系中扫除发展的障碍,开发潜能,获得最大的发展。为及时洞察学生的思想动态和对学校的意见,了解同学以及师生之间的关系,学校设置“悄悄话信箱”,作为学校和学生及时沟通的平台。

1. “悄悄话信箱”的运作

学校于2000年初设立“悄悄话信箱”,面向全体学生开放,并配备专门的心理咨询老师。“悄悄话”这个名称儿童喜闻乐见，倍感亲切，也符合儿童的年龄特征。信箱设计具有童话性，“开口弯弯像笑脸，箱顶尖尖像城堡”，非常新颖有趣，十分符合儿童审美心理特点。

“悄悄话信箱”是一只城堡式的小木盒，上了漆，开个口，贴上“悄悄话儿对你说”几个字。学生在学习、生活、人际关系等方面都可能遇到障碍，遇到矛盾产生困惑。他们也需要倾诉与宣泄。但由于学习的压力、老师过高的期望值、不信赖老师、说话有顾虑等原因会造成孩子对老师实行“信息封锁”。“悄悄话信箱”充满温馨又充满童趣，它给学生创造了一个可以自由充分表达的空间。学生心中的秘密，不管是提要求的、提意见的、赞扬的、反对的，喜怒哀乐、酸甜苦辣尽可以通过一张张小小的字条向“悄悄话信箱”倾诉。

“悄悄话信箱”的内容十分丰富，涵盖了众多的德育主题。针对目前社会环境和小学生的德性发展规律，我们主要探索了以下几方面内容：

(1) 重视个性发展，培养健全人格。小学是个性形成的起步阶段，在这个阶段中，他们身上往往会出现一些不良的个性倾向，如狭隘、怯懦、孤僻、敌对等。因此，在以“悄悄话信箱”为载体的心理健康教育中，必须注重学生个性心理的健康发展，培养其健全的人格。

(2) 加强抗挫心理指导，培养学生良好的意志品质。人的一生不可能不遇到挫折，有工作和学习方面的，有家庭和婚姻方面的，也有来自社会方面的，还有个人身体健康方面的。对于小学生来说，他们看问题过于理想化，容不得一点阴影，意志比较薄弱，心理承受能力较低，经受不住生活、学习上的挫折和打击，往往容易产生考试焦虑、厌学心理、学校恐惧等，甚至做出愚蠢的、令人痛心的事。因此，在悄悄话信箱中要培养学生积极进取的精神，使学生在与挫折的斗争中生存，求发展、求完善。

(3) 优化人际关系，帮助学生学会交往。心理健康的人乐于与人交往，有着积极良好的人际关系。如今在学校中有不少学生在处理人际关系方面显得力不从心。他们往往孤独、忧郁，不愿意参加集体活动。他们缺乏交往技能，在人多的场合讲话时，往往会感到脸红、心跳、浑身冒汗，因此他们害怕和同学交往。究其原因，主要是由恐惧、自卑、自傲、妒忌、多疑等心理因素造成的。因此，“悄悄话信箱”要帮助学生正确认识自我，真诚地与人交往。

“悄悄话信箱”的操作由“设立——宣传——整理——答复”等几个环节组成，并且这是个循环往复的过程。小学生是未成年人，是社会中的弱势群体。他们往往不清楚自己的权利，不善于表达自己的合理要求，甚至用负面的行为表达和满足自己本来正常的需求。在学生投递悄悄话之后，学校及时整理、归类存档并细致地做好答复，而不仅仅是等待悄悄话。

宣传是要让学生了解悄悄话信箱是用于帮助解决学生的心理问题，是绝对保密的，使学生对悄悄话信箱形成绝对的心理安全感和信赖感。通过学校红领巾广播站，向学生们宣传设立“悄悄话信箱”的目的，鼓励、引导孩子们积极参与思考、书写、投递，引发学生们求助的心理需要。

整理是心理辅导教师根据心理知识把学生的来信进行整理归类，看看学生中普遍存在的是什么问题或个别学生存在的特殊问题。学校确定专人，每周一次定时开启，根据来信年级和内容，召开班主任会议确定主题。

答复要求心理辅导老师在回答学生的倾诉信时，一定要及时，回复的内容要能给学生以启发和开导。可以分为两种形式，一种是以回信的方式或找学生个别谈话的方式进行答复，这多用于个别学生的特殊问题。如有一张条子这样写道：“××中学的××同学，多次在路上拦截我班××同学，向我班××同学敲诈钱物，不给就打人。”看到这个条子，我们从预防未成年人犯罪的高度，及时和对方学校、双方家长沟通、联系，查明真相，制止了事态进一步发展。对那些无须解决或暂时无法解决的，我们也留作参考，并通过各种渠道，做好解释工作。对那些片面的意见，我们则主动协调、帮助、提高，达成共识。一种是针对普遍存在的问题，或是把具有相同或相似问题的学生集中在心理咨询室里，进行团体心理辅导，如考试焦虑、人际交往等。或是在红领巾广播站、“‘悄悄话’回音壁”栏目、橱窗“‘悄悄话’回音廊”、黑板报等集体活动阵地中答复，在实际中解决。心理辅导老师的鼓励和安慰，能帮助学生振作精神，提高与心理障碍作斗争和应付危机的能力，产生心理支持性功能。

每个孩子都有一个独立的心灵世界，心灵的成长就像小小的青草、树苗、花果一样，需要阳光、雨露、空气和足够的空间。设立“悄悄话信箱”是想让更多的教师、家长和社会人士关注孩子，关注孩子的心灵，尊重孩子的个性。在一个小小的信箱面前，孩子们变得大胆、主动了。他们在思考、书写、传递的过程中表现出强烈的主人翁精神和参与意识。“悄悄话”触动了学生的思想，净化了他们的心灵，锻炼了他们的文字表达能力，更促使老师了解学生，及时帮助学生解决成长过程中的心理困惑，学生提高了适应社会生活的能力，能够健康快乐地成长。

2.“悄悄话信箱”的原则

一个交流平台要想发挥巨大作用，沟通的流畅性至关重要。为了加强与学生的沟通，我们在“悄悄话信箱”回复中，突出强调了“三多三少”的原则。

首先是疏导多，堵塞少。学校通过“悄悄话信箱”为学生开辟更多的可供他们倾诉的渠道，教师给予及时有效的回应，使问题得到及时的解决，而不是忽视或不给予回应。应使学生的困惑得以及时的疏导，而不是长期搁置，从而引发本可以避免的心理危机。尤其对学生的不良行为习惯，更宜采取疏导的教育方式，晓之以理，动之以情，分析原因，探寻解决方法，让学生在认知和情感上正确对待自己的行为，从而实现改变不良行为习惯的目的。而不是采取简单粗暴的方式，或是严格的禁令。

其次是热情多，冷漠少。热情地对待每个学生，而不是冷漠以待。热情地对待学生可以使学生更喜欢接近教师，有利于形成良好的师生关系。从而易于实现“亲其师，信其道”的目标。由于教师对学生充满热情，对教育事业充满热忱，因而把与学生交往当成一件乐事，让学生在温馨的氛围中，拥有一份愉快的心情，有利于学生学习和心理的健康成长。

为此，我们在心理健康教育中，鼓励学生积极参与学校的教育和管理，让学生将热情和智慧投入其中，充分激发学生的主人翁精神。比如学校在管理上存在一定问题，学校通过“悄悄话信箱”或“金点子信箱”，给学生提供提出自己看法的机会。学校对学生的意见和看法给予积极的回应，对学生的热情参与学校教育管理给予充分的肯定，从而形成学生积极参与学校管理的校园文化氛围。

比如，一位学生在“悄悄话信箱”里这样写道：“我希望在进学校门的路旁种一些小树和花。”学校老师打开信箱后，一边着手解决这个问题；一边肯定提建议的学生的积极性。接下来便有更多的建议，从而出现了学生关注自己学校的事情的局面，学生的主人翁精神得到充分的发挥，进而更热情地投入到学校教育和管理中去。

第三是鼓励多，批评少。我们倡导多鼓励，是为了培养学生的自信心和被认可感。根据人本主义心理学家马斯洛需要层次理论，人都有自我实现的需要和受尊重需要，从而获得他人和社会的承认和肯定。而鼓励正代表着一种积极的期望。我们知道对小学生而言，尤其是教师和长辈的适度积极期望往往可以给学生带来巨大的动力，从而有可能出现皮格马力翁效应。

我们在倡导多鼓励的同时，提倡少批评，甚至尽量不批评，这是为了保护学生的自尊心，培养学生的自我教育能力和自我约束能力。比如，开展“无批评日”活动的实践研究表明，无批评，学生的自我管理、自我约束却相对更强。“无批评日”设在每月最后一周的周五。有一位学生在体会中写道：“我是一个不守纪律的学生，当无批评日到来的时候，我真高兴，因为我想这一天我怎么淘气，老师也不会批评我，这样多好啊！可当无批评日到来的时候，我却发现班上的同学出奇的好，没有扰乱课堂纪律的，就连平时和我一样淘气的同学也变好了，看了这些我怎么好意思不守纪律呢?”可见少批评是为了不用批评，在充分尊重学生，信任学生的前提下，挖掘学生的自我教育能力和自我管理能力，实现预期的教育目标。

3．“悄悄话信箱”的特点

通过不断的实践和修正，学校“悄悄话信箱”工作形成了快、全、活的特点。

“快”指学校对学生“悄悄话”的答复快。为“悄悄话”作答复的是一个由多名骨干教师组成的反馈群体，“悄悄话信箱”每天必开，给予及时的答复，努力做到悄悄话不过夜。为了减轻整理、归类的工作量，分别设立关于“学校的布局和设施”、“学生的生活和学习管理”、“学科的设置和教学方法”、“校园文化和文体活动”等各个方面的“悄悄话信箱”，此外还提倡写心理日记，教师给予及时的答复，可以进行笔、口头和电脑网络等多种交流方式来及时解决问题。

“全”指学校对学生的“悄悄话”逐条答复、说明和解释。“全”，不仅包括对学生的悄悄话的处理形式上有一套完整的程序，即问候并表明教师的态度——述说对问题的看法——引导学生思考和判断教师的建议和方法——美好的祝愿；还包含在实质上是为了帮助学生解决实际问题，而不仅仅是语言上的说明和解释。例如，有一位学生在他的悄悄话信箱里提到，家长爱好打麻将给其学习和生活带来了极大的影响，为此求助于老师。当教师收到这封信之后，不是简单直接的回信，而是先进行家访了解情况是否属实，若属实，不仅对学生进行方法指导，而且对家长进行教育，希望能真正解决这个问题。

“活”，指答复方式灵活多样。面上的问题在红领巾广播站“师生心桥”栏目、橱窗“悄悄话回音廊”和黑板报等集体阵地活动中答复。个别问题则个别交换意见，或面谈或写知心信。对于无须解决的，或暂时无法解决的，也留做参考，并通过各种渠道，做好解释工作。随着现代信息技术的运用，我们的悄悄话对话交流方式也随之增加。比如开辟了校园心理论坛或网上悄悄话信箱等，师生之间可以获得更开放的更多的更灵活的交流和对话的方式。

4．“悄悄话信箱”的辐射

在具体实施“悄悄话信箱”策略过程中，学校注重以此为抓手，开展全面的德育工作，将“悄悄话信箱”与学生行为规范养成，与家庭教育，与教师专业发展等学校工作相结合，形成了全校参与，整体推进的良好局面。

首先，将“悄悄话信箱”与学生思想道德教育和行为规范养成相结合。我们在“悄悄话信箱”操作过程中发现，心理健康教育与德育相辅相成、不可分割，从某种程度上说是融为一体的，德育渗透在心理健康教育中。如培养学生积极进取精神，消除学生的厌学心理等心理健康教育的内容同样也是德育的内容，进行思想道德教育要以健康的心理为前提。因此，我们将继续努力在心理教育过程中，与学生思想道德教育、行为规范养成相结合，实现各育相互促进，使学生全面协调发展。

其次，将“悄悄话信箱”与家庭教育相结合。家庭是学生心理问题的发源地之一，要提高学生的心理素质，避免心理矛盾激化，必须使家长深入了解掌握子女的心理活动规律、个性特点及调适方法。因此有必要密切学校教育和家庭教育的横向联系，加强信息的反馈和沟通，共同来关注学生的心理健康发展，为每一个学生探寻适合其心理特点的心理健康教育的有效途径，而不是学校在孤军奋战，忽视了家庭心理辅导这一重要的教育资源。

我们认为，加强家庭心理辅导，提高家庭教育质量，增进家庭教育与学校教育的沟通，使之形成教育合力，是提高心理健康教育质量的重要环节。为此，我们除了平时注意和家长沟通外，还要开展家长学习班或专题讨论会等教育活动，使家长和教师在学习和沟通中共同学习成长。其中，尤其关注家长的教育观念的转变，扭转家庭教育只重分数，不关心学生的心理素质，只是单向的教育，而不重视与孩子的对话和沟通等家庭教育的误区，从而扭转家长的教育观念，并丰富家长有关心理教育的知识和技能，以更好地配合学校心理健康教育，达到事半功倍的效果。

第三，将“悄悄话信箱”与教师专业发展相结合。心理健康教育是一项专业性很强的工程，它不仅要求学校要有一定的科研基础，更需要一支心理素质较高、具有心理辅导理念和技能的教师队伍，这是心理健康教育健康发展和运行的关键所在。然而，现有的教师队伍状况还不能达到这样的要求。因而，就要求我们教师在心理健康教育的实践研究中，不断地学习心理学知识、创造性地探索心理健康教育的有效方法途径。

5.“悄悄话信箱”的经验

十二年来，我们将“悄悄话信箱”系列教育活动推广到全区、全市、全省乃至全国各个地区，来自各地的领导、专家、教师近6000人来校听课，听取我们的推广汇报。2000年4月中央新闻调查组在金华召开“减负回头看”大型座谈会，学校的“两箱的启示”被指定作为大会中心发言；2001年11月，全国知心家庭学校现场推进会在金华举行，来自全国各地的与会专家、领导在学校听取了该研究的专题汇报。2005 年 4 月，“悄悄话信箱”在浙江省德育精品工程现场会暨研讨会上交流推广。2005 年 6 月，被指定为全国第五次少代会书面交流材料。从 1999 年至今，《中国教育报》、《中国妇女报》、吉林电视台、山东电视台、浙江电视台等各大媒体相继做了宣传和报道，省内外众多兄弟学校来人、来电咨询、取经。继学校之后，省内外兄弟学校纷纷效仿，“知心信箱”、“王老师信箱”等相继出现；邻校、邻县的朋友，也纷纷加入了德育新歌谣的编、学诵的行列。通过认真总结，我们认为“悄悄话信箱”之所以在德育工作中取得良好的成效，有三条重要的经验：

首先，“悄悄话信箱”为传输丰富的心理健康教育内涵开辟了专门的渠道。从学校心理健康教育所涵盖的内容来看，涉及了心理发展过程方方面面的问题，如自我意识的发展、学习潜能的开发、情感情绪调控、人际交往训练等等。这些辅导内容有的可以通过课堂教学渗透，有的可以在学校日常教育内容中结合，有的可以在班主任的个别思想工作中体现，但相当多的内容是很难在课堂上或班队活动中有机地融为一体的，如果硬要“渗透”、“结合”，就可能弄成“喧宾夺主”，搞得不伦不类、牵强附会。“悄悄话信箱”的设立很好地解决了这一问题。通过“悄悄话信箱”，我们可以很好的了解学生的实际需要和存在的问题，使学校明确地认识到学生的负担是什么，了解学生的心理障碍是什么，这样能做到对症下药，有针对性地开展心理健康教育，收到实效。

其次，“悄悄话信箱”为学校发展性心理健康教育的操作过程提供了广阔的心灵舞台。从学校心理健康教育发展性、预防性功能的发挥来看，在落实各种辅导目标时，无论是认知的转化、情感的升华，还是情绪的调控、行为的训练，都有一个发生、发展、蕴蓄直至提升的渐进过程，都需要有一段相对充分、比较集中的辅导时间，并需要围绕一个比较专一的辅导主题。悄悄话信箱正好提供了这样一个广阔的心灵舞台。通过对悄悄话信箱中学生来信的归类和整理，我们可以清楚地了解目前学生中普遍存在的心理问题以及心理所处的阶段，然后通过几节课甚至十几节课的时间，根据学生心理的发展，对同一问题或不同问题进行阶段性的辅导，这是其他载体所没有的优势。

第三，“悄悄话信箱”为学生的发展创设了团体互动的融洽氛围。从学校心理健康教育对学生个性发展的影响来看，它不应该是一种严肃呆板的说教或居高临下的训导，而应该是一种心灵与心灵的沟通，是一种人际间相互信任、相互帮助的友爱关系，是一种人性化教育的融洽氛围。作为无障碍心理通道的“悄悄话信箱”，就是提供了这样的氛围。从“悄悄话”这三个字，我们就可以体会出它是保密的，是可以畅所欲言的，是可以信任的。在这样的氛围中，学生可以通过与老师或同学的人际互动，产生心理和体验上的共鸣，从而获得心理健康的发展。

“悄悄话信箱”系列教育活动是一项具有特色的小学德育活动，它促进了师生沟通，优化校园德育环境，为学生的发展创设了团体互动的融洽氛围，体现了现代德育的特征，让学生有探索自我、思考自我和表达自我的机会，充分发挥了学生德性成长的主动性和创造性。

（二）小学德育的挑战

小学生年龄一般为六七岁至十一二岁。人生六七岁至十一二岁称为学龄儿童期或儿童期。小学生进入学校后，学习便成为他的主导活动，在系统的教学活动影响下，他们不仅增长了知识、技能，而且智力水平逐渐提高。集体和不断扩大的社会活动领域，使他们逐渐发现自己和他人和集体和社会的关系，增强集体感、责任心、义务感，道德意识和自我意识都有所发展。但总的来说，小学生的身心发展均处于不成熟的阶段。教育要促进他们的心理活动和社会性的全面发展，并显示出以下一些特点：① 小学生心理发展很快，特别是智力和思维能力发展很快；② 小学生的社会性发展表现出协调性的特点，特别是道德品质发展最为协调；③ 小学生心理发展是开放的，他们经历有限，内心世界不太复杂，显得纯真、直率，心理活动常常表露在外；④ 小学生可塑性强，其人格特点开始形成。

在认识活动中，小学生的求知欲、新奇感很强，对新鲜事物感兴趣，有追求、探索的倾向，表现出喜欢参与或从事某项学习活动的意向，但由于认识能力的限制，他们往往对学习活动形式本身的兴趣大于学习内容，因而认识活动较为笼统、表面，深刻性较差。小学生的思维处于形象水平，对于抽象程度较大的教材理解有困难，因此在小学的各科教学中，直观手段是十分必要和有效的。

小学生的心理具有易变性的特点。他们的学习动机还不十分明确，容易受到成人和外界环境中各因素的影响；兴趣还不分化，并且经常变换；他们的注意力不够稳定，中、低年级学生一般只能集中注意 20～30 分钟；小学生还没有形成稳定的性格特征。可见，小学生心理的可塑性极大，这一时期施之以良好的教育、教学，对奠定其良好的心理发展的基础确有重大意义。

“悄悄话信箱”是学生探索自我、思考自我和表达自我的绿色通道。学校定期根据信箱的反馈信息以及平时班主任的观察、家长的反映，对学生发展进行研究。一段时间内老师发现，学生在道德品性的各个方面都呈现出不同程度的问题，具体如表 1－1 所示。我们对信箱中的问题进行了分析，发现主要集中于小学生的道德认知、道德情感和道德行为三个方面。

表 1－1 “悄悄话信箱”中各年级段学生品德情况调查表

年段 品德	低　段	中　段	高　段
认知	1. 语言表达能力弱，不会主动跟他人打招呼。 2. 说了不一定做到。 3. 给他人取绰号。	1. 主动相互问好有些“羞涩”感。 2. 做错事不愿承认。 3. 发生口角，不愿意原谅他人。 4. 课间大声喧哗。	1. 不尊重父母，顶嘴。 2. 喜欢模仿漫画书上的不文明语言。 3. 私底下说他人的不是。
行为	1. 自控能力差。 2. 下课文明玩耍的不多。 3. 老师不在不知道怎么做。	1. 家校表现不一。 2. 情绪容易失控，脆弱。 3. 男生爱攻击他人。	1. 男生课间易打闹。 2. 家校表现不一致。 3. 老师不在，做事不规范。
能力	1. 看到小纸团很少关注。 2. 爱劳动但要大人在场。 3. 老师没有布置的事情不会主动去做。	1. 做事不主动，需老师提醒。 2. 帮助同学不够热心。 3. 遇到不是职责范围内的事不作为。	1. 缺乏处理同学矛盾能力。 2. 面对困难害怕、退缩。 3. 在家劳动不主动，需父母督促。
情感	1. 不喜欢比自己学习差的同学交朋友。 2. 找不到朋友，很孤独。	1. 遇事说他人不是。 2. 同学间合作意识不强。 3. 娇气，集体意识淡薄。 4. 为他人想得少。	1. 同学间相处爱斤斤计较。 2. 女同学之间嫉妒心强。 3. 自我为中心，总找理由为自己开脱。

“悄悄话信箱”中反映出的问题很大程度上与道德情感有关。道德情感是一个与道德认知同等重要的道德组成要素。现代教育过于强调教育的经济和社会功能，教育受功利主义价值观影响严重。19 世纪中期以来，虽然有人文主义教育运动与技术主义教育相抗衡，但学校教育仍旧重视外显的认知，理智教育占统治地位。理智教育是以系统传授和开发个体理性能力为唯一目的，借助具有固定含义的语言、概念、逻辑、科学等技术理性的手段实施教育。理智教育将高技术、高智能、高效率的人才培养作为教育目标，教育过程重理性知识传授，轻情绪感受能力、情感表达、情感表现能力的培养和发展。在教育

内容上，以结构化、明晰化、逻辑化和系统化的科学知识、理论、学说以及职业专门知识和技能为主。在教育组织形式和手段上，以课堂教学、正式课程为基本和主要的组织形式。标准化测验大量运用，成为最主要的评价方式。

这种程式化、单一化、线性化的教育模式忽视了学生的情感特征，无法满足学生不同的情感需要，难以激发、调节人的情绪机制，无法对学生的情感方面产生深刻的影响。这一倾向渗透到思想品德教育中，形成了片面追求学科化、课程体系化、考评模式化和结果定量化的结果。

五月的一天，我上完课回到办公室拿作业，返回教室的时候，有一件事吸引了我的注意。教室前面有一大群孩子围在一起，还传来一阵阵嘈杂的喊叫："给我，是我的，给我，是我的……"走近看时，我才发现是几个孩子同时围绕着一个孩子在追跑，我出于好奇便静静地站在后门外观望，看看究竟发生了什么事情，可以让班级里掀起轩然大波。人真多呀！我好不容易才看清楚他们。只见我们班一个个子不算小的男孩，手背在身后，手里紧紧地捏着什么东西似的，嘴里还不停地叫着："谁的钱掉了？谁的钱掉了？"边上的一个小男孩指着男孩说："给我，是我的，我丢了钱，快把钱给我！" 边说着，手也边不停地将小男孩的手拿过来，试图用自己仅有的力量掰开对方的小手。边上的同学只是跟着瞎起哄，一个劲儿地嚷嚷个不停，使得整个班吵得沸沸扬扬的。

"你丢了多少钱？"小男孩仍旧提着嗓门，尽力从全班孩子的喧闹中将自己的声音突出来。

"10 块钱！"

"不是 10 块钱，不是你的。"

"那你捡到多少钱呢？"

"不关你的事，反正不是你的。"

"到底多少啦，我知道是谁的。是洋洋（小名）的。"为了想知道小男孩到底握着多少钱，另一个孩子想尽办法，乱说了一通。

这时，有人指着男孩说："到底多少钱啊？"

小男孩仍旧握得很紧，生怕丢掉似的。渐渐地，这个平时老实巴交不多言语的男孩眼里的泪水在眼眶里打转，像受了委屈似的。

"那就是 5 元。是洋洋的 5 元钱。"刚才的那个大一点的孩子又开始边说边动手试图让他那紧握的手松开。可那男孩还摇摇头。我想："到底有多少钱啊？"看着周围的那群小家伙对他手里的东西饶有兴致，还那么不依不饶。小男孩无奈，只好渐渐把手伸出来，我一看，原来只有 5 角钱。围观的孩子大笑着散开了，突然有孩子发现我站在后门口，就追着跑着赶过来争着向我报告某某捡到钱了，个别孩子还试图将刚才的情景复述给我听。那小男孩也走过来，像迷路的孩子找到救星一般激动不已，胆小内向的他顶着红扑扑的脸颊抬着头望着我，将5角钱递给我，小手几乎是微微抖动的："老师，我捡到5角钱，交给你。"我站在那儿，内心久久不能平静……

下午刚好有一节班队课，原先安排的内容是有关文明礼仪的教育。在上课之前，我突然想到了先让孩子们对这件事说说自己的看法。孩子们兴致盎然，竟然聊了整整一节课。有的孩子说："他捡到钱，紧紧地握着肯定是不想交，这是不对的。"有的孩子说："如果我捡到钱，肯定不会自己留着……"也有的孩子说："他肯定不是想留给自己用，是想找到真正的失主，并且把钱还给失主。"要是我捡到了，我也会去找失主。聊着聊着，孩子们便谈论起了拾到东西怎么办来。孩子们很聪明，自己得出了结论：假如我捡到东西了，我会先问问是谁丢的东西，如果是他丢的，我会还给他；如果不是他的，我会交公，将它交给老师或者学校的门卫、警察叔叔等。更有几个孩子说：我会在原地等一等，等失主回来找东西的时候，还给他。如果失主没来认领，我还可以在捡到东西的地方写一张纸条，让失主到我这里认领……串串的奇思妙想侃侃而来。

从这件事情发生之后，我们班的小橡皮、小铅笔事件源源不断。走进教室，总是会有孩子举着橡皮、铅笔、悠悠球或者大的篮球、排球、校服等东西跑过来开心地交上来，甚至很多时候只是一角钱，他们也会兴奋地放在讲台上，灿烂的笑容里洋溢着一份无可言表的自豪。我忽然明白，只要给孩子们选择和尝试的机会，他们就可以获得发展，其结果比我们直接的说教更有成效。

素质教育是目前中国教育界的热点话题，多年的应试教育下，我国人才发展畸形，教育和科研发展受到阻碍，因此素质教育在中国势在必行，与应试教育相对，素质教育强调培养和提高学生的素质，并把素质的培养作为学校教育的目标。素质教育作为一种"人才培养模式"，逐渐被广大教育工作者所认可和关注，它也被公认为教育改革和发展的"总目标"。《中国教育改革和发展纲要》指出："中小学要由'应试教育'转向全面提高国民素质的轨道，面向全体学生，全面提高学生的思想道德、文化科学、劳动技能和身体心理素质，促进学生生动活泼地发展，办出各自的特色。"这里指出了素质教育的目标和任务，即全面发展、面向全体学生、培养能力、培养劳动、职业、社会实践技能、发展个性、办学形式和教学多样化。我们从中可以看到素质教育的基本原则，即教学要适应儿童每个年龄阶段发展的特点；让学生在经验中学习；在教学中要努力培养学生学习兴趣；教学中要以学生为主体或中心；要充分尊重和重视个性差异；教学要多样化。

从“悄悄话信箱”中的来信我们看到，现代儿童生活方式发生了极大改变。独生子女成为普遍的家庭结构，成人对儿童的宽容与家长对儿童的溺爱，使一些学生变得冲动、任性、缺乏自制力。很多人发现现在的孩子只希望别人爱自己，想不到也学不会爱别人。学校教育中劳动教育的弱化使得没有参加过生产劳动实践的儿童看重事物功能，而不看重主体，看重手段而不追究目的。无怪许多教育者焦虑地感叹：孩子知识丰富了，爱得到锻炼的机会少了，感动之心和体谅之心没有了。

有研究对上海小学一年级学生的道德行为进行过调查。结果发现，一年级小学生在家里经常任性发脾气的有 50%，对父母不会用礼貌语言的有 36%。还有研究对南京两所中学进行了类似的调查，结果发现有 20%的学生对同学缺乏帮助、关心和信任的情感；随着年龄增长，这种同情地缺乏呈现上升趋势。这些调查结果与我们悄悄话信箱中发现的信息极其相似。

在对问题进行整理分析的过程中，我们发现老师习惯采用两极价值判断的方法。比如学生出现了纪律松散的行为，教师马上对应为退步表现，提醒学生自控；学生忘记打扫卫生，教师马上对应为责任心不强的表现，提醒学生热爱劳动、热爱集体。多年德育工作使得教师形成了一套学生品行评价术语，能够相应指称学生各种行为表现，并且有一套现成的改正策略。行为表现——问题类型——价值判断——教育对策，这成为了我们习惯采用的德育模式。

这样采用抽象概括的词语进行道德行为判断的教育方式有时候忽略了行为的情景性和学生的需求性。纪律松散可能是学习时走神，也可能是学生最近遇到的事情对学生的学习产生了一定的影响；忘记打扫卫生可能是责任心不强，也可能是学生惦记着在那个情景中对他而言更加重要的事情。只有追寻出行为事件背后真正的原因和学生的需求，我们的教育才能更具人性，才能起到实效。我们有一位老师在与学生的交流中深刻地体验到了这个规律。

左右折叠，上下翻转，翩翩的白影，起起落落……一双灵活的小手在课桌上快活地忙碌着……不一会儿，大大小小形状各异的纸飞机停满了课桌前方那块小小的“停机坪”……孩子们忙得不亦乐乎。下课了，走廊上围得水泄不通。“呼——呼——”纸飞机一只又一只张开翅膀打着旋儿从四楼飞了下去……

“哎呀，掉在二楼啦！”有一个低年级的小黑脑袋好奇地仰头往上看。楼上的同学龇牙咧嘴朝他扮鬼脸。“快看，快看，哈哈！落在花园的桂花树上了！”

一位女同学兴奋地嚷嚷。“我去我去！保证把它捡回来！”一位男生自告奋勇兴冲冲地下去了，可怜的桂花树——枝折叶落——一把老骨头咯吱作响……

看来不能听之任之袖手旁观了……可是，制止也非一次两次了，收效甚微。怎样才能使孩子们心甘情愿地放弃这种乐趣呢？我寻思着。

“同学们课间玩纸飞机开心吧？”

“开心！开心！！”

“那你们能说说玩纸飞机的n个好处么？”

话音刚落，讲台下小手林立，一双双小眼睛闪闪发光：

“可以锻炼动手能力！”

“可以培养创新思维，因为要研究开发新品种呀！”

“对学习物理学呀动力学什么的有帮助，因为要琢磨怎么飞得高飞得远嘛……”

……

“看来玩纸飞机健脑益智乐趣多多喽，但是在校园内走廊上玩纸飞机——想过有何不妥么？”

大家的思维还在兴奋状态中……

“会堵塞交通，走廊上人满为患了呢！”

“会影响学习，许多同学上课也在折纸飞机。”

“会影响环境卫生……”

“对呀！不仅如此，聚众玩纸飞机还影响到了其他班，甚至带坏了小弟弟小妹妹呢，多不好呀！听说楼下有些定力不佳的小朋友都快走火入魔了，上课了心还在窗外飞……”我沉下脸来顿了顿，大家神情严肃，教室里变得鸦雀无声，“你们说该怎么办？”一阵短暂的沉默之后：

“不能这样子玩下去了！”

“咱们约法三章吧，违者班规处置！”

“一、不能上课折纸飞机；二、课间不能在走廊上玩纸飞机……”

“咚——”一颗黑脑袋从课桌底下猛地钻了出来，一直埋头折纸飞机的吵吵同学那黑眼睛瞪得老大老大……

“同学们言之有理，就这么办吧。那么，你们说，怎么玩才文明？下课还可以玩些什么呢？”

聚众玩纸飞机渐渐淡出我们的视野，走廊上恢复了原先的有序。看来只有思想工作做通了，学生心悦诚服了，教育才能顺理成章地开展。只有信任学生，充分发挥学生的主观能动性，让学生自己发现问题、解决问题，行为矫正才能水到渠成得以巩固。我们平时常常指责学生这也不是那也不是，不知不觉中把学生往敌对阵营里推，仅有刁难和指责，对学生缺乏理解和真诚，难怪现在的学生缺乏真诚，不懂得理解他人，常常回报我们以刁难和指责，这都是跟咱们学的呀！师者，以此为戒。

目前的学校心理辅导重点由适应性辅导转向发展性辅导，这是随着人们对心理健康的认识的深化而发展的，指导学生学会调适是基础目标，而以寻求发展为主要目标的心理辅导称为发展性辅导，就是要引导学生认清自己的潜力和特长，确立有价值的生活目标，负起生活的责任，扩展生活方式，发展建设性人际关系，发挥主动性、创造性以及作为社会一员的良好的社会功能，过积极而有效率的生活。无论是实现低级目标还是高级目标的程度如何，关键是看学生能否在面临困难时作出适当的选择，成功地获得发展。而这些在学生踏入社会后必须是依靠自己独立解决的，如果在学校心理辅导中不引导学生主动参与，都由辅导老师给以包办或提供解决方案，那么学生如何面临社会上更复杂的问题呢？

当然发展性辅导也不是完全放弃心理问题的预防和矫治。心理健康问题是学生身心发展的障碍，发展性辅导是以“帮助学生实现最佳发展，努力排除正常发展障碍”。因此它既注重学生的心理健康和各方面的适应，但更注重学生的发展，体现助人自助原则。发展性辅导要求从宏观和长远的眼光来看待学生的心理问题，注重对问题的预测性；发展性辅导不仅仅关注学生现有的发展现状，更重要的还在于揭示个体今后发展的可能性和发展方向；发展性辅导尊重学生心理发展的一般规律，按学生发展的不同阶段实施辅导。

小学生并不是个个都有心理健康的问题，大部分的学生面临的是发展问题，因此发展性辅导的理论完全适合小学开展心理辅导工作。发展性心理辅导也要求突出学生主动性，“悄悄话信箱”体现了心理辅导的实质，发挥学生主动性和创造性，促进师生沟通，优化校园心理环境，促进了各项工作的发展。

“以德育人、修德育才”是学校重要的教育理念。面对新的教育形势和教育状况，不断进行德育改革和创新是德育工作者不可推卸的责任。社会转型是众所周知的事实，价值观的变化也是无法回避的现状，德育面临的主要问题是道德失范带来的规范松懈和教育疲软，小学需要什么样的德育和德育改革创新的努力方向在哪里，如何在儿童实际的生活空间中进行道德教育，探索一条德育生活化、实效性的新德育之路，这是摆在每个德育工作者目前的一个重要课题。

二、德育的研究历程

道德教育自古以来在东西方文化传统中，强调的重点不同。西方自苏格拉底、柏拉图到康德的伦理教育思想努力将道德知识外显，皆强调人对道德知识的学习、对道德规律的认识。东方文化孔孟等儒家伦理教育思想认为道德是内隐知识，均强调人对道德行为的实践，重视社会规范习俗的熏染、潜移默化，以及人的理性思维活动的内化和积淀。德育是德育主体依据一定社会道德规范的要求和品德发展主体的需要，遵循个体品德发展规律，教育者与修养者通过对话、商谈、探究、实践与体验等手段，逐渐建构与完善个体品德的教育活动。我们将对中西方德育思想进行梳理，以厘清当代德育发展的路线。

（一）西方主要德育观点

西方众多道德教育理论都集中于个人发展和社会发展的关系。第一种观点强调，道德首先是一种社会现象，道德教育就是个体学习社会道德规范，遵循社会道德的过程。道德是社会文化进化的结果，道德教育的主要任务就是将这种成果传承下去，没有无道德的教育，道德的存在意义就在于其教育性。第二种观点强调个体的独特价值，认为道德发展主要是个人的选择问题，真正的道德发生于个体内部，道德教育的作用在于将儿童从自我强制力量中解脱出来，从外部控制力量中解脱出来，能够实现自由的个性发展。第三种观点认为，社会道德传承和个体道德发展都很重要，道德教育一方面要注重个体在道德教育中发展的独立性和完整性，另一方面也要考虑社会维护道德秩序的稳定性和连贯性。

在西方德育史上，赫尔巴特较早关注道德教育过程中个人发展和社会发展的关系。赫尔巴特认为道德包括五种内容，每个人都应有“内心自由”、“完善”、“仁德”、“正义”、“公平与报偿”等五种永恒美德。这是“巩固世界秩序”、“维护现存社会”的永恒真理和道德标准。他认为儿童生来就有“盲目冲动的种子”，必须采取强制性手段，甚至暴力来维持学校纪律，因此，惩罚和威胁成为管理和教育儿童的主要手段。道德教育必须通过命令、禁则、监督、惩罚甚至体罚方式“使儿童没有空闲时间”，以保证“不让他们干蠢事”。现代很多研究者都是在对这样的德育观进行批驳的基础上发展起来的。

1. 埃里克森的心理社会性发展

具有现代意义的道德发展理论要从埃里克森心理社会性发展理论开始(见表1-2)。埃里克森(Erikson)认为人的一生要经历八个发展阶段，每个阶段包含一个发展任务，该让任务以发展危机的形式出现。埃里克森认为，每次发展危机都不是灾难性的，而是一个变得脆弱和增强潜力的转折点。个体越能成功应对每次危机，心理发展就越健康，每个阶段都有积极和消极两个方面。

表1-2　埃里克森心理社会性发展理论

阶　段	发展挑战及过程	积极的自我描述	消极的自我描述
0～2岁	信任—不信任(与看护人亲密互动)	希望：我能够获得我所希望的	分离：我不相信他人
2～4岁	自主—羞愧和怀疑(模仿)	意志：我能控制事件	强迫行为：我将用重复行为消除我造成的混乱；我怀疑自己是否能控制事件，为此我感到羞愧
4～6岁	主动—内疚(认同过程)	目标：我能制订计划并实现目标	抑制：我不能制订计划，也无法实现目标，因此就什么也不做
7～11岁	勤奋—自卑(教育)	能力(我能采用各种手段实现目标)	惰性：我没有任何技能，所以我放弃任何尝试
12～18岁	群体认同—疏远(同伴压力)	合群(我能对同伴群体忠诚)	孤立：我不能被同伴群体所接纳
19～22岁	自我认同—角色混乱(角色尝试过程)	忠诚：我忠诚于自己的价值观	混乱：我不知道自己的角色和价值观
23～34岁	亲密—孤独(与同伴亲密互动)	爱：我能与另一个人形成亲密关系	拒绝：我没有时间留给他人，因此我容不下他人
34～60岁	创造—停滞(个人与环境和谐，创造性)	关爱：我的工作是使这世界变得更加美好	排斥：我不关心他人的未来，我只关心我自己
60～75岁	完整—绝望(内省)	睿智：我一生没有白过，我清楚自己不可能长久生存下去	绝望：我对自己一生的懦弱和失败感到失望
75岁至死亡	永生—消失(社会支持)	自信：我知道自己的生命是有意义的	胆怯：我没有看到生命的意义，对此我无能为力

第一阶段:信任对不信任。这是人生第一个重要发展阶段,主要发展任务是通过与看护者互动建立对世界的基本信任感。这个阶段母亲或者以母亲身份出现的人是儿童世界的重要人物。如果他满足了婴儿对食物和爱抚的需要,婴儿就能感觉到温暖和安全;如果他忽视婴儿的感受和需要,婴儿就会产生不信任感。

第二阶段:自主对怀疑。个体在这个阶段进入学步时期,能够利用手势和语言与他人进行交流。他们一方面产生了自主和独立的愿望,另一方面又害怕疏离和孤单。父母如果允许儿童自由探索,在成人支持和帮助下做一些力所能及的事情,儿童就会产生积极的效能感;父母如果过多关注孩子完成事务的成效,过分严厉和苛求而缺乏示范和建议,儿童就可能产生无助感,对自己的能力产生怀疑。

第三阶段:主动对内疚。个体在这个阶段多进入社会育儿机构,动作和言语技能逐渐成熟,探索环境的能力日渐增强。父母和教师如果允许儿童自己掌控行动,并赋予行为责任感,儿童就能形成积极的自我认同;如果父母和教师对儿童自主探索过多采用外部惩罚,儿童可能会形成退缩和难以自我调节的行为方式。

第四阶段:勤奋对自卑。个体在这个阶段进入小学开始校园生活,教师和同伴开始对儿童产生重要影响。对于幼儿园幼儿,家长和教师更多期望其健康快乐;进入小学后,家长和教师开始赋予其学生身份,更多期望儿童在认知和智力技能上表现出成功。如果通过努力获得他人认可和成功,儿童就会形成勤奋感;如果无法达成家长和教师的成功标准,儿童可能产生自卑感和挫败感。

第五阶段:同一性对角色混乱。个体在这个阶段进入青春期,伴随着生理上的急剧变化和即将承担的不同角色,儿童开始考虑“我是谁”的问题。如果儿童能够在一种鼓励和支持的环境中尝试不同的角色和身份,有机会探索人生发展不同的可能性,就能够建立和谐的同一感,承担起相应的人生责任;如果儿童没有机会体会不同角色,可能无法对自己的人生道路进行规划,不愿承担不同角色的责任。

2. 科尔伯格道德发展理论

科尔伯格认为,传统德育方法存在许多弊病,道德并不能简单地等同于服从,道德教育也不是用刻板灌输的方法,把成人的价值规范强加儿童。在这种情况下,儿童良好的品德难以形成。他鲜明地提出:“我们是根据道德判断或一个道德观点的形式特质而不是它的内容来理解道德。”科尔伯格认为，道德行为是由一种价值判断决定的或以某种价值判断为前提；道德判断以其他价值判断为前提；道德判断与自视善或恶的判断有关；道德判断的根据或者理由不局限于一定情境的特定行动结果；道德判断倾向于较高程度的普遍性、一致性和包容性；道德判断倾向于考虑行动者的目的。科尔伯格的这种道德哲学把道德教育重点放在促进儿童道德推理等思维能力上，注重儿童形成道德判断的结构和方式（见表 1－3）。

表 1－3　科尔伯格道德判断发展阶段

判断水平	发展阶段
前习俗水平	第一阶段：服从与惩罚的定向。以自我为中心，服从强权或权威，力避自己的苦恼。相信客观的责任。
	第二阶段：朴素的利己主义的定向。正确的行为能作为手段满足自己和偶然满足他人的需要。能意识到准则是与每个人的需要和希望有关系。
习俗水平	第三阶段：使他人愉快和帮助他人定向。遵从大多数人的定型意见，遵从惯常的角色行为，并能按人的意向进行判断。
	第四阶段：尽义务、重权威和维持现有社会秩序的定向。尊重别人和社会的期望。
后习俗水平	第五阶段：墨守法规和契约的定向。为了求得一致，承认准则或期望的要求。通常总是避免背离别人的意志和福利。责任是以契约的形式加以规定的。
	第六阶段：良心或原则的定向。不仅遵循规定的社会法则，而且遵循自己凭逻辑的连贯性和普遍性所选择的原则。伴同相互信赖与尊重的道德心是起作用的动因。

科尔伯格试图把儿童从传统的被动性德育中解放出来，帮助儿童通过自己的理性和推理能力实现道德自主。他提倡认识冲突法，并设计了道德两难故事，道德课程的焦点集中在教师和学生进行两难问题的讨论，引起儿童认知冲突，然后组织到的发展相邻阶段学生进行讨论。教师支持和澄清学生的观点；当学生理解这个观点后，教师又提出新的情景向处于道德发展阶段的学生发起思维挑战。如此引导学生一步步从矛盾冲突中找到思维方式中前后矛盾之处，并发现解决矛盾的方法。这种思想作为传统道德的一种反动，无疑具有进步意义。

儿童的道德认识是由道德范畴、概念、规则为内容，以道德判断、道德思维为形式的；它是内容与形式的统一，道德教育应当注意道德内容与道德形式的统一，这是发展完整道德认识的前提，但是赫尔巴特片面强调规则等内容，而科尔伯格则矫枉过正，过分强调到的思维等形式。

3. 道德价值澄清理论

价值澄清学派是美国 20 世纪 60 年代重要的道德教育流派。现代人生活在一个复杂多变、充满矛盾和价值冲突的社会，各种价值观念充斥着儿童的想法。传统道德教育采用说教、榜样的方法不能解决学生道德价值观念形成的问题，人们在面临多种选择的时候仍旧依据已有的价值基础进行选择，关键在于很多人并不清楚自己到底持有何种价值观念。“因此我们把价值看作源于个人经验，所以我们期望不同经验会产生不同的价值观。任何一个人的价值都将随着这些经验的累积和变化而发生改变。一个人的价值认识和方式发生重大变化，个体的价值也会随之改变。只要一个人与世界的关系不是静止的，价值就不是静止的。作为指导行为的价值随着经验的发展而成熟起来。”创造条件利用一些有效的途径和方法帮助青少年澄清他们选择时遵循的内心价值观念，并将这种价值观外化，这个过程有助于学生逐渐清晰自己的所知所想。学校德育的主要任务是运用一些价值澄清的方法或策略，帮助学生理解和认识自己一直依据的道德理念。

价值澄清学派提出了道德价值观念澄清的几个过程：① 思维：在各种水平上的思维；批评性思维；在更高水平上进行道德推理；分散性或创造性思维。② 情感：珍视，珍爱；自我感觉良好；意识到人们的情感。③ 选择：从各种可能中做出选择；考虑后果以后再进行选择；自由选择；成就设计。④ 交流：清晰传递信息的能力；同情—倾听，设身处地为他人着想；解决冲突。⑤ 行动：重复行动；一贯行动；在行动的各个领域熟练操作。

价值澄清学派对德育理论作出了很多贡献。首先，加之澄清学派具有鲜明的时代特点和现实性。20 世纪中叶，美国社会开始出现了广泛的注重个人权利的现象，社会改变了传统单一的结构，现代媒介提供了更多的信息和选择，学校道德教育和教师的权威受到了极大的削弱。价值澄清学派正是对青少年道德教育这种变化做出的反映，从德育形式、内容和方法上进行了新的尝试。其次，价值澄清学派注重道德教育中个体的主体性，将道德教育作为探索自我、认识自我、肯定自我和发展自我的一种方式。价值澄清学派认为，儿童与成人一样具有自我发展和自我指导的能力，只有经过思考选择并获得认同的道德行为才能形成个体的价值观念。第三，价值澄清学派建立了一套操作性很强的教学程序，包括价值表决、价值拍卖、价值配对等具体策略，克服了传统德育无法考量德育工作成效的缺陷。价值澄清的应用性受到了教师、学生和家长的极大欢迎。

20 世纪 80 年代以来仍有很多研究者采用价值澄清的路线将道德看做一个极其复杂的过程。如美国雷斯特在分析道德行为产生过程中的构成因素后将其概括为：① 解释。一个人对道德情境理解能力越差，对情境道德敏感越缺乏，产生道德行为的可能性就越小。② 判断。这一过程涉及与道德判断有关的一些问题。③ 抉择。在道德决策过程中，一些道德价值观念往往会引起个体理智与情感的斗争。④ 履行道德计划。这需要坚定的意志去克服道德实施中遇到的挫折。道德四成分构成说显然受到了价值澄清观念的影响，不强调道德情感的当下、直接的引发力量，而是强调情感品质的稳定作用。

近年来越来越多的研究者开始关注积极人格品质中蕴含的道德力量。赖亚德和迪伊对自我决定这一特质进行了研究。自决是自决理论中的核心概念。自决理论探讨了三种相关的人类需要：胜任的需要、归属的需要和自主的需要。赖亚德和迪伊认为当这些需要得到满足时，个人的幸福和社会的发展将是乐观的。在此条件下的个体受内在激励，能够充分发挥其潜能，积极地寻求更大的挑战。在对成熟的防御机制的研究方面，心理学家瓦利恩特（Vailliant，2000）对三个大的成人样本进行了几十年的研究，总结了利他主义、升华、压抑、幽默、预期等成熟的防御机制对成功以及快乐的生活的作用。虽然瓦利恩特仍然使用了以病理学为中心的术语——防御，但他对成熟功能的看法，完全考虑到创造性的、积极的解决途径，打破了受害者心理学的模式。智慧是所有文化中最被推崇的特质。巴尔斯特和斯塔汀格对智慧的定义为：一种有关生存基础、实用知识的精妙系统。他们报告了一系列的研究，并且已经建立一个复杂的模型，将智慧视为在追求个体和集体的优秀过程中一种用来组织知识的认知和动机的启发性运用。

对个体积极道德品质的关注源于教师期望效应的研究。教育心理学家罗斯塔尔（Rosenthal）等研究者与一所小学合作，在开学初给 1—6 年级的所有学生进行了智力测试。实验者告诉老师们说，学生所接受的是应变能力测试，并且该测试的成绩可以对一名学生未来在学术上是否有成就做出预测。测试结束后，每位班主任都拿到一份名单，上面记录着本班学生在测验上得分最高的前 20%学生，以便老师了解本学年哪些学生具有发展潜力。事实上，老师所得到的名单中的前 20%的学生完全是随机抽取，他们与其他学生唯一的不同是，老师以为他们会有不同寻常的智力发展表现。将近学期结束时，实验者对所有学生再进行了相同的智力测试，并计算出每个学生智力的变化程度。结果发现，哪些被老师们认为智力发展会显出进步的学生，他们的智力平均提高幅度显著高于其他学生。罗斯塔尔等人认为，由于老师相信专家的论断，对这些学生的潜能产生某种期望，老师会无意识地对那些可能会成功的学生的行为表现给予一些积极的肯定和鞭策，使这些学生产生自我实现的预期，最终超越了从前的自我，变得更加出色。对于学生成长的期望同样可以用于对于其德性成长的期望上，这样的观点对于我们智慧德性概念的形成具有极大的启发性。

（二）我国主要德育观点

改革开放30年是中国社会转型的30年，巨大的社会整体变革必然要求培养和塑造出能够与时代同行的时代新人。在这个特殊的时期研究我国的德育，就像鲁洁教授所讲：德育所涉及的是人的灵魂、精神中最深沉的部分，许多问题尚处于黑箱之中；德育改革的实践又刚刚起步，还不足以做出系统、完整的理论概括；中国的特殊国情，许多国外的研究成果又不能简单搬用；再加上德育学的许多基础学科，如哲学、伦理学、文化学、社会学等等也都在巨大变革的背景下探索前进。在这样的情况下，我国广大研究者对德育的本质进行了深入思考，形成了道德转化论、道德主体论、道德实践论等诸多关于德育的论述。

1. 道德转化论

《中国大百科全书》教育部分对于德育的定义是：教育者按照一定社会或阶级的要求，有目的、有计划、有组织的对受教育者施加系统的影响，把一定的社会思想和道德转化为个体思想意识和道德品质的教育。这个定义强调教育者对受教育者的塑造，强调教育者根据社会对个体提出的思想言行规范要求，突出了德育的目的性和社会性，注重个体自觉选择、消化、吸收、运用社会规范要求，体现了社会道德价值观念转化为个体行为规范和思想品质的过程。

在关注社会规范转化为个体思想品质的过程中，还有研究者将更多目光投向了个体对于道德规范和道德观念的内在需求，强调个体在接受、遵循和信服社会道德原则和规范的同时，能够自觉地将社会道德纳入自身价值体系，转化为自己的价值观念，成为支配、控制和调节自己思想、情感和行为的内在力量。按照这样的观点，德育就是教育者按照一定社会或阶级的要求，有目的、有计划、有系统地对受教育者施加思想、政治、道德影响，通过受教育者积极的认识、体验、身体力行，形成个体的品德和自我修养能力。这种观点注意到了德育对象的主观因素，认为道德转化是社会规范在个体认知、情感和行为上的内化过程。

道德转化论认为，小学生对道德概念和规则了解不多，操作能力也较低。为使儿童养成良好道德品质，成人不可推卸地要把一些必要的简单的道德规则传授给儿童，并引导他们养成遵守这些规则的习惯。道德转化论借鉴了赫尔巴特等人传统的德育理论，并批判性地摒除了德育过程中简单粗暴的惩罚，形成了具有较强操作性的德育体系。

很多研究者认为，小学阶段儿童处在道德他律阶段，还不能判断规则的合理与否，他们往往出于对成人的敬畏，把成人灌输的一切规则视为理所当然。皮亚杰将这一阶段的儿童称为道德实在论者，虽然儿童对成人的出尔反尔时有反抗，但在多数情况下，他们在内心深处感到困惑，无法确定父母是否真正出错。这个时期的儿童不能进行主观道德判断，主要以成人社会的道德规则标准来评价各自的行为。“不应该说谎”或“你要诚实”这样的规则，虽然是属于价值判断，但是在他律阶段的儿童那里，这些具有价值判断形势的规则实质上是实然判断，并不属于价值范畴。“不应该说谎”等道德规则在他律阶段的儿童那里是儿童从外部世界获得的知识。

虽然这个阶段的儿童掌握了一些“不应该说谎”、“不应该拿别人的东西”等规则，但儿童会认为这些规则客观不可更改。只有当儿童认识到道德规范可以通过协商产生，这些道德规范具有价值判断形式，儿童才会从本质上的实然判断转变为内外一致的价值观念判断。因此道德教育要考虑儿童年龄特点，不加选择和控制地把成人世界繁琐的规则强加给儿童的做法是错误的。同时还要考虑规范的道德价值，随心所欲地把规则灌输给儿童也是错误的，也应该避免将相互矛盾的道德规则灌输给儿童。

德育是一定时代和一定社会的产物，道德的内容和规范具有鲜明的社会文化印记。转化论认为个体首先要继承和发展已有的传统，包括社会道德个体化和个体品德社会化。社会道德个体化是社会思想、道德规范向个体内部转化的过程；而个体品德社会化是个体化的思想、观念和信念，外化为个体的品德行为，使之符合社会道德规范，再现社会道德规范的过程。道德转化论主要强调社会规范和社会价值在受教育者身上的保存和继承，重视社会主流道德文化要素的不断延续。

2. 道德主体论

道德转化论忽视了道德主体对于道德体系的体验与建构，有研究者在批驳道德转化论的过程中提出了道德主体论。南京师范大学班华教授认为，现代德育以促进人的德性现代化为核心，以促进人的德性自主发展为根本，德育是教育者的价值引导与受教育者的价值建构辩证统一的过程。南京师范大学鲁洁教授认为，德育作为人类的一种精神活动，是对可能世界的一种把握。道德是个体为满足自身需求而创造出来用于认识、肯定、完善、超越自身的途径和手段，道德对个体的发展不仅是一种约束和规范，更是一种提升和超越。具有超越性的道德教育将道德行为放在应然的、理想的世界中审视，采用绝对的标准评判现实的善与恶，以此规范和引导个体的思想和行为。

儿童虽然还不能进行主观的价值判断，但是他们对待这些外部规则并不全是消极的，他们会对规则进行分类，合并成上位规则，他们会发现此一规则与彼一规则的矛盾，从而与成人对抗，不愿执行规则。年幼儿童对外部规则的内部操作活动是后来形成自律道德的必要准备。因此，教师除了注意适当灌输规则之外，也应当鼓励和帮助儿童对各种规则进行内部操作的活动，借以发展幼小儿童的规则认知能力。尤其是道德的情感品质，人的情感品质制约道德的敏感性，制约对自己和他人的感受性。道德主体情感世界的丰富性、深刻性、稳定性等都成为个体道德行为的恒常心理背景。

强调道德主体在德育中的中心地位往往需要从人的特性出发，由此有研究者认为，德育是教育者对受教育者德性自主成长的促发。已有的德育过多强调了强制，忽略了德育主体的自主。德育主体和道德学习主体丧失了主体自由，教师与学生地位不平等，学生失去了自主选择和需求表达的机会，道德学习成为应对外在强制力量的无奈，其结果可能成为个体个性发展的不完善和不自由。

3. 德育活动论

作为一种教育实践，德育是人自身通过对环境的改造和创造，达到个体与环境统一的活动，人的道德教育重要的特点也在于自由、自觉地活动，活动性和实践性是道德教育的主要特征。活动是个体道德形成、发展的根源和动力，是学生自我教育的主要形式，是道德教育的最终目的。很多德育知识都是内隐和缄默的，根植于个体个性化的行为中，具有特殊的背景知识，其教育很多情况依赖于活动中的体验、观察和直觉。只有当个体在具体的情境中参与实践，开展活动，个体才能够产生认同、敬畏和信任的道德感情，对道德规范所蕴含的道德价值获得切身的意义，成为自身能够接纳并付诸行动的信条。德育活动论注重道德教育的具体情境，鼓励学生参与真实的道德决断，在现实生活中体验道德冲突，通过不断感悟和反思，形成道德品质的自主成长。

但是，长期以来，以西方教育文化为参照背景所逐渐形成的知识论、教学论，无论是唯理论派还是经验派，共同地都从课题方面理解知识。当代中国德育应站在东西方文化交融的背景下，从主体方面，从主客体的关系上重新认识道德价值学习的性质，可以把对道德价值的学习分为三种类型：第一是事实性知识。它是关于道德现象是什么、怎么样、为什么会这样，以及在怎样的条件下其发展变化的进程可能怎样等的知识。对于这类知识，需要运用一定的逻辑—认知学习的方法来掌握其中的概念、范畴、规律及其逻辑推导的过程，同时也需要训练人的思维判断能力和语言的运用能力，促进对道德规律的认识、辨析和创造。第二是评价性知识。这是人类，特别是本民族在社会历史过程中积累起来的价值经验，包括社会道德准则、规范体系；社会风尚、习俗；道德理想等等。这类知识必须以情感性或体验性思维和态度来加以把握，将自己的热情、激情甚至全部身心融合进去，才可能获得个人的理解，成为个人的内在需要，融入到个性经验，成为自己追求的价值目标。第三是人事性知识。它是人在直接或间接参与道德交往关系中由本人领悟、获得的道德经验与体会。这类知识通过榜样作用，表现出亲近感、认同感、自豪感、内疚感，直达人的感情喜恶、爱好、偏向与兴趣，使参与主体在思想、情感和意志方面相互渗透、交融或互补，使每个个体原有的自我感和人际感增添新质，形成新的、超出任何原有个体的通性。

三、充满智慧的德性

德性是人与外界相互作用时，稳定支配着人的行为和态度的内在道德品性。作为教育目的与结果的“德性”，是内在于个体的、个性化的品性，具有伦理与道德倾向的素质；德性存在于生命个体的精神运动过程之中，是知行的统一，理性和情感的统一，同时也具有明显的稳定性；但这种统一性和稳定性又是相对的，个体是环境的存在物，个体的主动性、能动性决定了个体德性的发展性。

德性这一概念在古希腊时期的一些哲学家，尤其是柏拉图和亚里士多德的思想中，含义相当广泛。而在当代德育理论中，“德性”则在相当程度上等同于“品格”，都是指“生命个体的道德品性、道德倾向性”。皮亚杰、科尔伯格和信息加工论者都认为，道德发展与智慧发展是一种平行关系，智慧发展是道德发展的必然条件。“逻辑是思想的道德。正像道德是行动的逻辑。”因此，儿童能否掌握这门“行动逻辑”或者康德所讲的“实践理性”，其中一个前提必然是，儿童是否具备掌握这种逻辑或理性的概括、判断、推理等逻辑思维能力。因此，发展儿童智力，尤其是发展逻辑推理能力，是提高儿童道德水平的一个必要条件。

在以往的道德生活中，我们常常会陷入“为道德而道德”的道德理想主义或泛道德主义的泥沼中。我们一度将“利他”、“奉献”、“先人后己”、“自我牺牲”或“毫不利己专门利人”等由社会建构的群体伦理规范视为个体道德价值的核心，这样的灌输一方面模糊了公德与私德界线，另一方面试图将共产主义的道德与资产阶级道德划清界限。然而在实际操作中，虽然“利他”、“奉献”、“无条件的付出”、“先人后己”、“自我牺牲”或“毫不利己专门利人”等道德品质本身是高尚的，是一种美善的体现，但这样的道德往往无条件和没有规范限制，最大的弊端在于缺乏普遍公平和公正的价值支撑。

在这种道德规范作用下，有道德的人可能面临处处吃亏、事事损己的局面，想成为道德高尚的人会面临着诸多的两难和挑战，个人价值与集体价值似乎相互排斥和难以两全。我们宣扬的道德典型成了“有病不看”、“过家门而不入”、“过节不回家”的“烈士”：最终比的是谁牺牲个人利益越多，损失越多，生活越心酸，谁就越道德，越先进。这种道德观一段时间也进入了学校，进入了小学德育的领域，强调勇斗歹徒，宣传无私付出。

德性具有智慧性和积极性。智慧是所有文化中最被推崇的特质。有研究者认为，智慧是关乎生存基础、实用知识的精妙系统，是在追求个体和集体的优秀过程中一种用来组织知识的认知和动机的启发性运用。而积极并不是一个人以昂扬的姿态征服外部世界，追求把每一件事都做到完美。比如神经症的人有时就因为过于看重征服世界和追求完美的欲望超越了自身能力的范围，在需要和改造世界面前过于有为，用主观意愿取代现实的客观，这种脱离现实的有为，恰恰可以理解为过分的欲望，而不是真正的积极，只能导致矛盾和冲突的消极。在积极心理学领域中，积极和消极是两个完全独立的、有各自定义的变量。积极并不是消极解除之后的附属结果，并不会伴随着消极紧张得消除而自然产生。

道德教育要养成个体对于内在美善法则的信仰和选择，就意味着教育者始终需要对学习者内在价值需求给予高度的关爱与同情：没有关爱，教育一切给予性的行为无法被受教育者接受，成为盲目和徒劳的行动，可能会导致建立在有效沟通基础上的“教育性关系”的破裂。我们的教师在教育中不是教育的太少，而是学生接受的大门一直关闭着。很多教师接受的教育使得其对生命存在体悟的萎缩与匮乏，这更加剧了教师不能敏锐观察到自己不符合伦理言行的状况，无法预料自己可能会给孩子们的精神世界所造成的影响，不能够通过同情估算自己不符合教师伦理的言行，可能在孩子内心世界造成的影响，听不见孩子内心对教师良好言行的召唤。

德性也应该具有积极性。近期积极心理学的兴起反映了这样的潮流。谢尔顿和劳拉·金在说明积极心理学的本质特点时认为，积极心理学是“致力于研究人的发展潜力和美德等积极品质的一门科学”。积极心理学运动的主要倡导者，美国前心理学会主席赛利格曼说：“积极心理学并没有改变心理学的研究范围，但不同于以往心理学关注心理疾病和障碍的研究，而将心理学的研究关注点放在心理健康和良好的心理状态方面，是一门旨在促进个人、群体和整个社会发展完善和自我实现的科学。”这样的观点主张与智慧德性有着内在的契合之处。

积极心理学以个体自身积极因素为研究重点，主张心理学要以固有的、潜在的、具有建设性的力量、美德和善端为出发点，提倡用一种积极的心态来对人的许多心理现象（包括心理问题）做出新的解读，从而激发人自身内在的积极力量和优秀品质，并利用这些积极力量和优秀品质来帮助有问题的人、普通人或具有一定天赋的人最大限度地挖掘自己的潜力并获得良好生活。也可以说，积极心理学是研究“如何获得幸福”的科学，而教育的最终目的也在于实现个人的幸福。积极心理学研究领域包括三个方面：① 主观积极体验的研究，包括主观幸福感、满足感、希望和乐观、快乐和充实。重点是对人的主观幸福感的研究，强调人要满意地对待过去，幸福地感受现在和乐观地面对未来。② 个人积极人格特质的研究包括爱与被爱的能力、工作生活的能力、勇气、人际交往技巧、对美的感受力、毅力、宽容、创造性、关注未来、洞察力、才能与智慧等。③ 群体的积极组织系统的研究致力于探索能够支持和发展人的能力及长处的各种支持系统或组织，包括家庭、社区、学校社会、言论环境等，以培养公民美德，使公民具有责任感、利他主义、有礼貌、有职业道德。这些领域与德性的内容、德性的发展关系密切。

我国德育专家班华认为，教育改革的趋势，就是要由限制性德育走向解放性德育，解放性德育的根本在于发展和解放儿童的德性潜能与创造潜能，促进儿童道德生命自由成长。这意味着教师不再以“事务性教学”的状态理解道德教育，而是进入一种“教育性教学”或“道德教学”的教育境界。对“事务性教学”而言，学习者只是被动等待灌输或被操纵的存储器，教师越是往容器里装得完全彻底，就越是好老师；学生越是温顺地让自己被灌输，就越是好学生。对教师而言，无论什么样的学生在其课堂学习，他都将只管自说自话，教师心中没有真正的学生存在。在这样事务性的道德课堂中，学生往往会将“道德规范”当作“大话”、“空话”、“套话”。道德教育建立在了对学生发展潜能缺乏信心的基础上。

为了帮助一些后进生，我在班里开展了“一帮一”的活动。需要帮助的同学尽量安排成同桌，有的是直接告诉学生谁与谁结成对子（事先征求过优秀学生的意愿），有的就根据学习情况稍加搭配（这种情况没有直接告诉学生，只是我自己心中根据部分孩子的学习情况进行了座位上的搭配），活动从上个学期一直持续到现在，也取得了一定的成绩。对“一帮一”取得进步的几对同学，我们也进行了相应的奖励，因此活动开展的比较顺利。可是最近发生在班里的几件事，却不得不引起我的重视。

小冉是我们班里学习能力较弱的一个学生，她接受能力差，自身也不够努力，家长无暇顾及到她（家长为了生一个儿子就出了远门，把她寄放在托管班）。她没有一天会把家庭作业完成的，课堂作业也是拖拖拉拉，从没有按时完成的时候。于是我就指派小丞来帮助小冉。小丞同学平时很热心，做什么事都很积极，当初确定“一帮一”人手的时候他是自告奋勇来承担的。在帮教的过程中，虽然有时会有些疏忽，但总的来说，还是不错的。可是在一次写写“心里话”的周记中，却让我看到了一个“腐败”现象。写这篇周记的是一个全方面发展的学生，她在周记里写道：“老师，一个贪吃的学生还是好学生吗？小丞总是向小冉讨东西吃，若不给他吃，他就不来教她写作业，有好几次她的作业是我教的，老师您说这样的学生能算是好学生吗？”看到这里，我的心不禁“咯噔”一下：班里居然会有这种事——以自己的职权牟取私利。现在的孩子难道眼中已过早的蒙上了“利益”二字？难道乐于助人、大公无私的品质都被眼前这小小的利益蒙蔽了吗？作为老师，正确引导是多么的迫切呀！

前几天我在帮几个孩子补课的时候，从他们的嘴里又听到了这样一件事：学习委员楚楚仗着自己学习比同学出色，就经常发号施令，强行向同桌小权索要笔。有一天数学课上，楚楚没有黑色笔做作业，就向同桌强要。巧的是小权自己也在用，于是就从铅笔盒内拿了一支笔给她。楚楚就不高兴了，她非要小权手中的那支笔不可，就这样两人在数学课上当场发生了激烈的争吵——楚楚把小权的数学试卷撕破了。数学老师见了，在课堂上批评了楚楚几句就继续上课。不过这一事情并没有结束。下课了，楚楚就生气地把小权的铅笔盒打落在地。小权同学是一个很乖巧，很善良，很有绅士风度的男孩子，他并不和楚楚斤斤计较，反而弯腰把地上的笔一支一支捡起来放回铅笔盒。可楚楚同学并没有就此罢手。她又随手拿起一支记号笔在小权的新衣服上乱画了一通，还威胁另一个男生帮忙一起涂画。听到这里我十分愤怒，心想："官味"在班里竟然会这么浓，小小年纪也懂得什么"贪污受贿"？都学会"滥用职权"了，这还了得！

上述这两件事带给我深深的思考：孩子原本纯洁的心灵到哪去了？一些社会现象过早地在孩子们的心中生根发芽？班内的班干部管理制度是否有问题？针对这些现象我召开了一次班干部会议，让他们谈谈对国家干部的认识，让他们进一步明确人民干部是人民的公仆，是全心全意为人民服务，为人民做事的。再让他们谈谈自己是如何理解班级中的"班干部"的。学生都能清晰地认识到班干部是为班级做事的，是老师的得力助手，还应该热心帮助同学，这样的班干部才是称职的。

周末我带领班干部走访了三江社区及城中街道（本班一位家长就在此处工作），让他们亲眼目睹社区干部是如何为民服务的。随后我又在班里召开了《人民的好干部》主题班队会，事先让同学们收集一些身边的好干部的资料。还邀请了家长代表（国家干部）介绍自己是如何为民服务的，同时在班会上歌颂并介绍了一些好干部的光辉事迹，观看了几位好干部的纪录片，表演了相关的小品，这次班队会在班里引起了一定的反响。这次班会让孩子们充分看到了人民公仆是怎样为人民服务，怎样受到人民的爱戴的，同时也在孩子们心中树立起这样一个信念：做干部就要全心全意为人民服务。经过这一系列活动的开展，班内原来的不良现象有所改变了，孩子们人际交往也更和谐了，大家都非常珍惜这种"乐于助人"带来的心灵上的快乐！

不过还有一个值得深思的问题，那就是现在的班干部是轮换制好，还是留任制好？这个问题一直困扰着我，同样也困扰着一线的班主任们。每次提起，大家都各抒己见，想来也是各有长处，各有弊端的。但我想轮换制也许可以制止班内的"腐败"现象吧！孩子的心灵原本是纯洁的，美好的。他们幼小的心灵还不能很好的分辨是是非非，也许在不经意间受到社会上不良风气的影响，就形成了坏的习惯。不过养成坏习惯就不再是小事了，它将会影响孩子以后的人生选择和定位。而当班主任的我们就应该做一个有心人，做一个积极的引导者，将学生的错误扼杀在摇篮里。当发现学生走的路有所偏位时，我们就应该积极引导他走上正路。我们教师的一次小小的举动，也许会影响孩子的一生。

我们越来越感觉到，小学生德育应该以德性发展为核心，更加强调思想和品德的内容，注重积极情感和良好行为的德育结构，尊重小学生的主体性和发展性。德性强调“爱”、“勇气”、“智慧”、“正直”、“诚恳”、“感激”、“宽恕”、“节制”等特质，这些美好的特质从古至今都一直存在于文学、宗教、教育学、伦理学等各学科著作中，也是人类一直弘扬和称道的精神力量。我们之所以对学生的潜能抱有信心，是因为我们自己亲身体验过潜能的成长，体验过理性和爱的力量的强度。理性信仰的基础是创发性的。有信仰的生活，意味着创发性的生活，意味着获得了这样一种由信仰所确保的确定性：它产生于创发性活力，产生于我们每个人都有效支配这些活动所指向的对象的经验。小学德育不是一个特殊的学校教育问题。数学知识在课堂学习后，在现实生活中不会有太多变化，1+1在课堂上等于2，在生活中也等于2。可思想道德问题有很大的情境性，课堂上讲的高尚，在生活情境中有着复杂的含义。因此关起门不是德育最好的方式，在更大的生态环境中开展教育才能还思想品德以真实面目。道德实践蕴含着大量的智慧，要考虑到学生会受到多种因素，包括家庭、学校、社区乃至社会经济和文化等的影响。

四、悄悄话回音廊

(1)

校长：

我想到少年宫参加培训班，可是妈妈总说：“在家自学，既可省钱，知识面又广。”我真难过。

同学：

你好！你有学习的愿望是非常好的。你妈妈不同意你去参加培训班，可能是家里经济不宽裕。父母要挣点钱确实很辛苦的，这一点你要体谅。事实上，自学成才的事例很多，只要自己刻苦努力，哪里都可以学到知识。如果你真的非常想去参加校外培训班，你可以与妈妈说说参加培训班的好处，可能妈妈也会同意的。你也可以自己争取，比如把零用钱、压岁钱攒起来，妈妈看到你好学的精神如此强，肯定会被你感动的。

（2）

校长：

我劳动很积极，老师经常表扬我，上学期我被评为“劳动积极分子”，我妈却说劳动那么积极干什么？多花点时间读好书就行了。我不明白，妈妈为什么这样想？

同学：

你妈妈这种看法是片面的。热爱劳动是中华民族的传统美德，劳动创造了美，创造了财富。劳动可以锻炼我们的身体，还可以开发我们的大脑。劳动教育是素质教育的重要内容，劳动出色的孩子肯定是聪明的孩子。希望你继续热爱劳动，当然学习也要努力，要以事实来证明你是全面发展的好学生。这样，妈妈就会支持你了，对吗？

（3）

校长：

你好！我爸爸妈妈常为了一点小事吵个没完，甚至提出离婚，我真有点害怕。

同学：

你好！

谢谢你对我的信任，把心事告诉我。你还小，大人之间的事，有些你还不能明白，也用不着搞清楚，你长大后自然会知道。爸爸妈妈吵架有他们的原因，他们不让你知道，是怕影响你学习，影响你的情绪，说明他们心里是爱你的。孩子，不用怕，你可以找个机会单独和他们说说你的感受和希望，以你对爸爸妈妈的爱去感化他们。祝你快乐！

（4）

校长：

我的学习不太好，每次练习卷拿回家，爸爸都要打我；我不拿回去吧，又怕老师批评，我真不知道怎么办。

同学：

你爸爸打你这种做法不对。但他是“恨铁不成钢”，用心是良苦的。作为你，首先应该分析自己学习不好的原因，努力弄懂学会应该掌握的知识。平时，如果不懂，应多问问老师、同学。“勤能补拙”，你努力了，总会有所进步。“十个手指有长短。”你也可以找机会和爸爸妈妈说说，你已尽自己最大的努力了，你学习这方面比不上别人，但你有其他的优点，爸爸会理解你的。

(5)

校长：

你好！我想参加舞蹈队。可是老师没挑到我，我心里很难过。

同学：

你好！我非常理解你的心情。舞蹈队不仅对队员的体形、肌体的柔韧性、动作的协调性、乐感等有很高的要求，还要考虑年龄的大小。再说，学校舞蹈房空间有限，人数不可能太多。你没被挑上，没关系。你喜欢舞蹈，这也很好。你们音乐课不是也有舞蹈练习吗？我想你一定学得很认真。其实，学习舞蹈途径很多，像参加校外培训班跟着媒体自学都是可行的。听了我的解释后，心里不难受了吧。

(6)

校长：

你好！学校说要减轻我们的负担，可是我妈妈说：“减负减负，你不要上学负担最轻。”她给我买来许多大本子，叫我每天做啊做，我很生气，但一点办法也没有。

同学：

你好！

你的情况普遍存在，家长们“望子成龙”、“望女成凤”的愿望是美好的，但他们对学校减负工作有误解。学校提出要减轻学生课业负担，并非不上课、不做作业，而是课要上得更精彩，作业要设计得更精炼。减负不会减教学质量，减负的目的是让同学们发展得更全面、更有个性。你可把我说的道理跟妈妈好好谈谈，比如，让妈妈给你试一段时间，用事实证明你即使不做这些练习，你的学习成绩照样会很好。当然，你也可以向妈妈提议允许你利用这段时间看看有益的课外书。相信你肯定会和妈妈沟通的。

（7）

校长：

我是一个班干部，但我每次管理同学，同学都不听我，我非常难过。而且每次管的时候，总会得罪人。

同学：

班级管理最能锻炼人，作为一名班干部，你要珍惜这个机会，不要因为一时的挫折而退缩。管理是一种学问，首先要严格要求自己，以身作则，才能让人信服；其次要注意方法，说话要和气，不能盛气凌人。跟老师反映情况要实事求是，要多汇报同学的优点。当然，同学的错误是应该及时诚恳地指出的。我相信你通过努力，一定会赢得同学的信任和支持的，会成为一名优秀班干部的。

（8）

校长：

我的同桌烦死了，上课常常要和我说话，还经常动我的铅笔盒。我告老师，老师也跟他说了好多次，他就是改不了。我要求换位置，可是老师又不答应。我该怎么办呢？

同学：

你的烦恼可能很多同学都有，你的同桌这些毛病是不太好，我很理解你，看得出你是一个要求上进的孩子。我想老师不给你换位置，是相信你啊！老师一定是希望你去带动同桌，帮助他改掉缺点。你给同桌写张纸条吧，写上你的希望，语气恳切一些。

假如同桌上课还是说些和上课内容无关的话，你可以用手势提醒他一下，你可绝不能当他的听众，甚至也和他说起话来，你把心思都集中到课堂上，他也会注意的。至于他动你的铅笔盒，是觉得你铅笔好看呢？还是要引起你的注意？如果是前者，你就下课时让他看个够；如果是后者你就索性宽宏些，随他动几下，不理他，他也会觉得没趣的。

希望不久能听到你和同桌传来的好消息。

第二章 探索：小学智慧德性的体系

小学生的德性具有主体性、积极性和发展性。每个学生都有良好的德性本性，就像一颗优质的种子。我们要做的就是创设适合学生发展的环境，对每位学生给予积极的期待，让优质的种子长成优质的栋梁之材。经过深入研究，我们开创了一条以体验为载体、以培养小学生德性为目标的德育之路，探索出一套养成小学生德性的基于体验的德育策略体系，让小学生潜在的优秀品德在体验中得到成长。基于体验的小学生德性养成策略研究，力图建立多方互动交流平台，营造平等、民主的对话环境，致力于将小学生培养成认知、行为和情感相统一的现代小公民。

长期以来，我们的德育主要是一种知性教育，德育多停留于道德原则与规范的灌输与记忆上，而未能引导学生体验道德生活，体验问题一直未能进入德育理论研究与实践的视界。这是造成德育实效性差的一个重要原因。另一方面，传统的品德形成机制受行为主义和认知主义影响，要么将个体视为进行刺激——反应的简单机体，要么将个体视为输入——输出的策略机器，从而产生了内化和外化的品德形成机制，进而强调通过塑造、说教和灌输等方式促成个体由无律到他律到自律的历程。

多元价值观体现了宽容的态度，却不意味着没有选择倾向；强调德育人本化理应凸现德育的根本基点，而不是只强调责任忽视需求；提倡底线道德教育在于固守最基本的职责，并非排斥美德的张扬和引导。小学生的德性处在不断发展中，德性教育关注个体一生道德认知、社会和情绪等方面的变化。用辩证的观点看，人的德性发展过程是连续的，是通过个体内部的连续不断的冲突来推动的。因此，在德性发展过程中，个体内部暂时会出现某方面的失调或者不平衡。只有当德性发展阶段的冲突或者挑战得到解决之后，个体才能进入下一个发展阶段去面对下个阶段的冲突。智慧德性具有系统的动力组织，涉及情感、体验和关系。

传统小学德育内容偏离当前小学生社会生活，难以引起小学生的兴趣；方法过多强调由外而内的教化，忽略学生主体性；目标失于空大，认知层面的要求多于情感层面的要求。种种弊端造成现在德育效果低下、道德教育不力的现实，迫使德育工作者必须开创符合新时代要求和小学生内心需求的德育策略与德育模式。

一、情感：智慧德性的源泉

一般认为，道德包括认知、行为和情感等要素。过去我们往往强调对学生道德认知的灌输和道德行为的强化。皮亚杰认为，儿童建立行为规则要有两个条件：一个是儿童能够接受别人的命令或禁则（如：不要单独上街、不说假话等）。为什么他接受这样的一些规则而不抵制或忽视它们呢？这种接受并不是简单地服从强硬意志的产物，仅对规则惧怕并不足以迫使他接受。一个规则只有来自一个受学生尊敬的人，一个同时具有爱和畏惧情感的对象，而不是仅具有其中一种情感的人时，儿童才会从内部接受。可见，道德灌输要建立在儿童对教育者喜爱和敬畏的基础上才能成功。儿童对教育者的敬畏也许是天然的，因为成人在各方面比儿童强大，儿童需要成人的爱与保护等。而要唤起儿童对教育者的爱恋，教育者则必须爱护、尊重儿童，与儿童建立一种良好的感情关系。

道德情感是人对道德原则、规范在情绪上的认同与共鸣，是人对道德理想、道德目标的向往之情。它们可能表现为积极的、肯定性的情绪反应，如自豪感、尊严感，利他行为后的愉悦感，也可以表现为否定性，但同样是积极的情绪反应，如羞愧感、内疚感等。无论哪一种情绪反应都以当下或者未来出现满足、愉快、安心、尊严等自我肯定的情绪体验为精神报偿。从弗洛伊德的观点看，这些情感是道德行为的基础。英国近代伦理学家、哲学家休谟在以情感原理构建他的伦理及道德学说时，提出情感力量和人的精神运动水平的关系。他认为："心灵处于自在的状态中时，就立刻萎靡下去，为了要保持它的热忱，必须时时刻刻有一个新的情感之流予以支持。"也就是说，神经冲动的紧张度会在心灵的构成中起作用。凡能支持情感和充实情感的东西，都使我们愉快；正如在另一方面，凡使情感微弱无力的东西，也都使人不快一样。情感力量的运动创造了道德，没有这一内在的心理运动，也就无所谓道德精神。正如弗洛伊德所说，"理想自我在当孩子的行为符合父母满意的理想标准时，会通过传达一种自豪和个人价值感来奖励孩子。良心在当孩子的行为不被父母所认可时，会通过使孩子感到内疚和无价值感惩罚孩子。"

20 世纪 60 年代以来，道德心理学家逐步认识到，一个人趋向积极情感体验而回避消极情感体验，表现出先天性的倾向。正是由于这种先天性倾向，才使得情感具有调节人的行为的功能。这个发现与弗洛伊德早期的论点取得了一致。苏联的库尔奇卡娅研究发现，学前期儿童已能独立出现羞愧感。起初，它是情境性的，与作出某种行为相联系的羞愧（如小班、中班），以后，它会变成儿童个性的稳定形成物，不但在做出某一行为时羞愧，而且在作出这个举动之前也会产生羞愧（大班以后）。西方学者测量过失者和普通人的内疚品质，发现这两种人在道德评价发展阶段上没有差别，但过失者的内疚得分明显低于普通人。随着孩子的社会性和认知的发展，内疚感的引发也在发生改变。一些研究发现，内疚与道德行为之间呈正相关，与说谎、欺骗、偷盗、争斗等呈负相关。道德心理学家认为，当人不断积累积极情感体验后，会在行为上产生某种偏爱的立场、定向的行为。相反，当人一想到将要实施的偏离社会（集体）要求的行为遭到社会否认，而体验到消极情感时，人便会发生情感校正现象，以此来“超前”影响自己的后续行为。

对小学生而言，其身心健全发展最需要、最迫切、最不可贻误时机的教育资源就是情感，即情感关怀和情感理解；最需要被关注和呵护的也是儿童的情绪状况和情感发展品质，即：正向的、积极的情绪感受。比如：安全感、被认可和被尊重的自我悦纳感，学习中胜任、探索的快乐，与人相处时适应、合群的惬意，还有共情、他心想象、利他的满足感、安宁与愉悦等。正是这些积极的、正向的情感不断地表达，在脑部形成的神经传导回路，已经被证实是人的自我认识、社会性发展和创造性思维的脑神经基础。在今天已经到来的终身学习时代，经由情感反应模式积淀、影响而形成的学习、生活习惯、态度、趣味、价值倾向恰恰是身心、人格健全发展的基础。

是不是一直日夜尾随的理想，因着沿途的艰辛与磕绊，因着中间冗长琐细的时光，一旦成为现实也没有预计的大喜大悲。只是平淡坦然地接受“我是老师”的事实。只知道，我的爱、恨、感动、伤怀，我的过去，我的现在，我无限遥远的未来，我呼朋引伴的草绿时代，我促膝长谈的漫漫长夜，都将被灌录在三尺讲台的那段胶片里。随着机器的读取，投影在黑暗中的幕布，持续放映。“主演们”在幕布上茁壮成长谆谆好学，而我无时无刻用爱和他们共鸣。

是的，用爱。“教育没有了情爱，就成了无水的池，任你四方形也罢，圆形也罢，总逃不了一个虚空。”面对一年级的孩子，书上让我这样做：尽量放低声音说话，尽量态度温和，机械的琐碎的重复的——最艰苦的，恰是最没有写头的。而开学初，教室就废纸“蔓生”，一派欣欣向荣、春回大地之景。小家伙眼前明明瞅见垃圾，却视而不见，一脚跨过抑或绕弯而行。我见了着实生气，脸上阴云密布。这帮家伙又不会察言观色，仍在耳边欢声笑语，叽喳成群。看着那一张张明眸善睐，笑靥如花的脸，这群天真烂漫的孩童，我寻思着该用何种办法让他们意识到教室卫生的重要，养成“我不丢我捡”的好习惯呢？

下午班队课，有意教育的我这样导入：小朋友们，你拥有几个家呢？孩子们七嘴八舌，有的说一个，有的说两个，三个，有的说很多个。我让他们一一回答，孩子们的答案五花八门，天马行空：有说自己的家；外公外婆的家；爷爷奶奶的家；有说金华、地球、宇宙、中国；有说东苑小学，更细致地说道，我们班就是我家，这正是我想要的答案。鱼饵已放，于是，我又带着好奇的语气问：“哪位小朋友来说说你家是怎样的？用一个词。”孩子们的词层出不穷，有说很漂亮，很干净，很整洁，很时尚，很简单，很像一幅画……从他们兴奋的话语中，我强烈感受到孩子对家的喜爱之情。这时，我让他们先低头看看地上，又让他们看看垃圾最多的几位小朋友的座位，就这样看了十秒钟，问：“小朋友，如果拿教室与你们的家相比，你觉得怎么样？”许多小朋友似乎明白了我的用意，轻轻地举起手。可是，班里最会制造垃圾的孩子仍旧事不关己，一副无所谓的模样，几个“小跳蚤”不安分地东瞅西望。于是，我让孩子再好好观察，小家伙陆陆续续举起手：“班里地面上垃圾很多，不干净！”“教室有很多纸片，地面很脏。”……大家你一言我一语。“可是刚才有小朋友提到这儿就是我们的家，而你们的家一个个都非常漂亮、干净、整齐，为什么单单我们学习的家会那么脏呢？谁能告诉我原因。”这时，孩子一个个义正词严互相揭发检举，我让他们判断这样的行为对不对，会带来什么后果。在孩子统一而响亮的“不对”声当中，我知道他们在心底接纳了教室要保持干净，像家一样。这时，我说：“我们的家里有许多房间，有厨房，有卧室，有卫生间，有阳台，还有属于小朋友做作业睡觉的房间。从今天开始，你桌子的四周就是你一个人的房间，你是它的小主人。这时候你再看看房间都收拾干净了吗？”孩子们听了都雀跃地蹲在地上“收拾房间”。瞧他们一丝不苟的样子，我在心里笑了。“离开房间要随手关门，快检查一下门都关好了吗？”在我一边讲解一边示范下，孩子们很快明白，离开座位要把凳子放桌子底下。在这轻松对话氛围中，我赋予了孩子主人翁意识，他们乐做也爱做，一举两得。

在看了《窗边的小豆豆》对校长小林宗作的做法印象颇深。于是，面对中餐挑食的孩子我也试着以“山的味道海的味道”赋予事物诗意的美。

或许人们可以跟年老的舵工学得风雨晴晦的知识，向江湖术士取得采霜雪瘴疠的经验，更从背箱的郎中的口里掏出许多神奇的秘方。而我伴随教育这群挚爱的孩子只能从心出发！

现在人们往往习惯的将德育与智育相分离，学校老师则埋怨给他们“控制”使用的德育时间不够。斯霞老师一直注意在教学过程中培养儿童的道德意识和习惯，也从不放过适时的道德教导与行为要求。斯霞帮助儿童建立起的价值观和性格倾向不仅是由外至内，更是由内向外的，在情感上的喜好与认同，这对儿童期的道德启蒙特别适合和有效。本世纪初脑科学发现，社会性认知过程需要激活脑的三种功能：自我意识、场景记忆、他心想象。这为斯霞老师智德一体的教育方式及其效果，为新一轮课程改革为什么特别要求开展学生社会性认知学习的机会增添了新的脑科学依据。这也让我们深信，小学低年级学生学习时产生的积极情感就像一粒粒富含美善情感的生命种子，儿童身体、智力、审美、精神方面的果实都将由此发育。

儿童执行道德行为，既不是为了行为以外的利益，也不是为了抽象的义务原则，而是儿童的自我逐渐扩展和这个行为本身逐渐合二为一，最终达到乐于执行。道德行为的动机与效果都不是用客观的实践标准来检验，而是归之于儿童的情感体验。

情绪对于接受道德信息的先在性、早发性不仅表现在婴幼儿时期，即使成年人也常常以他人的情绪表情和事物信息的情绪性作为鉴别、判断的线索之一，以自己满意或者不满意，肯定或否定的情绪化特征作为不加选择的第一次反应。当代情绪心理学的最新研究认定：情绪过程可以在无意识觉知的情况下和无人知参与的情况下发生。研究者用麻醉的手段，证明人的感知直觉在一开始的下意识中，就具有把人的周围现象分为肯定和否定两方面的机制。“道德记号”的特性原来是内在情感所具有的，甚至在个体意识范围内从道德意义上没有区别的东西，也会以道德色彩出现在下意识中。正因为如此，德育在有可能利用人的无意识领域，通过设计各种情景，使人借助无意识联想激发起来的移情效应不断积累、丰富情绪经验，提升无意识领域里的道德信息储备，形成必要的道德准备态势。

情绪也是积极心理学近年来研究的焦点，包括主观幸福感、快乐，以及积极情绪与心理健康的关系。在积极情绪研究领域，狄纳(Diener)于2000年成功地把主观幸福感引入积极心理学领域。积极心理学认为主观幸福感是一个人积极体验的核心，同时也是其生活的最高目标，是一种试图理解人们如何评价其生活状态的心理学研究领域。人们根据内化了的社会标准对自己生活质量的肯定性的评估，并由此产生积极情绪占优势的心理状态，主要由生活满意、高水平的正性情感和低水平的负性情感三个部分组成。主观幸福感的研究涉及主观幸福感的本质、影响因素、心理机制、评估以及如何增进人们的幸福水平等。

狄纳认为，个体心理健康具有三个标志：① 主观性。心理健康是个人的主观体验，客观条件只作为影响主观体验的外在因素；② 积极性。心理健康不仅仅是消极因素的减少，它同时也是正常发展和积极因素的增加；③ 多维性。心理健康应包括个人生活的各个层面。研究者根据他的观点，把心理健康分为正负两个重要方面。近年来，研究者越来越多的使用主观幸福感作为心理健康重要指标。很多的研究者认为促进幸福感应该是心理健康的主要目标，心理疾病患者康复的基本目标之一应该是主观幸福感水平的增加。也有很多的研究者尖锐地指出，把心理健康的操作性定义和评价局限在没有精神疾病，这是不公平的。精神状态的消失和康复的结果是产生幸福感，仅仅使用精神症状的评估作为心理健康评价指标是不科学的。正是这些研究促进了主观幸福感在心理健康研究中的应用，并且已经从个别的评估演化为普遍趋势，这种趋势在最近 20 年期间不断增长。

快乐也是积极心理学的重点研究方向之一，很多研究者从不同的角度对其进行了研究。莱尔伯米尔基斯(Lyubomirsky，2001)比较了那些快乐和不快乐的人，发现他们在社会认知、道德判断、行为动机和问题解决策略上都有不同，并且这种不同经常是自动化的，未被意识到的。跨文化研究表明，在较为贫困的国家，人们的快乐程度与收入水平有较大相关；而在富裕的发达国家，个人的快乐程度与收入水平相关甚少，几乎可以忽略不计。亲密的人际关系，包括友谊和婚姻，对于快乐有很大影响。有亲密朋友的人更快乐一些；而已婚、未婚和离婚者的快乐程度则依次递减。同时越有虔诚的宗教信仰的人越容易快乐。也有学者从时代变迁的角度对快乐进行了研究，认为现代社会中人际关系比以前冷漠，竞争更激烈，而且，大众传媒的发展促使人们将自己与世界上最优秀的人进行比较，这种比较降低了人的自我评价，产生抑郁和不快。有研究者提出提高人的快乐的建议：与他人建立良好关系并发展亲密友谊；选择一个与自己在价值观、兴趣、人格特征等方面都相似的配偶；设立适当的期望值，其实现会给人带来很大的满足与快乐。智慧德性注重关系很大程度上汲取了快乐研究的成果。

在研究主观幸福感、快乐等积极体验的同时，许多学者对积极情绪与身心健康的关系也进行了探索。在生理健康方面，积极的情绪状态可以增进人的心理资源，使人相信结果会更好。在面对压力事件时，自我报告通常处于积极情绪状态的人更不易生病；在病人中，那些处于积极情绪的人更愿意接受医生的建议，配合治疗并进行锻炼。研究发现，积极的情绪状态对患者的身心状况改善有积极影响，并且，良好的情绪状态容易导致积极的康复活动。萨洛韦(Salovey)等人发现，感染 AIDS 的人如果对于康复能力抱有不切实际的乐观，在康复锻炼中表现更好。进一步对 AIDS 感染者进行问卷调查并追踪其后他们病情的发展情况，发现那些接受死亡现实方面得高分的感染者比低分者要早去世 9 个月。

由于情感对于人的生存发展的特别功能，其作用的机制越来越被现代科学与哲学揭示出来。随着人类文明进步的发展，作为人类自由精神的本质，德性的情感本质越来越被人们所认识，情感与德性形成的内在关系也就越来越清楚地显现出来。我们认为，积极的情感和消极的情感，比如共情、钦佩、自尊、愤怒、羞愧、痛恨等，对儿童德性发展具有特殊价值。情感不仅是道德认识转化为道德行为的中间环节，而且在个体道德形成的完整过程中具有特殊地位。

二、体验：智慧德性的途径

体验既是一种过程，又是一种结果。作为动词的“体验”，是指主体以不同的角色亲自置身于一定的关系世界和生活情境之中，参与实际生活，或者通过移情、想象及回顾、反思的心理活动获得相应的认识和情感。其次，体验是指各种形式的体验活动的结果。作为名词的“体验”，是指主体从亲自参与的活动或从想象、回顾、反思、移情活动中获得的认识和情感。所以，体验是小学生德性培养的重要途径，过程性和结果性具有高度统一性。

（一）体验的性质

体验是一种含有价值判断的“趋善”性认知，体验把握的是客体与主体的关系，客体对主体的意义，从而去升华主体的思想，调整主体的品德心理结构。体验产生情感，从而将品德心理结构中的知、行统一起来，实现由知到行的转化，培养道德行为的习惯。情感是体验的核心和灵魂，而情感又是体验的出发点，促使主体进入到新的道德体验活动中去。

1. 体验是一种亲历

体验是一种活动，是主体亲身见过、做过或遭遇过某件事并获得相应的认识和情感的活动。就实践层面而言，是道德主体通过各种活动、行动亲身经历某件事。学生的意志努力总是伴随情绪体验活动得以有效发挥。如果道德实践中某些困难是在伴随着积极情绪体验活动中产生的，学生会视之为有益的挑战，会以积极的心态应对，并将克服视为乐事。而如果道德实践中的困难总是伴随着消极情绪体验的活动产生，学生就会视之为一种痛苦和负担，表现出退缩、厌倦甚至抵触。例如，为了让小学生认识劳动的艰辛与欢乐，要求学生亲身参加劳动，在劳动中加深对劳动的认识和情感。这种体验属于主体自我角色体验。而类似学生到学校附近马路站岗承担交警任务，则属于他人角色体验。

在道德教育过程中，学生道德动机的激发和培养涉及两个相互关联的因素：必要性和意愿。意愿来自学生的需求的态度，反映了学生愿意做的事情和愿意达到的结果，规定了其投入的行为动力水平和个人主观程度。学生对道德教育的必要性与自身关系的认识总是受到相应情绪体验的折射。学生对于必要性的情绪反应，直接影响其对道德的社会要求及其实现过程所具有的主观意义的认识，并常常构成道德活动的直接诱因和道德动机的最初制约因素，进而决定了学生对道德教育的态度和是否投入的意愿。在现实生活中，个体面临大量关于他人情感状态的情境。个体能否做出相应的道德行为，在很大程度上取决于该个体能否敏感地知觉、理解、体验到他人的情感，并引起相应的情感共鸣。德育理论中作“亲历”了解的体验，既包括直接经验的亲“身”经历，又包括亲“心”经历，是亲身、亲心经历的统一。

2. 体验能产生情感

学生对道德教育内容的接受性取决于两个方面：一是能不能接受，二是愿不愿接受。学生愿不愿学习的问题很大程度上受课堂情绪体验所决定。学生在教育过程中产生的情绪体验，直接反映了道德教育内容及其过程对学生具有的主观意义，进而决定着学生的态度和是否接受的意愿。学生的课堂情绪体验还影响他们对教学内容的确信程度。学生在学习道德知识的过程中，一旦产生消极情绪体验而缺乏接受意愿时，不仅会对其学习动机和学习效率产生消极影响，而且会使他们对所学知识本身产生怀疑，甚至会视之为“假大空”而予以排斥。日常生活中，如果学生的某种行为经常受到他人赞赏、好评和奖励，因而产生满足、自尊、骄傲等体验，就会将该种体验结合到行为中。反之，如果学生某些行为经常受到指责、批评和惩罚，随之产生痛苦、不快、内疚和自卑等情绪体验，这些情绪体验会与行为结合。某一行为与情绪结合后，学生从事该行为时便会产生与之相连的情绪体验,产生情绪性联想,预设到情绪性后果,产生为什么要做和不做的情绪理由。

道德情感是道德认识转化为道德信念、道德行为的重要条件。在德育中,需要一种活动,让学生在活动过程中产生相应的情感,由情感将知、信、行连接起来,实现三者的转化。而体验正是这样一种活动。学生参加某项活动,对事物有体验,必然伴随着某种情感的产生,情感是体验的核心和灵魂。情感又是体验的出发点,主体总是从自己先前积累的相应的情感体验的经验出发去对某种活动进行体验。

3. 体验是一种特殊的认知

情感不是体验的唯一构成要素,体验还包含着认知的成分,但它是一种特殊的认知。体验是对主客体关系的认知,主要是一种含有价值判断的"趋善"性认知,它把握的对象不是单纯的客体,而是客体与主体的关系,客体对主体的意义;体验对客体与主体关系的把握不仅是认知把握,更重要的是一种情感把握,是带有感情色彩的认识。体验的目的在于使主体的思想得到升华,德性心理结构获得调整,自我得到丰富、改变和发展。学生对道德知识的掌握是一个从道德情绪体验上的认同向道德观念上的"应当"过渡的过程。在道德知识传授过程中,如果学生没有产生内在的情绪体验,这些知识对他们来说就是外在的东西,或仅仅是考试的答案。只有学生产生了相应的情绪体验,他们才能理解和感悟这些知识的价值和意义,将其内化为自己的行为准则。

道德体验教育并不追求某种实体性存在,它既不与现行的学校——课堂教育相对,也不是五育之外的单独一育,而是作为教育意识、教育思想渗透于整个学校教育之中,旨在强调道德教育要深入到学校、家庭、社区、大社会生活和自然之境中,向生活世界、自然之境和体验者的心灵世界全面开放,引起人的生命感动,诱发人的道德体验。

从系统德育的角度讲,学校——课堂教育中就存在着道德体验教育的因子,需要有意识地挖掘和体现,因此它在教育意识和教育思想上超越了现行学校——课堂教育的范围和视界的局限;同时,道德体验教育在实践上突破了过去孤立、封闭、单向的道德规范知识传授样式,成为一种开放互动的过程。置身其中的每个学生和教师,其精神和灵魂都在体验涌流中不断得到陶冶、净化和升华。道德体验教育并不排斥道德规范知识的传输和学习,但它把道德规范知识不再作为道德教育的全部或主要的方面,而是作为道德体验发生的一种重要的基础性诱发线索。它强调体验者和引导者的共同参与、开放对话,在共同学习、理解道德规范知识的过程中，相互激励，协作创新，不断生成新的道德境界。道德体验教育的这种理念追求，也符合世界学校道德教育改革与发展的大趋势。即由约束性道德教育向发展性道德教育转变，由单向式道德教育向双向互动式道德教育转变，由单一道德教育模式向多样化和个性化道德教育模式转变，由封闭式道德教育向开放式道德教育转变。

我是一名普通的班主任，今天反思我们的教育行为时可以发现，其中的确有许多急功近利的成分，扭曲了我们教育的本真。然而，当我们用宽容的心态对待学生的失误时，自己的提醒便成了促进孩子心理健康成长的催化剂。

开学之初，班级新添了两把竹扫把。可是没过多久，扫把就失去了往昔的光彩，变得破旧不堪。因为扫把用来扫公共场地，有的孩子扫积水、扫落叶；有的孩子拿来当"玩具"；还有的孩子拿来当"武器"。久而久之，他们终于不堪重负，支离破碎，分家了！

我实在不明白，学校出钱购置的扫把，学生怎么就不懂得珍惜呢？况且，早在开学初，我就曾对"如何爱护公物"作过一次激情澎湃的演讲。后来，当我看到扫把一次次被"虐待"的时候，我又不失时机地多次利用品德课班队课的机会对孩子们进行爱护公物的教育，再后来，我还专门找几个"捣蛋"的孩子谈话，但扫把还是难逃厄运。究竟怎么办？我伤透了脑筋。

没有扫把就不能扫地，我只好又自己出钱给班里添置了两把新扫把。可一个念头从我的脑海里一闪而过：如果这样周而复始下去，扫把最终还是会重蹈覆辙的。对了，有办法了，当天晚上，我便以扫把的身份写了一封寄给孩子们的信。装进信封，贴上邮票，大功告成！

第二天下午，我便收到了来自扫把的信。利用班队课，我故作神秘地走进教室，一本正经对孩子们说："孩子们，你们看，这是什么？""是——信，是信！"孩子们争先恐后地回答。"这封信啊是寄给你们的，你们知道是谁寄的吗？"孩子们一个个面面相觑，疑惑地你看看我，我看看你。"这封信是你们的朋友——扫把寄给你们的呢！"这下，孩子们更惊讶了。有的说，扫把怎么也会写信？有的说，他写了什么？我顺势让孩子安静下来，轻轻地打开粉红色的信封，顿了顿。教室里出奇安静，看得出，孩子们已瞪着眼珠子想让我快点念给他们听呢！我心里一阵窃喜。

亲爱的小主人：

我是你们的新朋友——扫把。虽然我长得不怎么样，但是，我的用途可是超大的哦！能为大家服务，我还是很乐意的，只不过，在能为你们服务的荣誉感直线上升时，一种战战兢兢的恐惧感也油然而生，因为我听说了我那两个以前为你们服务的哥哥的不幸遭遇。即使这样，我还是来了，因为我相信你们，相信在有了那两个扫把哥哥的教训后，你们会格外珍惜我。相信你们在用完我之后，会轻轻地放回墙角。我的要求不高，一个角落就足够。相信你们，不会恶意去玩弄正在沉思亦是睡觉的我。相信你们，不会把我当成生活中的玩具，丢到东，丢到西，相信你们……总而言之，因为相信，所以我来了，其实相信很简单，一个真诚的眼眸，一个亲切略带羞涩的微笑，都会成为你被人信任的因素，会好好珍惜我吗？我相信，你们一定会！

相信你们的扫把

3月20日晚

念完信，我发现孩子们一个个红着脸，惭愧地低下头，还有几个女孩子许是被感动了，眼圈红红的。多么可爱的孩子啊，我心中有说不出的感动和安慰。随后，我趁热打铁进行了“课桌在哭泣，墙壁在忧伤，我们怎么办”的小组讨论会。在讨论会上，孩子们深刻自查了在爱护其他公物方面的不足，并纷纷表示：要做爱护公物的小模范。

为了让孩子有更深刻的认识，我让孩子回家写收到信的感受：

在一个阳光明媚的星期二，我们亲爱的班主任走进安静的教室。手里拿着一个信封，神情非常庄重。“叮铃铃，叮铃铃。”上课铃响了。这节课是班队课，老师却拿着一个信封，我丈二和尚摸不着头脑。后来，我终于在这节课上弄明白了老师葫芦里的药是什么了。在这节课上，老师慎重地宣读了劳动工具扫把给我们的信《相信》。我听了扫把给我们的信，我真正感受到了扫把的悲痛，上星期扫把少了一个弟弟，可我们竟然一无所知。现在我才正式意识到扫把也是有感情的！我们也开始保护扫把宝贵的身体，每一次值日时，我都把扫把排得整整齐齐，扫把也经常对我笑笑，好像在说：“谢谢！谢谢你把我摆得这么整齐！我在你们班过得好幸福啊！”扫把虽然没有那么华丽的外表，但是却很朴实，能帮助我们把校园打扫得干干净净，让我们今后像爱护校园一样爱护扫把吧！（涵涵）

今天班队课，我们居然收到了一封毫不起眼的扫把写的信。信不长，内容大概是这样的：我也许是一把毫不起眼的扫把。但我的用途却很大。

请你们别把我扔在地上，把我轻轻靠在墙角，我就满足了。我也听说了我哥哥的不幸遭遇，但我相信，相信你们不会把我们乱扔乱放……听完信后，我羞愧万分。扫把也是一个生命呀！还有桌椅、垃圾桶、畚箕，而我却丝毫不在意。想到这，我的心被震撼了！从今天起，身为劳动委员的我一定要监督其他同学一起好好爱护我们的公物，不让他们受到任何伤害。也许每晚公物都在开会，讨论着谁的主人对"我"最好呢！同学们，爱惜我们身边的每个生命吧！(如如)

孩子毕竟是孩子，在成长的过程中总会犯一些错误。作为教师，应该清楚，简单的批评，空口说教，孩子的逆反心理会更强烈。而如果我们能利用巧妙的办法，这些问题恰恰能成为教育的良好契机。我真庆幸当见到扫把的"惨状"时，没有大发雷霆，而是让孩子反思自己的行为，明辨是非，并重在过程，采用了拟人写信的形式，赋予静止的扫把以生命，孩子们经过"换位"体验后，在每次使用扫把后都会涌起一股怜惜的情感。直到现在，我依然没有告诉孩子们"信"的真相。但至少孩子们通过这件事养成了爱护公物的习惯。扫把前后两种截然不同的命运，让我进一步明白了"事事育人"的道理。从一颗平常心开始，用应有的爱心滋养学生健康的心灵，让孩子自然地在纠正失误中成长。我期待着，和孩子一起快乐地成长！

(二) 体验的方法

体验是一种亲历活动，既是行动或活动本身，又是活动的结果，所以体验对于小学生德性养成意义重大。智慧德性养成主要采取体验的方法，通过小学生表情识别、情境理解、情绪追忆、角色承担、情感共鸣等途径实现，改善个体的德性心理结构、促使个体知行合一，引导个体过一种利于发展的道德生活。

(1) 表情识别：对他人表情的知觉，是移情产生的第一个认知成分。对表情的识别可以使儿童了解他人的态度、需求和情感。儿童表情识别训练可以采用图片、照片、幻灯片、录像或现场表演等方式，向儿童呈现不同表情(教学指导语的指示作用)，让他们辨认，说出情绪名称及其代表的意义，提高儿童区分、理解他人情绪的能力。

(2) 情境理解：对他人产生特定情绪的情境的含义，以及对情境产生的情绪之间的相互关系的认识和理解。这是移情产生的另一种认知成分。理解情境需要个体从当事人的处境中感受其情绪体验和考虑他要寻求帮助的问题。情境理解训练可采用情境故事等形式，组织学生集体讨论，教师给予启发、引导和总结，以提高他们对他人所处情境的理解。

(3) 情绪追忆：个体根据一定的目的，有意识的对过去经历过的情绪体验进行回忆，以此强化这些情绪体验，以自身的亲身体验更好的理解他人的情绪。情绪追忆一般运用言语指示唤醒个体过去生活经历中亲身感受过的各种情绪体验，同时要求他们对情绪体验产生的情境、原因和事件进行追忆，加强情绪体验与特定社会情境之间的联系，让他们设想在什么情境下产生什么样的情绪，做到情绪体验与情境相匹配，为情境理解、角色承担和情感共鸣提供情感基础。

(4) 角色承担：能站在别人的位置，从别人的角度考虑别人的态度、思想和情感，设身处地想人所想，感人所感。角色承担能力除与年龄因素有关外，还与角色承担的多寡有密切关系。角色承担常用的方法是道德问题讨论和角色扮演等。在道德问题讨论中，教师鼓励学生交流彼此的观点、态度和情感，这种同伴间的交流和讨论，能促进儿童认识他人的情感和观点，从而提高他们的角色承担能力。角色扮演也是一种提高角色承担能力的好方式。教师根据一定目的编制一些短剧，然后让学生扮演剧中的角色。通过扮演一定的角色，儿童会更加深刻地体验到扮演角色的思想和情感。这种体验如果进一步得到巩固和强化，日后会迁移到对日常生活中人的思想和情感的理解。

(5) 情感共鸣：个体在理解他人情感的基础上，产生与其一致的情感体验。情感共鸣是移情体验产生的标志，也是移情体验产生的结果。情感共鸣是表情识别、情绪理解、情绪追忆和角色承担等移情体验培养模式的诸多组成因素中发挥作用，以及个体与移情对象相一致的道德价值取向条件下产生的。但在必要时也可提供一些假设性的社会情境，让个体置身其中，使其亲身感受到对方的情绪体验以产生情绪共鸣。

独一无二的小杰——小学三年级了，还要让我牵着他的手上课；喜欢趴在地上写作业；课堂上转眼就会不见他的身影。虽然他调皮、捣蛋、不懂事，但他总是笑呵呵地面对每位老师，所以没有一位老师讨厌他，反而称他为我们班的“小宝宝”。

可有一天的音乐课，上课没多久，学习委员就跑来找我，说小杰不在音乐教室。“怎么会呢？他从来不逃课的？”我有些着急了，让学习委员先去上课，自己亲自去找。还好，在操场对面的梧桐树下找到了他。他正蹲在那里看一群蚂蚁搬食物回家呢。我没有说话，蹲下身子，陪着他一起看，直到蚂蚁把那条虫子搬回家。

“看够了吗？”我问。

他站起身来，点点头。

“你知道现在是什么时间吗？”我柔柔地问道。

“我不想去上音乐课，要不和你去办公室吧，做数学作业也行。”他哀求道。

“现在是音乐课，你知道这个时候我最希望看见你在哪里吗？”我接着问。

“可音乐老师不喜欢我，我不想去上她的音乐课。”小杰终于按捺不住心中的情感，眼泪刷地流了下来，并开始抽抽搭搭。

“怎么了？”我有点惊慌失措，他可是从来不哭的呀。

“上课排队时，我迟到了一下下，音乐老师就一把将我拉到一边，让我不要去上音乐课……”他委屈地讲述道。

“原来如此，但我觉得你误解老师的意思了。不然这样，我带你去音乐教室，看看音乐老师是不是真的不让你上课了？”。我拉着他的手来到音乐教室门口，小杰喊了报告后，老师开门让他进了教室。小家伙朝我笑了笑，似乎在告诉我“你可以回去了”。下课后，他又来办公室找我。我没有像往常那样热情。他有些失落，慌乱无措地站着。晾了他一阵后，我才说：“老师今天有些不高兴，你知道吗？”他嘟着嘴，小脸一下子红了。我没再多说，轻轻摸了摸他的头。

后来，我跟音乐老师交换了想法：对小杰，温情的理解可能比严厉的批评更容易触及心灵。于是，他对小杰的态度渐渐缓和了。小杰也不再逃课。从那以后，小杰每节课后都来找我，就是被大家称为我的“小尾巴”，他也毫不在乎……“泥鳅要捧，娃儿要哄”。他那快乐蹦跳的身影，红扑扑的小脸蛋一直浮现在我眼前，像一朵正在慢慢开放的花。

通过一定的移情训练，个体能够形成良好的移情能力。个体更敏感的知觉到想象或真实的社会情境中他人的情绪情感状态，并易于唤醒过去生活经验中形成的情绪反应模式，当其他个体或群体处在困难的不良境地而引起消极情绪时，儿童就可能转换位置感受他的心理反应。个体能代替他人产生强度更大的移情体验，从而为自己发出能解除有关个体和群体不良境况的行为提供有效的动机基础。另外，移情体验又强化了个体因对情境信息进行知觉而产生的社会责任意识，使个体更加容易接受社会期望、社会要求，并且甘愿付出代价，付诸实际行动，做出解除他人消极情绪并对他人身心有益的行为。

三、关系:智慧德性的体现

人际交往对于小学生德性发展具有重要的影响。研究发现,学生在学校中的人际互动对其认知、情感和行为将产生多方面的作用。在认知方面,同伴间不同的看法,师生间不同的认识,都可以产生儿童认知的不平衡,成为心理发展的内在动力,促进认知结构的变化;在行为方面,师生和同伴交往可以协助学生通过观察与模仿学习社会交往技能技巧;在情意方面,亲子、师生和同伴交往能够使儿童产生依恋感、归属感和认同感,作为成长的情感依托和支持来源。

皮亚杰认为,发展自律道德的一个重要途径是让儿童与同伴发生相互作用。他认为他律道德的根源在于儿童对成人的单方面尊重。儿童只有在与同伴交往中,才会把自己的观点与别人的观点相互比较,从而认识到自己的观点与别人有别,对他人的观点提出疑问或修改意见。同伴关系与师生或者亲子关系有着本质上的区别,只有与同伴交往中,儿童才能摆脱权威的束缚,互相尊重,互相协作,发展自己的主观判断能力。以前的发展一直强调分离、独立、个体化以及自主性的价值,认为个体成熟的标志是脱离所依赖的照顾者、完成个体化的过程。如果培养一个合法的公民,就必须要让他与他人保持长期联系。如果将发展等同于分离,将成熟等同于独立,那么人类生活中相互依赖以及人与人之间的联系就会成为问题。

艾森伯格及其合作者认为,儿童的社会道德判断经历了五个阶段:第一个阶段,儿童多采用享乐主义观点,使用自我关注的推理。助人或者不助人的理由包括个人是否直接得益以及将来的互惠,或者是由于自己需要或喜欢某人才关心他。第二个阶段,多处于小学低段,儿童多采用需要取向的推理。他人需要与自身需要发生冲突时,儿童更加注重他人身体、物质和心理的需要。儿童仅对他人的需要表示简单的关注,并没有表现出自我透射性的角色采择、同情和言语表述等。第三个阶段,多处于小学中段,儿童多采用赞许和人际取向、定型取向的推理。儿童在证明其助人或不助人行为时提出的理由是好人或坏人、善行或恶行的定型形象,他人的赞扬和许可等。第四个阶段多处于小学高段,儿童开始向深度化推理过渡,出现了自我投射性的同情反应或角色采择,关注他人的权益,注意到与一个人行为结果相联系的内疚等情感。第五阶段,儿童选择助人或不助人的理由涉及了内化的价值观、规范、责任和义务,或者提到保护他人权益和尊严的必要性等,但这些内隐的规则没有清晰表述出来。

儿童无法形成亲社会行为的主要原因可能是儿童无法意识到他人所处困境以及他人的需要，或者他已经注意到这一切，但由于儿童仅从自身出发，找到的是一些不利于自身的因素，将别人的需要撇在一边。我们要发展儿童的观点采择能力，让儿童学习站在他人立场综合各种信息，正确推断他人的观点，理解他人的情感，儿童与他人产生共鸣就不仅是外部而是发自内心的情感感染。做到这些，儿童在日常生活中就能学会自觉体察他人情绪，理解他人情感，认识他人困难，为他人着想，将想法转化成实际行动，自愿做出谦让、分享、合作和助人等亲社会行为。

中国传统孝文化是中华文明中最为灿烂耀眼的一部分，是中华民族强大凝聚力的思想基础，是华夏五千年薪火相传的摇篮。中华传统美德故事“乌鸦反哺”，“羊羔跪乳”，依然是我们社会的主旋律，成为我们炎黄子孙代代相传的佳话。但是目前，在校的少先队员大多数是清一色的独生子女，他们的生活、学习环境相对优越，父母宠爱有加，爷爷奶奶更是过分溺爱。遗憾的是孝敬父母和长辈意识却越来越淡薄，成为当前独生子女的一个通病，他们往往只知道索取父母长辈的关爱，却不愿意或不懂得回报，有些孩子在家里甚至唯我独尊，忤逆父母长辈，那么如何将孝心文化代代相传，恩泽他人呢？

【案例 1】 本班有一位学生周某，他生性聪明伶俐，对人热情大方，对朋友，老师都非常重感情，所以一年级刚入学时，深得学生和所有任课老师的喜欢，觉得他将来一定是个品学兼优的孩子。但是由于他的父亲失业后，整天在家游手好闲，无所事事，父亲和母亲两天一小吵，五天一大吵，闹得整个家庭不得安宁。后来，他的父亲几乎变了一个人，不但不去找工作，而且整天混在网吧里打游戏，直到半夜里才回家睡觉，也从不过问孩子的学习、身体状况，一个家庭的负担就全部落在了在工厂上班的孩子的母亲身上。父亲还经常当着孩子的面，向母亲要钱去网吧上网，当要求不能得到满足时，父亲甚至还对母亲大打出手。母亲只能抱着他号啕大哭。从此，这个周某性格就变了，上课经常分心了，学习用品开始丢三落四了！有一天，父亲因为孩子不能按时放学而耽误了他玩游戏的时间，不分青红皂白，竟然当着全班同学的面打了他的孩子一个耳光……从那天起，这个孩子在学校里变得不爱说话了，他的朋友也少了。几个月后，母亲实在忍受不了，悄悄地从家里搬出去住了，父亲在这之后，更是不负责任的一走了之，丢下孩子一个人在家，此时，孩子的心都碎了！最后，爷爷奶奶看着自己的孙子这么可怜，主动承担抚养孙子的重担。所以，周某就成现在的这个令老师和同学们都头痛的样子：从来不做家庭作业，课堂作业能拖就拖，经常跟同学发生矛盾，甚至大打出手，对于学校里的学习，各项活动都不感兴趣，对于成绩的好坏也无所谓，整天就知道玩，当小丑，引起别人的注意，一点都不体谅年迈的爷爷奶奶和可怜的母亲，让他们看着心急啊……

孝敬父母教育必须从小抓起，小学阶段是进行孝敬教育的最佳阶段。我们中队辅导员可以把孝敬父母的教育与少先队员们的行为规范教育、礼仪教育结合起来。我们东苑小学的校训是培养"四有"、"四气"的社会主义社会的接班人。"四气"指的是：大气、雅气、灵气、朝气，而"四有"指的是：行之有范，出言有训，眼中有活，心中有人！这里的"心中有人"，也就是心中有他人，做任何事情都想着他人，这里的"他人"，不也包括对我们有生身之恩的父母长辈吗？所以我们应该把把"孝心教育"与学校特色"心中有人"有机结合起来，可以要求家长一起合作，通过各种比赛，表演，行动等评出在老师、家长、同学当中的"孝敬之星"。并以他们为榜样，带动其他的队员，这样坚持下去，一定可以让"乌鸦反哺"教育深入到孩子心中！

后来，经过一系列的"心中有人"的孝心教育，这孩子终于体会到妈妈和爸爸离婚，是感情不和，迫不得已，母亲有自己的苦衷，而并不是不爱他了！而他那年迈的爷爷奶奶，更是为了自己付出太多了，以后再也不能气他们了！现在这个孩子在班里，一直都是最孝顺父母的孩子，做任何事情，都先考虑到他的母亲以及爷爷奶奶，甚至把学校里中餐他认为最好吃的"鸡腿"，自己舍不得吃，都带回家给两位老人尝尝，整个学期都是如此……

儿童观点采择能力与其跟同伴互动经验有着密切的关系。同伴间的互动一方面可以为儿童提供大量了解他人观点的机会；另一方面，在这种相互作用中，儿童为了彼此之间能有效互动，必须了解他人观点，尤其当发生冲突时，他们必须学习如何协调自己与他人的观点，以使互动能继续下去。

很多研究都证实儿童道德发展是自我由共生到独立的变化过程。有心理学家指出，在婴幼儿时期，儿童需要同感的赞美和镜像反应；幼儿时期，他们需要同感的理解、包容和设限。在小学阶段，孩子必须有能力认同一个他们仍然将之理想化的双亲；在小学高段和中学阶段，他们需要老师和同伴的认可和赞美；在青春期，他们需要理想化和认同老师、运动员或是明星；在成年的生活中，角色仍然由他人来认可。可见同他人的交往是自我发展一贯的主题。

从智慧德性的角度看，人的道德体验、人的道德品质与成长环境、社会背景密切相关，需要综合考察良好的社会、积极的社区以及积极的组织对人的德性品质的影响，社会关系、文化规范和家庭背景在人的德性发展中具有重要影响。因此不能脱离人们的社会环境孤立地研究智慧德性。我们主要关注对学生健康成长的环境条件以及影响青少年发展、天赋得以体现、发挥的环境条件的探讨上。

有研究者从进化的角度对阻碍人们达到积极的精神状态的原因提出了自己的看法，对于如何增加人们的快乐也提出了建议。迈尔斯综述有关幸福研究，提出促进幸福的要素之一是宗教信仰。施瓦茨从哲学和历史的角度对自主进行分析，认为文化环境的限制对于减少人们的心理负担是必要的，过度的自由会导致不满和抑郁。有研究者认为，天赋是体现在儿童身上的，早慧的自我激励的，能在某领域中以一种自发的方式解决问题。她的研究发现这些儿童适应良好，并有很好的家庭背景。

智慧德性注重培养小学生的责任心，这种道德观念与自我概念紧密相连，与社会交往密不可分。如果过去的道德基于独立个体存在，那么智慧德性则基于相互联系的网络。传统的道德求助于抽象原则，而智慧德性则求助协调人际关系。只有将两种道德倾向结合在一起才能完整解释人类的道德发展。为此我们认为，智慧德性的养成需要放在社会关系中完成，在小学生与家长、教师和同伴的人际交往中实现。

德育过程的生活化机制认为，德育应把生活作为教育的本源，德育为了生活，德育通过生活而进行。因此德育必须坚持面向生活，从生活中寻求课程资源；德性的培养主要为了小学生更美好地与人相处；德性培养的途径主要是通过小学生的生活进行，即从小学生自身开始，从同伴、师生、亲子三个生活圈挖掘课程资源，全方位、多角度地进行小学生德性的养成教育。本着来源于生活、在生活中和为了生活的原则，智慧德性构建包括自我、同伴、师生和亲子这四个领域，根本的目的在于实现德育的生活转向，最终回归生活世界。根据这四个领域，我们进一步将智慧德性分解为言之有训、行之有范、眼中有活、心中有人四个标准。

这个四个标准一方面考虑到个体生命全域型的德性养成的内容，从知、情、行三个方面、全方位地实行德性教育。道德品格是由道德认知、道德情感和道德行为三个方面构成的一个具有开放性的螺旋系统，三者之间互为关联、互为基础。道德认知和道德情感属于内隐状态，道德行为往往是个体的道德状况的外在表现。德性养成必须从道德认知、道德情感和道德行为这三个方面同时着手，齐头并进，才能受到实效。在智慧德性的构成中，"言之有训"对应于道德认知,“眼中有活、心中有人”对应于道德情感,“行之有范”则对应于道德行为(见图 2-1)。

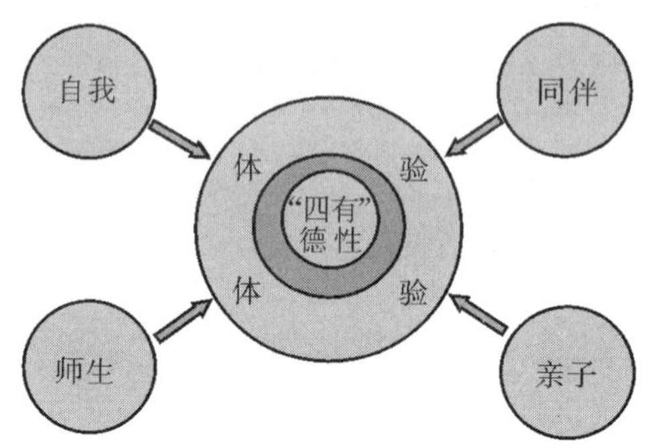

图 2-1 “四有”德性

“言之有训”是德性养成的认识基础,反映了小学生对于德性现象和规律的理解,要求小学生在交往中言谈文明得体,体现较高的品行素养;“行之有范”是德性的显形体现,反映了小学生运用理解的德性解决问题的过程,要求小学生遵循社会良好的规范与法则,形成积极的人际关系;“眼中有活”是德性需要的体现,反映了德性主体与客观世界之间的关系,要求小学生在学习和生活中自主、合作和探究,承担小公民的社会责任;“心中有人”是德性激发和持续的动力,要求小学生对共同生活的生命表现出关怀和尊重。四者构成一个完整的品格心理结构(德性)的整体,现实操作中往往每一“有”都体现了德性的整体和谐,相互关联,互为基础。

四、发展:智慧德性的归宿

发展是德性重要的一个特点。人类发展的定义有很多,目前比较公认的是 Clarck 等提出的观点,个体发展应该是一种系统性变化,而不是个别随机的变化;个体发展产生的变化是永久持续的,而不是暂时的;个体发展是在以前的基础上累计产生的;个体发展是一个有方向性、组织化的过程,从婴儿期慢慢向老年期过渡变化,并日趋负责;个体的发展是一种目标指向的变化,是一种进步而非逆向衰减;所有的发展都是由个体自身的遗传因素和环境共同作用的结果。发展的变化是与个体的成长结合在一起的。也就是说,随着年龄的增加,个体在自身因素与环境、文化的相互作用中逐渐产生生理上、认知上、社会性及情绪过程上的转变。这样的原理也符合德性发展的规律。

从20世纪80年代后期开始，受系统科学方法论的影响，加上教育学心理学研究范围的拓展，越来越多教育者开始将青少年德性发展作为研究对象，毕生发展观也逐步成为德育发展心理学的主流趋势。毕生发展观的基本思想主要体现为：

(1) 个体发展是整个生命发展的过程。人的一生都处于不断的发展变化中，从生命的孕育到生命的晚期，其中任何一个时期都可能存在发展的起点和终点。心理发展不仅取决于先前的经验，而且也与当时特定的社会背景等因素有关。德性的发展也伴随着整个生命的历程，个体一生的道德经验对德性发展均有重要意义。

(2) 个体发展是多方面、多层次的。心理和行为发展的各个方面，甚至同一方面的不同成分和特性，其发展的进程与速率是不相同的。以智力的发展为例，智力可分为流体智力和晶体智力，前者是作为基本信息加工的智力，后者是指与社会文化有关的智力。虽然，人的流体智力在中年以后有所下降的趋势，但人的晶体智力在成年期以后仍有可能保持增长的趋势。

毕生发展观以一种更为全面的眼光来审视发展。它认为生命历程中任何时候的发展都是获得与丧失、成长与衰退的整合，任何发展都是新的适应能力的获得，同时也包含已有能力的丧失，只是其得与失的强度与速率随年龄的变化而有所不同。以语言的发展为例，在个体获得本民族语言的同时，他对其他语言的发音能力明显降低了，而这正是语言发展的实质。

(3) 个体发展是多种因素共同发展决定的。有三类影响系统，即年龄阶段的影响、历史阶段的影响、非规范时间的影响。年龄阶段的影响主要指生物性的成熟和年龄有关的社会文化事件的影响，包括接受教育的年龄、职业事件(如退休)等。历史阶段的影响是指与历史时期有关的生物和环境因素的影响，如战争、经济状况等。非规范事件的影响是指对某些特定个体发生作用的生物与环境因素的影响，包括疾病、离异、职业变化等。这三类影响系统共同决定了个体一生发展的性质、规律和个体间的差异。毕生发展观所产生的影响是巨大的，借助于这种观点，我们可以更全面、更深刻地理解人的发展过程。

人类的心理一方面是毕生发展，同时又表现出阶段性特征。我们在探讨德性发展动因与规律时，应将德性发展连续性和发展阶段性相统一，科学地解释个体在生命全程中的心理持续发展趋势，探讨不同年龄阶段德性发展的特征。

由于对这些基本理论问题的不同理解，在德育心理学的研究中，逐步产生了不同的发展理论，这些理论为我们描述和理解个体的发展变化提供了一般性的框架，为我们构造问题、指导研究方向提供了理论基础。心理动力理论将个体的发展看成一系列连续的发展阶段，在其中的每一个阶段，个体都要遭遇一些冲突，对这些冲突的合理解决就意味着个体的发展与成长。其典型的理论包括弗洛伊德的精神分析理论和埃里克森的理论。这两个理论都认为人格是个体经验的产物，个体的发展在不同阶段是不连续的，但在前期的经验与后来的发展之间又有连续性。认知理论主要包括皮亚杰的理论和信息加工理论。这些理论都关注个体心理加工以及个体心理机能的实现，个体发展是其通过思维推理而不断与环境相互租用并试图控制环境的过程。行为与社会学习理论。依据这些理论，个体发展是环境的产物。行为主义理论假设所有的行为都是通过反射而习得的：社会学习理论又进一步强调了观察学习的作用。这个理论假设个体的行为可以通过观察别人的行为而获得。

影响个体德性发展的因素是教育研究的一个重大主题。教育向来有遗传决定论与环境决定论之争。遗传决定论者认为，我们的个体发展绝大部分是由我们先天的遗传因素决定的。而环境决定者则提出，个体发展是后天经验获得的结果。个体在与环境的相互作用中获得经验，获得社会化。这两者之间争论的焦点在于，在个体发展的过程中，是先天的遗传因素还是后天的环境因素影响更大。支持遗传决定论或者环境决定论，可能与理论支持者本身的哲学倾向有关。我们应该把两者结合起来，综合考虑遗传因素和环境的相互作用。

这种相互影响的作用体现在现实层次模型中。现实层次指的是在环境的作用下引起的遗传与环境相互适应的变化层次。在现实层次模型中，环境的作用是毋庸置疑的，不同遗传基因的儿童在同样的环境中表现出相似的遗传及环境相互作用的结果。有一些双生子实验可以证明这个观点，Alice 和 Laura 是同卵双生子，她们拥有相同的基因，被不同的父母在不同的环境中抚养长大，长大后两人的智商表现出明显的差异。相反的，Paul 是一个智商比 Fred 高的孩子，但是 Fred 在一个比较富裕和丰富的环境中抚养长大，最后两人的智商基本上达到了一个相同的水平。但是需要指出的是，环境的作用也不是唯一关键的因素，因为在个体发展的过程中遗传基因的控制作用较强，对整个发展过程有较大的影响。

环境能影响遗传因素，遗传基因的作用也影响着我们经历的环境。当我们遇到不同的情境事件时，遗传基因对环境的影响就会体现出来。在现实生活中，父母经常会为自己的孩子挑选周边环境。如果父母本身是体育运动爱好者，注重身体的锻炼，那么她们将为自己的孩子挑选有利于其进行身体运动和体育锻炼的环境，她们会千方百计地创设适合于运动的环境让孩子参与其中。父母既给了孩子遗传基因，又为孩子选择了环境，因此基因对个体发展的影响作用就加倍了。

由于遗传基因的作用，儿童会在特定的环境中表现出特定的反应。比如，天生爱笑的婴儿将比天生不爱笑的婴儿在特定的情景中更多地作出笑的动作，漂亮的儿童不管在哪个年龄阶段都比那些外表不是很起眼的儿童能得到更多社会交流的机会。个体在自己的每个发展阶段都会寻找与自己遗传基因相协调的环境，那些富有创造力的儿童就会选择那些比较有利于发挥自己天赋的活动环境，例如美术、音乐还有舞蹈等。而拥有较高语言技巧的儿童也会选择能使自己的这些技巧得到发挥的学习领域。个体会选择有利于自己能力、兴趣发挥的，适合自己人格特质的环境去活动，这种倾向性随着个体年龄的增长而增强。

环境因素和遗传因素两者之间相互作用。个体发展正是这种复杂的相互作用之下的产物。先天遗传给心理发展提供了可能性，后天的环境（包括教育）能将这种可能性变为现实。两者相辅相成，缺一不可。德育工作者应研究影响人类德性先天因素与学校因素、家庭环境及社会环境的交互作用，将关注的重心放在研究遗传因素在学生发展过程中怎样引起个体差异，不同家庭环境如何影响学生个体发展以及不同家庭环境是否会对学生个体遗传因素造成影响等方面。

当德育工作者面对学生时，需关注学生特征和背景。当他判断学生某种行为时正常还是异常时，需了解这个年龄阶段一般学生的发展规律。教师还需了解儿童逆反行为的发展过程，攻击性行为如何产生等，这些都是发展观涉及的基本问题。将发展观应用到德育工作中可以为教师工作提供重要信息与理论依据。

将发展观的思想应用到学校德育工作中，我们必须树立儿童处于不断的发展过程中的观念。德育工作者在促进学生德性发展、心理健康等方面有非常重要的作用。他应该关注可能影响每个阶段儿童发展的因素。例如，教师不能忽略儿童的乳母对于儿童发展的影响，因为有研究认为儿童的很多方面可能与他出生时一开始照料他的人有关。学校心理学家也应该关注父母的离异对不同年龄发展阶段的儿童发生的影响，必须熟悉这些儿童可能有的心理和想法，以及与之对应的一些辅导措施，以便在学校有类似情况发生后给班主任或辅导教师提供可以参考的意见，及时处理。

发展观的一些主要概念和原则还在学校的评估工作、干预工作以及教育计划工作中具体体现出来。过去的学生行为评估工作有个难点，评估的结果会随测验不同而不同，因而导致评估结果不够准确。现在我们可以应用发展观的概念和观点，将测量评估所得到的数据放在某个儿童所涉及的具体情境中去尝试新的发现。这样我们就能对反映儿童状况的数据进行纵向比较，然后从这前后比较中了解到儿童如何发展变化，再根据儿童的发展变化来决定哪些行为表现对于某个年龄阶段的儿童来说是适宜的，哪些行为表现是不适宜的。

教师需要分析儿童行为的持续性和稳定性。儿童出现的挑衅行为会不会持续？儿童经由观察学习到的攻击性行为表现如何，是否会持续？教师需要考虑儿童出现的行为的持续性来决定教育措施。当家长向教师反映儿童有不良行为时，教师还需考虑儿童行为的稳定性。这个儿童的不良行为表现是他独有的还是许多孩子在某个阶段共同表现出来的情况？如果改变儿童所在的团体中伙伴的行为状况，儿童的不良行为是否很快就能得到改善等等。一个掌握了小学生发展规律的教师，必然会从学生内在需求出发，解释儿童的行为。

掌握德性发展观对教师非常重要。一旦教师拥有发展观思想，那么他就会从这种思想出发去判断学生的行为，而不是从学生行为的本身出来来评定，如此便更有利于他作出有效的干预。例如，用发展观的思想去看待青少年学生对父母疏远的现象，就会发现这一现象在青少年早期相当普遍且典型，我们可以从一些相关的理论观点中去寻找解决问题的方法。皮亚杰的认知发展阶段论告诉我们儿童道德发展水平对于决策选择的重要性。从信息加工理论中，我们可以获取一些怎样指导儿童更好地获得知识技能的策略。行为主义和社会学习理论帮助我们了解儿童怎么样模仿和习得行为。教师掌握了德性的发展观，就不会再沿着传统的、仅仅使用测量的途径，而是运用发展观的思想，在自然环境中更好地观察学生及与学生进行交流。如此就能更好地了解学生的发展水平，促进儿童学习、调整与社会适应。

第三章　表演：自我的展现与建构

一、校园"情景剧"

在小学阶段，儿童德性发展逐步形成了系统的道德认识以及相应的道德行为习惯；随着年龄的增长，小学生的德性出现了言行一致和不一致的分化；自觉纪律的形成和发展在小学生德性发展中占显著地位，小学阶段可以说是德性发展的飞跃期，是道德由量变转为质变的关键时期。在这个阶段，道德中的道德自我维度是我们特别关注的方面。我们选择了校园情景剧作为促进小学生自我发展的主要形式。

情景剧原是演员在舞台运用形体动作、表情和语言等形式表现角色形象的活动。校园情景剧通过小学生扮演日常生活问题情境中的角色，把平时压抑的情绪通过表演得以释放，同时通过讨论、角色互换、互提建议、交流感受等方式，帮助学生自我反省、互相启发和互相支持，更加深入地了解真实情况和他人感受，学习人际交往的技巧，获得处理问题的灵感并加以练习，实现小学生智慧德性的自我成长。

校园情景剧逐渐成为一种描述教育和校园生活中常见现象的象征性、戏剧性的活动，具有主动性和互动性的特点。在教育领域，人们有时将表演和对表演的理解作为人类生命存在，教育存在的基本事件。通过表演和观看表演可以促进个体思想和行为等方面的发展、成长和完善。这种活动将理想现实化、将现实理想化，半真半假、半开玩笑半批评。情景剧的象征性手法可以建立一种超脱的气氛，在个体和情境之间产生一定的心理距离，避免个体成长的尴尬，有助于学生自省。

教育之所以可以通过表演达成目的，首先是因为教育与戏剧的原型具有相似性。表演性宗教仪式是戏剧的原型，而教育的原型也与具有强烈"表演性"的仪式相关，道德教育成为一出动人的演出。其次，教育活动具有戏剧性和审美意味。生命发展本身具有叙事性和戏剧性，反映了个体生命的变化，反映了人与事件、人与环境以及人与人的关系。学校的教育活动与戏剧表演活动一样，是对生命形式和表达的关照。第三，任何形式剧场都具有教育性。剧场是一种能够透入灵魂、可以对人进行全面教育的场所。实现德育的审美化，可以发现从舞台表演中发现德育的价值，舞台也因此成为德育和美育息息相关的殿堂。教育舞台以教书育人为己任，充分利用戏剧表演要素，集中发挥剧场的教育性，提升道德教育的审美性，在剧场表演和观看中促成学生的发展。

学校中的表演具有“交互作用”。帕森斯在“社会系统”一书中所阐述的结构功能主义的主要命题便是：社会是一个由各种要素组成的复杂系统，这些要素在现存的价值系统支配下，活跃地发生着相互作用，其中占主导地位的是道德。自我生成意味着自我在一定程度上是在交往中形成，在社会性表演中可以得到充分显现。交往是以角色为基础进行观念交流的过程，交往是在表演中进行的，具有一定程度的表演性。

我们充分认识到交往在德性养成中的重要性，并将此转换为影响学生成长的直接目的行为，交往双方相互学习，交往行为转化为角色行为，并在行为中分别探索角色规范，满足各自的角色期待。并且设置了校园情景剧的舞台，学生在角色扮演工程中共建生命意义，形成互动意向性关系。

二、情景剧的编排

在创编课间游戏过程中，我们学习了加强小学生共情的教育计划。这个教育计划的目标是帮助小学生认识别人的情感，理解他人的想法，与别人进行有效的沟通。这个教育计划主要采用了角色扮演的形式，学生通过扮演不同社会角色，尝试不同的问题解决方案。小学生围圈而坐，教师讲述一个故事，告诉小学生故事没有结尾，需要大家通过表演来为故事结尾。比如一个同学将自己心爱的文具借给同学，同伴不小心将其摔破了，双方一个气愤一个内疚，大家尝试用不同的办法来解决这个问题。该教育计划还有一个任务是鼓励儿童运用不同声调和语气传递不同的感情。师生沟通讨论同样的语句运用不同的语气语调能否传递哪些不同的意思。例如同样是一句“对不起”，愤怒的同学、内疚的同学、开心的同学会有什么不同的表达，如何才能选用恰当的语气和语调，表达自己真实的意图。人的生成与发展从自我开始。世界上最重要的事情就是认识自我，但这个过程必须经过中介才能达成。个体自我意识形成的标志是对镜像自我的认识和理解。正是在“角色意识”和“表现意识”的作用下，人类的表演行为促进了自我意识的形成，进而促进了自我的形成。

这样的教育项目能够有效地帮助小学生认识自我，加强对自我的理解和表达。

在情景剧中，表演者和观看者共同融于一种超越性和实验性情景，不断发生认知上的冲突，形成心灵上的建构，个体在活动中塑造和生成中锻造自我。道德教育的价值引导与道德主体的自主建构在自由欣赏校园情景剧的时候，实现了统一。我们的校园情景剧主要从增强小学生自我意识的角度进行编排。

根据悄悄话信箱中呈现出来的问题，我们创编了有助于智慧德性养成的情景剧活动方案（见表 3 - 1）。

表 3 - 1　东苑小学情景剧主题安排参考表

主题 周次	低　段	中　段	高　段
一	主题 1　我的新朋友	主题 1　认识你真好	主题 1　我们同在一起
二	主题 2　我的心会说话	主题 2　我真兴奋	主题 2　我的世界
三	主题 3　我也想加入	主题 3　芳芳的帽子	主题 3　我要更多星星
四	主题 4　有你做伴	主题 4　喜欢你	主题 4　我很气愤
五	主题 5　我迷路了	主题 5　老师的朋友	主题 5　我很害怕
六	主题 6　猜猜我是谁	主题 6　不一样的我	主题 6　心情写真集
七	主题 7　好烦的阿朵	主题 7　朋友	主题 7　有缘来做伴
八	主题 8　我得意极了	主题 8　我们这一家	主题 8　丁丁的烦恼
九	主题 9　我的铅笔呢	主题 9　妈妈不要走	主题 9　小小侦探
十	主题 10 别叫我笨蛋	主题 10　我很沮丧	主题 10　我们这一家
十一	主题 11 我生气极了	主题 11　主动出击	主题 11　永远的朋友
十二	主题 12 我是小老师	主题 12　找到另一半	主题 12　情绪小主人
十三	主题 13 我们在一起	主题 13　不同的我	主题 13　困难，我不怕
十四	主题 14 男生女生样	主题 14　情绪气象图	主题 14　谁是大赢家
十五	主题 15 我是谁	主题 15　爸妈的约定	主题 15　祝福

具体活动内容如下：

言之有训篇：①我会说“对不起”；②神奇的礼貌用语；③绰号不见了；④小喇叭跑走了；⑤我才不说“口头禅”；⑥“你又不是我老师”；⑦我脸红了；⑧我会交流了。

行之有范篇：①饭粒掉了；②早读课上书声琅琅；③水声消失了；④排队

时;⑤你追我不跑;⑥教室变整洁了;⑦笑着的小纸团;⑧弯弯腰真好;⑨你会拒绝我吗;⑩聚焦就餐。

眼中有活篇:①脚下的垃圾不见了;②伸伸手,桌椅变了;③当好值日生;④扫帚站起来了;⑤图书进新家了;⑥菜桶,谁拎的呢;⑦又不是我家;⑧还是我来想办法。

心中有人篇:①为班集体服务;②打人的拳头松开了;③我们欢迎你;④父母的唠叨怎么了;⑤你的情绪我理解;⑥我能坚持;⑦与袖手旁观说再见;⑧我会关心你;⑨我也了解自己;⑩特殊的生日。

这些教育内容需要经过三个层次的转变:一是教师和情景剧之间的意义转换。这个转换是代表教育意义的故事与代表生命个体的教师之间发生的相互解读的过程。教师首先要发现故事中的真善美,并且将教师道德教育的知识、智慧、技能、情感、态度和意志蕴含其中,需要教师迸发自身的创造力和感悟性,为学生德性成长创设平台。二是学生与表演内容之间的意义转换。这一转换通过学生的表演发生,角色互动中实现故事蕴涵意义向个体精神力量的转换,实现学生对德性知识、智慧、技能、情感、态度和意志的认同与接纳。这个转换过程是在表演和观看的互动和共享中实现的。三是教师与学生、学生与学生之间意义的转换。这种意义的转换是在角色建构基础上展开的,通过表演角色的融合、交往和对话,呈现出理想和现实的碰撞,实现德性的生成与成长。

在德育过程中,学生成为表演者对于自我表演和观看者的理解以及作为观看者的学生对他人表演的理解成为进入生命存在的基本途径。表演是触及小学生体验的互动,观看情景剧是学生体验他人生命的过程。在情景剧中,师生以语言为媒介,在对表演和观看形成的种种体验和经验进行组织加工过程中,彼此介入内心世界。表演者通过语言和身体表现世界事物,从而彰显智慧德性的意义,而观看者则通过言语和身体来理解自我、他人以及他人表现道德世界的意向性。

三、情景剧的实施

在情景剧中,学生既是表演者又是观众,具有表演和观看的本能和需求,以自身的角色承担和角色发展为核心,在表演和观看中重塑自己的行为、语言方式以及道德智慧,同时也显现了主动性、差异性和潜在性。作为自身教育历史和生命发展过程的叙事者,学生是处在教育时间中的生命,以角色历史为核心的敞开的存在者。在教育时间里,不同角色的扮演具有生成性意义,能使学生获得生命价值和教育价值。学生在自我表演和观看他人表演的过程中生成、发展并存在生命个体。

（一）制定规则

经过一段时间的尝试，我们发现情景剧必须遵循一定的规则，不然教师无意间又会走向说教的老路，学生也得不到真正的民主与体验。为此，设置以下五条规则，使引领者更规范，学生体验更富有实效。

（1）引领者和剧组成员地位平等，教师在这个过程中要真正发挥出支持者、合作者和引导者的作用，帮助学生表达内心真实的想法；

（2）引领者要有能力把握情景剧的主题、控制其进程，并能及时对参演者给予情感支持和信息提供；

（3）营造一个宽松的活动氛围，给学生一个开放、民主、平等、自由的活动空间，学生能够讲自己的真心话，演自己的本真生活；

（4）以学生的自主活动为主，活动过程要伴随解决问题（即注重学生在活动过程中的实际体验和发展程度）；

（5）注重评价主体的多元，评价标准的多元以及评价形式的多元，关注学生在表演中的情感体验和心理成长。

（二）探索活动模式

为提高教师开展校园情景剧的素养，学校选派数十位老师参加省、市级的专业学习（包括省级A、B、C等级心理健康培训）。学校展开以《情景剧模式》、《情景剧难点突破》等专题讨论研究，利用班主任例会、周会、年级组会分头策划、组织、编排富有本班特点的情景剧。规定每周四放学后一小时为讨论、分析时间。情景剧活动时间一般安排在班队课或晨间谈话。

通过探索，我们将情景剧的活动基本模式确定为暖身—表演—分享与讨论—再表演四个阶段。整个过程是大家分享情景剧的过程，在这个过程中，参与者和非参与者都会有所收益。台上台下的互动使情景剧更具趣味性，观看的学生也被自觉不自觉地带入剧情去体验角色。演出结束后，情景剧辅导教师会组织大家讨论，无论是参演者还是观众都可参与其中，将自己的体验、感受和经历与大家一起分享。学生通过讨论，宣泄压抑的情感，澄清模糊的认识，缓解持久焦虑和恐惧的情绪，探寻应对策略和解决方法。通过分享与讨论，学生还能将在团体中获得的观念、认识或者行为技能与日常生活、学习、人际交往建立起联系，从而使自己产生建设性的、健康的、积极的和持续的行为改变。校园情景剧倡导学生在表演中自我教育。这样的活动可以教育学生自我尊重、自我克制、自我完善。

(三)开展互动评价

学校情景剧开设的主要目的是过程中给予学生练习、思考以及解决问题的机会,引导、鼓励学生觉察自己,从而培养学生用符合自己或别人需要的方式来解决问题的能力。人的生命具有表演的本能。表演和观看为学生的身体提供了与外部世界交流、共享的视野和机会,它的最终目的是人的全部可能性的敞开和实现。因此,我们在评价方法上重过程,重方法,开展两结合评价活动:教师剧本创作与学生表现评优相结合;即时评价与剧后评价相结合。

1. 教师评价

刚试验,许多教师都存在畏难情绪,感觉情景剧是一个新生事物,不知道该从何入手。为了激励教师探索情景剧的欲望,我们策划每学期一次的教师情景剧现场观摩大赛,并把获得的分数作为每学期优秀班主任评比的依据之一(见表 3-2)。教师们都纷纷“下海”搞试验,并从中尝到了甜头,一发不可收。其中一位执教五年级的胡老师在活动完《口头禅不见了》的情景剧后,发出感慨:本来挺担心,这些孩子怎么有那么多不良语言,从哪学来的,已习惯的口头禅一下子改得了吗?没想到自从开展了情景剧后,孩子的变化之快令我吃惊。经过仔细观察,一些孩子当口头禅出来一半时猛然醒悟,慌忙用手捂住了嘴,让人忍俊不禁。个别孩子无意识中又脱口而出时,旁边马上有孩子纠正:“你怎么还说这么难听的话呀!”口头禅最严重的小冯同学也下意识地改变自己,有时不高兴,想骂人了,撇撇嘴巴表示发泄,偶尔有时脏话出口,马上向对方道歉。通过一段时间的相互监督,相互劝阻,同学们告别了口头禅,班里再也听不到粗话了。更令人感动的是,在其他言行上,也学会了劝阻,学会了监督。有一次,同学路路和彬彬为一点小事扭在了一起,伟伟和毅毅一边一个紧紧地抱住他俩,硬是把他俩分开,避免了一场打斗。当冲动过后,两位当事人也意识到了自己的不对,向伟伟和毅毅表示了感谢。多可爱的孩子,多令人感动的一幕!总之,情景剧深受孩子的喜欢,全员参与,各抒己见。能让孩子喜欢的就是最好的。

表 3－2　情景剧教师评价表

主题＿＿＿＿＿＿　班级＿＿＿＿　时间＿＿＿＿　引领者＿＿＿＿　评价人＿＿＿＿

评价内容	评价要点	得　分
一、目标设计(10 分)	目标明确，设计合理，有较强的针对性	
二、运用实施(45 分)	1. 面向全体，学生有较强的合作意识 2. 能调动学生主动参与性 3. 学生有充分的活动时间和空间	
三、学生表现(45 分)	1. 学生互动性强，有较强的表现技巧 2. 学生思维开放，具有个性 3. 学生能用合理的方法自主解决问题	

2. 学生评价

在情景剧实施过程中，为了更好激励学生体验“四有”，分享他人喜悦，体会自己成长进步，我们共同制定“四有”专题活动评价标准，并采取教师评价、学生自评和互评的多元评价方式。每次专题活动结束时，学生参照标准进行自评、互评，然后教师根据观察记录、表演能力、调查问题等进行评价(见表 3－3)。

表 3－3　情景剧学生评价表(中高段适用)

评价项目	评价要点	自评	互评	师评
一、活动态度和热情	1. 积极参与每次活动 2. 乐于合作，尊重他人，善于交流 3. 主动提出自己的设想			
二、活动能力	1. 善于表现自己 2. 有一定的表演技巧 3. 学会处理相关的问题			
三、活动能力的发展	1. 能主动发现问题 2. 能展示自己的特长 3. 能学以致用			

注：评价结果分为 A、B、C 三个等级。A 表示好；B 表示较好；C 表示一般。

通过实践，我们发现低段学生缺乏自我评价的能力，因此，依据年龄特点制定低段即时评价措施，即教师对学生的表现当场做出评判。如表现出色的学生奖给各种特定意义的小贴纸：积极交流的红色、表演生动的橙色、善于合作的绿色、展示特长的粉红……学生把小贴纸贴到教室里的光荣榜上，每月得到小贴纸最多的评为“才艺之星”，在学校的宣传栏张贴学生的照片和个人简介；给予合作默契的小组贴上小星星；给进步飞快的学生敲上一个笑脸等，以丰富的评价方式激起学生的学习兴趣，激发其主动参与的欲望。不管是即时评价还是剧后评价，都将作为学生期末评比优秀“四有”之星的依据。

校园情景剧活动开展以来，教师和学生反响很大。一位教师在反思日记中写道：“一堂课 40 分钟，就在欢声笑语中结束了。可是同学们还是三个一群五个一伙地围在一起讨论着课堂中的情景剧。他们的热情感染了我，我也不由自主地加入他们的队伍中倾听着。我把眼光扫向教室的每一个角落，啊，真的有同学正在弯弯腰捡垃圾呢！瞧，小杰、小豪、小浩、真真……他们有的蹲着，有的弯着，个个脸上充满了笑容。我知道一定是课堂讨论给了他们力量，赋予他们信心了。大约 5 分钟后，有同学跑到我的面前，伸着双手大声说：‘老师，我一只手就能把一组捡干净！’我摸摸他的头，笑着点了点头。”

一个小小情景剧，竟然能在这么短的时间里激起学生的积极性，燃烧起孩子的热情，这其中有它自身的魅力。

其一，情景剧来源于学生的生活实际，对于孩子来说有着切身的体会。从课堂反馈可以看出，学生对乱扔垃圾的现象看得很多，有社区的，有路上的，有陌生人的，有亲人朋友的。而对乱扔垃圾这一行为，他们也是很反感的。“破坏了环境，把我们的环境变得臭兮兮的。”“乱扔东西多危险啊，万一砸到人怎么办呢？”“这些人真让人讨厌！”“美好的生活都被他们搞坏了！”等等就是出自学生之口。所以他们愿意用他们的行动来改变这种不良行为。

其二，改变情景剧无须花费学生很大的力气与精力。弯弯腰，捡一捡，举手投足的事情，只要眼睛亮一点，只要心灵美一点，只要小手伸一伸，只要腰儿弯一弯，就能做到。对于二年级的小朋友来说，榜样的力量是无穷的。正面的榜样可以为其一生奠定良好的基础。所以本次情景剧无疑在某些方面刺激了学生学习榜样的欲望。他们将用最小的力气获得别人的赞美。

对于班级来说，“弯弯腰，真好”活动，无疑是对孩子的一次洗礼。试想，一个班级，成天在一个垃圾漫天飞的环境中存在，难道不是一个悲哀吗？正如一位女同学说的：“我们班变漂亮了，就可以评文明班级啦！”的确，称得上文明班级的应该是整洁的。这就需要师生的共同努力。本次情景剧的展示，为班级的提升做出了良好的回应。而我，成天生活在这样可爱的学生当中，让我减少了许多口舌，减轻了我嘶哑的痛苦，也让我有更多的时间观察研究学生。

四　心情日记精选

纷飞的理想上有一点压力

×月×日　星期六　晴

理想，我心中最耀眼的圣火！就像成功的标志，只有锲而不舍、敢于行动的追求者才能冲破重重难关，实现心中的理想，在胜利的欢乐中歌唱与舞蹈。但是，我的理想上，有一点压力。

——题记

变幻的理想

你的理想是什么呢？今天，妈妈突然问我这个简单但又不乏难度的问题。我一听，陷入了沉思。我的理想就像大海上的小舟，飘忽不定，从不停留。我在成长，它在变幻。在我成长的日记里，它总是变幻无穷，步步升华。

尚年幼无知的时候，我第一次听到、触摸到"理想"这个字眼时。我第二次听妈妈述说这个词的意思时，我朦朦胧胧地点了点头。然后扯着稚嫩的童音，非常得意地昂着头，表示要当科学家啦，博士啦，医生什么的。总之是我觉得非常了不起的，很受人们敬仰的，也可以说是非常普遍应用的"词儿"（职业）就是我的理想。

再大一点儿，应该是刚刚步入知识的大门——校园的时候。我觉得以前纯粹属于胡闹和游戏，根本不算理想，理想应该只有一个，而且是不容改变的。于是，我就在追寻理想，思考着应该有个什么理想。在校园里我遇上了如天使般和蔼可亲的老师，我发现老师是那么的辛苦，那么热爱学生，那么愿意奉献，那么学识渊博。他们扎根三尺讲台，融入莘莘学子，如律师般严肃，如园丁般辛勤，又如母亲般温柔可亲。他们就像珠穆朗玛峰上最绚丽的阳光，他们就像上帝派来的天使，塑造世间无数英才！我对老师们的敬佩之情油然而生。于是，我就改变了理想，对自己说一定要做老师。

再后来，我喜欢上书，渐渐地迷恋上了文学。就像毒瘾一样难以戒掉，而且越来越深。于是我想做一位作家，做一位驰名中外、远近闻名，甚至可以和巴金、冰心、鲁迅、老舍等媲美的名作家。从文学中我懂得了艺术，懂得了很多哲理。在时间的推移中，我爱文学的心得以升华，我希望自己像一条穿梭在人群中的鱼，冷眼看这个世界，用一种独特的敏锐性把故事写下来。生活是多姿多彩的，故事是写不完的，读一万本书，走一万里路，交一万个朋友成了我的理想。

母亲又问了我一次，我这才从沉思中醒来，她用信任的目光看着我，我真诚地诉说心目中的理想。

理想上的压力

母亲见我如此热爱文学，对我说："热爱文学是好事，但是要学好知识为国家效劳，为社会做贡献，知道吗？祖国需要你们，你们是未来的主力军！"

母亲的话使我深思，不错，我们是祖国的花朵，是未来的主力军。多少位先烈为我们抛头颅，洒热血，才换来了现在的美好生活。我们要勇于克服困难，认真学习，一方面实现理想，为社会做贡献；一方面认真学习，报效祖国。这时，我觉得肩上的担子更重了，纷飞的理想有一点压力。

这一夜，我彻夜难眠……

艳儿

实事求是

×月×日　星期四　天气阴

鲁迅曾说："实事求是最重要，虽然别人夸奖你，但都不是真的。始终会被人识破。"

——题记

每每回想起这事，太令我伤心了。一向心灵高洁粲然、追求真理、佳作情文并茂的"小公主"音心，竟是一位摘取别人智慧结晶的偷窃者。难道她的一切的一切都是蒙蔽别人的……风儿在耳边轻轻吟唱，我愣愣地望着窗外，陷入了深思。

那一天，音心要为十年寒窗的同桌写贺词，并请我为她那曲折而波澜的佳作评价。傍晚，我便不辞辛苦地来到她那静静的房间，悄悄地推门而入。眼前的一幕令我惊呆了，只见她托着一本《中考作文选》，漫不经心地一字一词抄写，还不时地参考其他抒情文选，我当时脑子中一片空白，一味地回忆着眼前的情景。我也不知自己是怎么离开的。这一夜，我心事重重，寝食难安。

现在，音心那不可一世的性格又表露了。一位苦读圣贤书的同学指出了音心抄袭的错误观点。回到家，她就大发脾气，闹得小区鸡犬不宁，我无奈地劝说她："音心姐姐，你要明白欺瞒和虚假终究会受人唾弃。再说，古今传人都是脚踏实地……"没等我说完，音心大声吼道："我又没欺瞒，凭什么要你来教训我！"我无奈了。

如今，我不敢再去劝说不虚心好学的音心，但我又非常希望她能自己酿造蜜果，这让我很苦恼。亲爱的朋友，你们能帮我解决一下吗？让音心做一个实事求是的人。

小俞

悄悄话儿悄悄说

×月×日 星期一 天气晴

丁丁，我有许多话想和你讲，但又不愿当面谈，所以我要以悄悄话的方式来和你说。以便使我们能共同进步，为班级、为学校争光。

首先，我认为你应该发扬优点，改正缺点，做个好学生。如果你想成为好学生、我们的好伙伴就要做到以下几点：

一、改正你的一些主要缺点，做到：不迟到；不贪嘴多吃；不乱用零花钱等。

二、你要发扬自己的优点，在写作上再多努力，争取好成绩。

三、你要在体育上面狠下功夫，做一个强壮的男子汉。接着我还要和你说：不随便到路边小摊和学校对面小店买东西。因为那些都是“三无”产品，如果吃多了就会生病。要买你一定要去超市或正规商店购买。

然后，我还得告诉你：你要注意减肥。因为你有90多斤啦！算我们班的重量级“胖子”。如果太胖将会得一些难治的病，请你一定注意。最后，我再提醒你一点：要省吃俭用。因为你父母赚钱也很不容易，如果他们的“血汗钱”被你随意白白浪费的话，他们会多不高兴呀！你也会感到内疚的。看了我的话，丁自彦，你有什么启发吗？有的话，那你就来信告诉我吧！我会等着你的回音的。

希望你能谅解我毫不客气地指出了你的缺点，我也希望你能大胆地告诉我的缺点，让我们一起进步吧！

你的朋友

爸爸，儿子为你自豪

×月×日 星期五 天气雨

这几天，爸爸得了严重感冒，已经住院了，但爸爸还惦记着厂里的事情，经常给工作人员画图。爸爸的病情越来越严重了，可他念念不忘的还是我和姐姐的学习，嘴里常常念叨的还是柴米油盐这些琐碎的小事。妈妈也劝他休息一下，可爸爸也没理会，天天这样。

我真想帮爸爸干一点活，因为我怕他有一天会倒下。我看到爸爸那脆弱的身体时，啊，我想哭！我真后悔平时老是惹爸爸生气，老是不听他的话！

爸爸，我想对您说：您要好好休息，不要过度疲劳，不然的话就要旧病复发了。还有，您总是说："你们要好好学习，长大了报效祖国，把祖国建设得更美好。"这席话虽然没有神话那么动听，却胜过千言万语。我深深地知道，您对我充满了希望，望我能成为栋梁之材。爸爸，您的话儿子记住了，您是一个如此平凡的父亲，像千千万万平凡的父亲一样，可您却又是如此伟大，为了我们全家人操碎了心。爸爸，儿子真为您感到自豪。在此我祝愿您身体健康！

您的儿子

我的心情你们知道吗？

×月×日　星期二　天气晴

最近你们为什么不愿和我玩？你们知道失去朋友的人心情会怎样？我知道，失去朋友的人会很难过，我就是这样。现在我的心像刀割似的，因为我失去了朋友啊！近几日，我还听见有的同学给我取了难听的外号，如：凶八婆、三八等等。

不知道我有什么地方得罪了你们，同学们！我有什么得罪你们的事，就来找我说嘛！干嘛要用那种手段来让我成为世界上最伤心的人呢？

同学们！我真的很难过呀！请你们理解我！

你们的同学

我的烦心事

×月×日　星期二　天气晴

同学们，你们知道吗？我虽然是个文雅、开朗的小女孩，可我心里也有烦心事儿。比如说：我做数学题很容易错，所以，爸爸就给我加压，一星期内只让我错三道数学题，要不然就要惩罚我。如果只错了一两道的话，就带我去吃肯德基，想到那时，我就开心啦。可这个星期我已经错了两道数学题，我的烦恼又开始来了。我下决心，改掉做数学题很容易错的坏毛病，上课要认真听讲，回家专心做作业，尽量减少自己的烦恼。但我也想对爸爸说："请不要用这种方法来教育我。"

月儿

我的烦恼

×月×日 星期天 天气晴

天下哪个父母都是“望子成龙”，“望女成凤。”可天下又有几个父母理解我们心中的“苦”呀。

学习，再学习！这话太平常了，但要达到这个要求却是比“登天还难”。每当到了周六，我就会双眼发花，两腿发软了，因为那天一定会“打雷”、“下雨”的。为了让我学得更好，妈妈把我的星期六排得水泄不通：早上到少年宫学写作、思维，下午学了舞蹈回来后又得做特制的父母家作……到了晚上又让我练习毛笔书法。一天就这么过去了，原本可以与伙伴们嬉戏的周六到头了。时间指到8时，随着一阵钟铃声，妈妈的“雷声”也同时响了起来：“8点了，该睡觉了，明天还得早起呢。”“咔嚓”灯关了，我含着“委屈”钻进了被子里，进入了无聊的梦乡。

“铃……”，可恶的闹钟又打炮了，我恨不得一下子把钟扔了。也许有人会说：“星期天不用学了，还这么无精打采。”如果真是这样，那我得谢天谢地了。我睁开“千斤重”的眼皮，看看这天安排的计划，早上晨读，饭后到书店看书，下午做作业。有时稍一“贪玩”，作业就做不成了，可那又怪得了谁呢，我实在太想玩儿了。父母的要求很严格，说做完作业才好玩，晚上做作业要关灯的。

唉，可恶的“休息日”，我多么希望它们能消失，多么希望它们能送给我快乐。妈妈，我想对您说：“学习不是一时，也不是在学校才可以完全吸取的，而是在大自然中，是在玩耍中才能学好的。我多么想对天大喊：请多给我一些玩的时间吧！”

庄儿

心　桥

在我们东苑小学，有一个悄悄话信箱，是帮助学生解决困难的信箱。有多少困惑在此解决；它是建立师生美好友谊的一座心桥。

有一段时间，我爸爸妈妈天天吵架，闹得要离婚，我担心极了，吃饭吃不下，上课不专心，学习成绩也下降了。正在这时候，我听别人说悄悄话信箱会帮助我解决困难。于是，我将我的烦恼写给了悄悄话信箱。没过多久，校长将我的难处告诉了老师。老师就到我家来家访，谈了很久，谈了很多，爸爸向妈妈道歉，妈妈也向爸爸认错，两个人又重归于好，我也得到了快乐和幸福。

我衷心地感谢“悄悄话信箱”给我们家庭解决了困难，给我带来了幸福，谢谢你，悄悄话信箱。

邓邓

爸爸，我想对您说

×月×日　星期五　天气晴

爸爸，每天刚吃完晚饭，你们几个“扑克迷”就聚在家里打牌。我只得躲进小房间看书。不多时，那呛人的烟味就飘进了我的房间，害得我咳嗽了好几次呢！我只好把门关上。

“我赢了！”“本来你那张牌不出我就不会输了！”“……”啊，真吵！都十二点多了，害得我还在床上翻来覆去睡不着。

“就知道玩！几个辛苦钱都被你输光了！”妈妈气愤极了，她又在不停地数落打扑克的您。不一会儿，门外传来了您和妈妈的争吵声。

唉！爸爸，打扑克真是百害而无一利，既害人又害己。多少次，我都想劝阻您，可一看到您那凶巴巴的样子，我欲言又止。但是，打牌时的吵闹声、您和妈妈的争吵声又不时困扰着我。

怎么办？我该怎么办呢？

您的女儿

五、情景剧精选

我会说“对不起”

引领者：吕　莹

一、活动目标

(1) 通过情景再现，沟通交流等活动，帮助学生认识到说“对不起”的重要性，知道在何种环境下正确运用“对不起”。

(2) 鼓励学生争当文明小天使，在实际生活中自觉运用“对不起”化解矛盾。

活动对象：一年级。

活动准备：平时注意观察学生之间的相处关系，明白哪些学生比较讲文明，注意其是否能运用“对不起”化解矛盾。

二、活动过程

(一) 游戏暖身——"拔萝卜"

学生均当萝卜，师来拔萝卜。

师："萝卜大丰收咯！拔呀！拔呀！拔萝卜！"

生："拔哪个萝卜？"

师："拔穿红衣服的萝卜"(穿红衣服的小朋友均起立)

拔萝卜的对象分别是：扎辫子的小朋友，讲文明爱干净的小朋友，上课认真听讲的小朋友。(学生均依次起立)

(二) 生活中的情景再现

师：今天拔萝卜可真是大丰收啊！现在我们大家都很开心很快乐，是吗？再来考大家一个问题：你们知道有哪些文明礼貌用语？

生：请、您、谢谢，对不起，没关系，再见。

师：礼貌用语可神奇了。它使我们人与人之间变得更加亲切，也使我们的生活变得分外甜蜜。它就好比一个人的心灵窗户，可以让我们大家一眼就看出这是怎样的人。我们一起去看看：

情景再现：

时间：×年×月×日上午

地点：一(5) 班教室

人物：贝贝、欣欣、小依

背景：(明媚的阳光透过窗户洒在教室，空气显得格外清新。热闹的大课间洋溢着孩子们的欢声笑语。突然，教室的一个角落里出现的一幕打破了原先的欢乐。)

情节：贝贝和欣欣在一起玩游戏，突然，贝贝不小心碰着欣欣，欣欣一不留神就摔倒在地上了。摔倒在地的欣欣气呼呼地说："怎么回事？你干吗推我？"

贝贝一听，也急了："我哪里推你了，是你自己要待在这里，才会碰到的。"

"什么？我一直都待在这儿，这里又不是你家的？就是你把我推倒的。你是个坏家伙。不和你玩了。"欣欣气急败坏地推了贝贝一把。

"是你，是你，就是你！你现在还要推我，你才坏呢！"贝贝面红耳赤地顶了回去。

(两个孩子争得面红耳赤，旁边围观的小朋友也越来越多。)

小依："你们不要吵了，吵架是不好的行为！"

（可是，贝贝和欣欣丝毫不理旁边的同学，依旧吵得不可开交，甚至还互相用手去抓对方的脸。）

贝贝的脸被抓破了点皮，疼得哇哇大哭，急忙跑去带着哭腔报告老师。

欣欣也十分委屈地低着头站在那儿，她的脸上也留下了许多手指痕迹……

谈感受——正确评价情景剧中两人的做法：

师：小朋友们，看了情景剧后能告诉我你们刚才看到了什么，听到了什么，想到了什么吗？

生1：我看到两个小朋友在玩，一个小朋友不小心摔倒了，两人就开始吵架，还用手去抓小朋友的脸。

生2：我听到一个小朋友哭着向老师告状。

生3：我听到有一个小朋友叫小朋友不要吵架。

师：为什么不要吵架？你知道吗？吵架好吗？

生：不好。吵架会影响朋友之间的感情。

师：你觉得这一幕熟悉吗？这两人像我们班的谁呢？

（生左右环顾，点出一些学生名字。）

师：如果你自己认为自己以前也有这两人中的一个身影，请你举手。（学生举手表决）那你当时为什么要这样做呢？

生1：我在玩时，被别的小朋友碰倒，会很生气，因为我摔倒了会很疼还不能再继续玩游戏。所以，我会和撞到的小朋友吵架。

生2：和小伙伴吵架时，我很希望自己能赢，所以就会想着去打一下他。

师：当你和小朋友吵架时，你会听别人的劝说吗？为什么不会？

生：吵架时，我只想到让自己不吃亏，其他人说什么我才不会听。

师：像他们两人这样做好吗？

生：不好！

师：哪儿不好？

生：吵架、不听别人劝解、用手抓别人的脸。

（三）预设解决方案

师：那他们怎样做才会好一点？（生说方案，整理如下）

(1) 彼此都摔倒时先说声“对不起”消除心中压抑，避免同伴之间的争吵。

(2) 以礼服人，有问题好好商量，不动用“武力”要嘴皮子功夫。（提出争吵的不对，用手抓脸的行为不文明。）

(3) 坚强一点，不能经常哭鼻子。

(四) 临场再续演情景剧，生成解决方案(学生)

给大家一个机会，同样站在起跑线上，同样是不小心碰到摔跤了，如果你也是这两人中的一个，你会怎么做呢？先说再表演。

生：如果我不小心撞倒了别人，我会说"对不起！"

生：如果我向他道歉，他还是不肯接受我的道歉时，我也不会和他打架，我会想办法让他理解我。

生：小朋友之间发生矛盾时，我不会用手去抓别人的脸，那样会让他受伤，而且爸爸告诉我：武力是解决不了问题的，有事情要好好商量。

情景重现：

贝贝和欣欣在一起玩游戏，贝贝不小心碰倒了欣欣。贝贝连忙把欣欣扶起来，满脸歉意地低头对她说："对不起，我不是故意的。你摔疼了吗？我帮你揉揉。"欣欣听了也笑着说："没关系，没关系！一点都不疼！""我们再继续玩游戏吧！"两个好朋友又继续手拉手玩起了快乐游戏。

再演之后深刻感受"对不起"这一礼貌用语的魅力所在。

(五) 同类事件的延伸教育

1. 找找身边会说"对不起"的人，说说别人对他们是怎么样的态度。

生说说班里表现较好的孩子。总结得出——有礼貌的孩子，别人都很喜欢。

2. 大家来回答两个问题(学生口答)：

师：第一个问题是为什么要说"对不起"？

生：说了"对不起"，就不会发生很多的小矛盾了。

师：是啊！人与人交往相处时，多体谅对方，将心比心地站在其他人的角度去考虑，一声"对不起"是打开沟通之门的小钥匙，还可以建立彼此之间的友谊。

师：第二个问题是你认为在什么情况下，我们得主动说声"对不起"？

学生回答整理如下：

——当你无意踩到别人的脚时，应该说声"对不起"。

——当你无心打扰了别人时，也应说声"对不起"。

——当你挡了别人的路，或影响到别人时，说声"对不起"。

——当你给他人造成不快或麻烦时，说声"对不起"。

——当你一时冲动，与父母、老师或他人发生争执时，等到冷静了，对他们诚恳地说声“对不起”。

3. 师总结：语言是心灵的一扇窗户，一面镜子，能映出一个人的品质。俗话说得好：“良言一句三冬暖，恶语伤人六月寒。”生活中每一处都需要我们懂礼貌、讲文明。让我们都学会说一声：对不起，一语化解所有纠纷。

后记

一年级孩子之间不小心出现矛盾是常见的事情。刚入学的孩子大多都是独生子女，自我意识比较强，在班里与小朋友之间的相处中尚未形成换位思考，心平气和解决矛盾的能力。通过此次言之有训“我会说‘对不起’”的情景剧，让孩子意识到自身的不足，学会正确运用文明用语解决矛盾冲突。

在日常生活中，矛盾事件发生时，孩子尚未意识到自身有何错，双方都委屈着低头不语。当由其他同龄孩子谈到属于孩子们自己的看法与建议时，当事人逐渐感到自己所作所为有所不妥，开始反思自己的不足。当孩子提完建议后的情景剧续演，又继续给孩子一个表现的机会，让他们可以在哪儿摔倒在哪儿爬起，今后不犯同类错误。这对于同一件事情，不同态度解决的现象，更折射出说“对不起”的重要性。孩子无形当中接受道歉的文明做法。

此外，从真实情景剧里出现的问题再延伸到生活各处，让孩子自己找找身边会说“对不起”的人，并留意其他人对这些懂礼貌人的态度，更使孩子感受到文明礼貌的行为是受人认可，是小学生应该做到的。“说说在什么情况下应该用对不起。”这一环节的设计中，孩子的参与度极高，两位当事人也从不理解到醒悟明白，并开始接受改变。会说会做，应说应做，已成为孩子们对文明用语的理解与认可。

我会说“不”

引领者：吴玲萍

一、活动目标

(1) 通过活动，使学生明白在日常学习、生活中，我们有权利说“不”，但也要维护良好的人际关系，在活动中培养学生独立人格和合作精神。

(2) 初步学习说“不”的三步技巧，提高学生人际交往能力和社会适应能力。

活动对象：四年级

活动形式：情景剧表演、问题讨论、个案分析

活动准备：情景剧、投影片

二、活动过程

（一）暖身运动：抓住快乐

师：同学们，现在，让我们一起来做个游戏。游戏的名字叫“抓住快乐”。游戏指令：当听到问话“你快乐吗？”你就马上回答“我很快乐！”然后，迅速用你的右手去抓同伴的左手。同时，将你的左手指抽回。（师示范，然后学生分组游戏两次。谈谈自己的感受。）

师：游戏做完了，你们感觉到什么呢？

生：我感到很快乐！

生：我觉得我在快乐的同时把它传给同学了。

生：……

师小结：是呀，快乐是可以寻找、可以分享的。但是，在我们的现实生活中，难免会遇到一些使我们左右为难的事情。

（二）情景再现

时间：晚上九点钟

地点：小刚家

人物：小刚　小明

情节：已是晚上九点钟，小刚正忙着写作业，同学小明兴冲冲地拿着一个新买的游戏机来到他家，要和小刚一起玩…是该写作业还是和同学一起玩游戏机呢？做作业吧，好朋友要得罪了；玩游戏机吧，作业完不成怎么办，明天老师要批评的。小刚为难了……

（三）预设解决方案

根据刚才大家发表的意见，我们帮小刚出了几个方案：

方案一：直接拒绝小明，选择做作业。

方案二：为了朋友，放弃完成作业。

方案三：请小明先自己玩，等自己有时间再一起玩。

（四）情景续演

学生针对以上三种方案进行情景续演：

第一组：（学生A）去（生气），难道你不能在家自己玩？非要跑来这里玩不成？现在几点钟了，明天我完不成了作业，谁负责？（指着小明，大声说）

小明:(尴尬、生气)我再也不理你了!

第二组:(学生 B)(连忙放下作业)哎! 你有新玩具就拿来跟我一起玩,真看得起我,我只好放下作业陪你看,作业明天再说。

小明:(高兴)真够朋友!

第三组:(学生 C)太好了! 我也很想和你一起玩,但是现在已经九点多了,太晚了,真没办法,我的作业还没完成呢! 我们明天下午再一起玩好不好?(商量的眼神)

小明:(略感失望)好吧!

(五)交流感受

讨论:为什么小明会有不同的感受呢?

A 同学敢说“不”但是不善于说“不”,惹得同学很生气,失去了同学的友谊,想到的是自己,没有想到别人。B 同学人缘好,但缺乏主见,不敢说“不”,过分考虑别人的需要,压抑或违背自己的正当需要。C 同学敢说不,也善于说不,有自己的主见,又能考虑到别人的情绪。

小结:当我们有正当的理由时,我们可以拒绝他人,但也要理解和尊重别人,只有这样才能得到别人的理解和尊重,并不因拒绝别人而失去了友谊。

(六)实际演练

出示问题情景分 4 组进行讨论。

A. 我的好朋友要抄我的作业,我该怎样对他说?

B. 我和小华是好朋友,小华很喜欢玩游戏机,放学后经常因为玩游戏机而晚回家。小华却欺骗父母说在我家做作业,并要我替他圆谎,我该怎么办?

C. 放学后,陈明约我们几个同学去游泳,我该怎样对他说?

D. 李华叫王敏期末考试时给他抄一抄,王敏心里挺害怕的,他该怎么办呢?

(七)小结语

同学们,在生活学习当中,我们碰到一些事情很为难的事情时,要明辨是非,要敢于说“不”。在说“不”的过程中,要做到讲文明礼貌,尊重他人,学会与人沟通。当然,你能拒绝的只是对你不合理的要求,而不能拒绝一个应该帮助的人。当我们要向别人提出要求时,也应该考虑考虑:我提出的要求是否正当? 是否使别人为难?

后记

现在的孩子大都是独生子女，是在家长的百般呵护中成长的，不善于维护良好的人际关系，对事对人往往感情用事。如何成为一个遇事考虑周全，而又能合理处事的人，是急待解决的问题。在本次情景剧里，为了使学生会说“不”，敢于说“不”，设计了演一演、说一说、、辩一辩、议一议等几个环节，让学生懂得了生活中要敢于拒绝，会巧妙拒绝，而且知道了良好的人际关系是快乐学习、生活的催化剂。

不做有嘴没脑的“小喇叭”

引领者：孙彦直

一、活动目标

(1) 了解传播不实信息所造成的危害。

(2) 培养学生负责任的生活态度，学会避免传播不实信息。

活动对象：四年级。

活动准备：小演员若干名，科幻书一本，课桌二张。

二、活动过程

(一) 游戏暖身

游戏名称：大西瓜、小西瓜

(1) 首先说明游戏规则，即教师说“大西瓜”学生要用双手比划出“小西瓜”的样子。教师说“小西瓜”学生则要用手比划出“大西瓜”的样子。

(2) 师随机(无规律地)说出大西瓜或小西瓜这两个词，学生跟着教师的口令做动作

(3) 语速先慢一些，等学生的双手动作基本熟悉之后，教师就适当加快语速，直至学生屡屡出错，哄堂大笑为止。

(二) 生活中的情景剧再现

时间：×月×日

地点：教室

人物：小郭、小陈、小楼等

情景一：谁是“小喇叭”

一天，小陈带了一本最新的科幻书到班级里向同学炫耀，大家纷纷传阅着。中午，小陈突然发现科幻书找不到了，于是她焦急地四处寻找，小楼也帮她找，可还是找不到，焦急的小陈随口对小楼说了一句，“可能是小郭拿走了。”小楼没有听清楚，她回到教室，对大家说小郭偷走了小陈的书，于是“小郭是小偷”的消息就这样传开了。

谈感受：

师：请学生们说说，如果小郭听到了这样的传言会怎么样？

学生1：会非常生气找他们理论。

学生2：会哭得很伤心。

接着演：下午，小陈被老师叫到了办公室，在那儿她领回了中午不慎掉在老师办公室里的科幻书。

谈感受：

(1) 谁是一个不负责的小喇叭？

(2) 这个不如实的传言对小郭的生活会有哪些影响，他会怎么做？

学生1：会愤怒。

学生2：他会很害怕。

学生3：他会很有压力。

学生4：他会找小陈、小楼理论……

（三）预设解决方案

(1) 小郭找到小陈后与小陈大打出手。

(2) 小郭来到小陈、小楼的面前说：“事实胜于雄辩，下次不要乱说话，乱传话，遇到事情别着急，冷静耐心总能解决问题的。”

学生选择不同的方案进行情景续演并谈感受

师：小陈、小楼错在哪儿，如果你是小陈遇到这样的事，你会怎么做？

如果你是小楼，你又会怎样做？

（四）生成解决方案

(1) 遇事不慌张、不着急。

(2) 仔细翻找，请求老师与同学的帮助。

(3) 不乱说话，更不乱传话。

（五）归类

学生讨论得出：对于很多信息，我们要学会选择，学会辨别是非，查证事实，不能确定的话不要传，对人有伤害的话不要传。

（六）教师小结

在与人沟通交流时，有时候我们会错误地指责别人，有时候是不小心说错话，而听的人没查证事实就把话传了出去，我们的疏忽和不负责任往往给周围的人带来伤害，所以我们要学会辨别事非，不做有嘴没脑的“小喇叭”。

后记

本次《不做有嘴没脑的“小喇叭”》情景剧活动的重点在于培养学生正确地对待信息传播的态度，不要不负责地传播信息以免对他人造成不必要的伤害。通过这次活动，同学们对于很多信息都学会了选择，学会了辨别是非，学会了查证事实，基本上做到了“不能确定的话不要传，对他人有伤害的话不要传”。班内也较少有同学来打“没把握”的小报告了，而且很多时候，他们都能做到“耳闻不如眼见”，绝不“道听途说”了。另外家长们也肯定了孩子的一系列变化，如家长与人沟通时不乱插嘴，不在家长及他人面前说对他人不负责任的话等。

我脸红了

引领者：胡舍园

一、活动目标

通过开展本次活动，让队员知道诚信是做人的基本品质，在队员中倡导“诚实守信”的优良品质，树立诚信光荣的意识，形成诚实待人的行为习惯。

活动对象：五(8)中队全体队员

活动准备：一叠练习纸、小红旗

人物：张老师、小振、小安

二、活动程序

（一）暖身运动

甲：同学们，我们一起来玩个游戏。请每位同学站起来，左手手心向下，右手伸出大拇指，把自己的大拇指放在旁边同学的手心下。听乙讲故事，当讲到“花”字的时候，左手抓，右手逃。

甲：诚信是中华民族的传统美德，是现代社会文明的基石和标志，是做人的基本准则，是人们生活中相互交流的桥梁。

乙：如果人们吃药担心是假药，如果买东西时担心是伪劣商品；如果人与人之间互不信任，相互猜疑，那我们的生活将会变得多么糟糕。

合：如果这一切的"如果"都是真的，那么我们的生活是多么的灰暗。

甲：下面，请大家看情景剧《科学课风波》。

（二）情景再现

时间：下午第一节科学课

地点：五(8)班教室

人物：张老师　小振　小安

张老师捧着一叠练习纸进教室。

张老师(柔声)："同学们，这些是上节科学课练习纸，这节课要求大家把练习纸同桌对调后，边听我分析边改出对错，全对的可以加一面红旗。大家要认真批改，对就是对，错就是错，能做到吗？"

队员们(大声回答)："能做到！"

很快，练习纸发下来了。

小振(对同桌小安小声)说："我们两个就不用换了，各自改自己吧，张老师是刚到我们学校来的，她不会发现的。"

小安点了点头。张老师一边分析，队员们一边批改。突然，小振发现自己有一道题目做错了，这是一道选择题，正确答案是C，他却写成了B，怎么办呢？小振看了看小安，悄悄地把"B"圈掉，换成了"C"，再在旁边也打上了一个钩。这一系列动作，小安早就看在眼里。改完后，小振和小安都得了满分，各获得了一面红旗。

（三）谈感受

甲：看着他们两人各获得一面小红旗，你有什么想说的吗？

学生1：不诚实是不好的行为，错了就应该及时改正。

学生2：你们这样做，不仅骗了你们自己，也骗了张老师。

学生3：你们获得了红旗，心中高兴吗？不，你们一定不高兴，因为你们正在担惊受怕，害怕别人知道了会嘲笑你们。

……

（四）预设解决方案

乙：同学们既然都认为这样的行为是不对的，那么当时如果是你，你会怎样做？

学生1：如果我是小安，我就要对小振说："你这样做是不对的，我们不能骗自己，骗老师。”

学生2：如果是我，我宁愿不要小红旗，因为诚信比小红旗更重要。这个题目这次做错了，只要改过来，下次就不会再错了。

（五）学生选择不同方案进行情景续演，谈感受

甲：同学们有这么多的想法，如果给你们一个机会再演一遍，你们会怎么演？

队员们争着上台演，一边演一边劝说。（其他队员看了之后再谈感受）

（六）生成解决方案

不当堂点破，进行不知名劝说后，由当事人在放学后悄悄地向老师承认错误。

（七）归类

请队员们说说以后碰到这类问题该怎么办？

（八）辅导员总结

通过这次活动，我们明确了为什么要讲诚信，知道哪些现象是诚信的表现，哪些现象不是诚信的表现。情景中出现的两位主人公，老师今天就不当众点破了，希望你们做诚实的好队员。我们都盼着你们能知错就改，回到我们中间来。

你们听懂了吗？如果听懂了，请你们两人放学后悄悄地给老师写一张纸条，好吗？

甲：诚信是金，诚信是银。

乙：金银有价，诚信无价。

甲：我们都是21世纪的小主人，让我们人人说诚信话，做诚信事。

合：让诚信之花永远在我们心中开放。

后记

在队员们说的同时，我一直有意无意地注视着小振和小安这两位队员。一开始，他们呆呆地坐着，慢慢地，我发现小振低下了头，小安的眼睛也红了。我知道队员们的话已经说到了他们的心坎里。放学后，他俩悄悄地交给了我一张纸条：“老师，我们错了。以后，我们一定做诚实的孩子，您能继续相信我们吗？”这次活动开展过后，全体队员间更加坦诚相见了，说谎的事件再也没有出现过。相反，有几个队员还主动地把以前在家里发生的不诚实的事告诉了

爸爸和妈妈,并表示今后要以实际行动做一个诚实的孩子。

"你又不是我老师"

引领者:黄菁

一、活动目标

懂得礼貌待人,使用礼貌语言能使人和人之间的关系更加和谐,社会生活更加美好。让学生从小养成以礼待人,使用礼貌语言的习惯。

活动对象:五(7)中队全体队员

活动准备:卫生用具,一摞作业本,垃圾

人物:小红,校工杨阿姨

二、活动程序

(一)暖身运动

甲:同学们,还记得我们以前学的《礼貌歌》吗?我们一起唱起来。

同学们,都知道,礼貌用语记得牢。对待长辈要用"您",早晨见面说声"早"。平时互相问问"好",分别"再见"别忘了。若求人,"请"字先,最后别忘说谢谢。影响别人,"对不起",回答请说"没关系"。文明做个好孩子,人人夸奖数第一,数第一。(边唱歌谣边做相应的动作)

甲:朝霞托着红日,从东方冉冉升起。

乙:一个灿烂的日子,阳光洒满大地。

甲:让我们从小讲文明

乙:讲礼貌

合:让文明之风吹遍我们的校园。

甲:五(7)中队"言之有训"情景剧队会现在正式开始。

(二)情景再现

时间:上午第一节上课前

地点:楼梯间拐弯处

人物:小红,校工杨阿姨

一阵沙沙的扫地声传来,校工杨阿姨在楼梯间拐弯处,一手拿着簸箕,一手拿着扫把认真地扫着。不一会,垃圾就装了满满一簸箕。

这时,小红(抱着一摞作业本)飞快地从楼上下来,由于当时没人,她便不知不觉地走到了中间。“哗—”小红撞到了杨阿姨，簸箕中的垃圾撒了一地。

杨阿姨(很亲切)：“小同学，你怎么这么不小心呀!”

小红(十分蛮横)：“哼，少管闲事，你又不是我老师，区区一个校工嘛。”

杨阿姨(放下扫把，十分客气)：“小同学，说话客气点嘛，不是你的老师也可以给你指出问题来呀!”

小红(白了清洁工一眼)：“你不是我的老师，不需要你啰唆。”

(小红抱着一摞作业本下台，清洁工又拿着扫把扫起垃圾来。不一会儿，小红双手空空地上台)

(小红看了看杨阿姨因为自己惹了祸而扫得那么吃力，很想去帮她，可向前走了几步，又停住了，小声嘀咕：“哼，我堂堂中队长，干嘛低三下四给一个低级工人帮忙呢！多丢人脸面呀!”)

(幕后语)【小红的虚荣心战胜了她的良知。小红装着没看见，回到了教室】

(三) 谈感受

甲：看着小红的背影，听着杨阿姨沙沙的扫地声，你有什么想说的吗？

学生1：我觉得小红作为一名中队长实在太不应该了，虽然校工不是老师，但是大家也应该尊重她。

学生2：我也觉得小红太不应该，本来就是她先撞到别人，应该说对不起，但是她的态度却好像觉得自己没有错，反而杨阿姨很关心她。

(其他略)

(四) 预设解决方案

乙：同学们都觉得这样的行为是不对的，那么如果是你，当时会怎么去做？

甲：或者你觉得小红接下去应该怎么去做呢？

学生1：如果是我，我当时会立即向阿姨道歉，然后帮助阿姨打扫卫生。

学生2：如果小红应该拿簸箕和扫帚去把垃圾扫干净，勇敢地去承认自己的错误，如果觉得太不好意思，我觉得也可以写一封信。(队员各自发表了自己的解决办法)

(五) 学生选择不同的方案进行情景续演，谈感受。

甲：同学们的想法很多，我们有请“杨阿姨”，你来演一演小红，把你的想法表演出来，好吗？

(3名学生和“杨阿姨”配合，表演了情景剧，其他同学和原来的小红行为做比较进行评价，谈感受。)

(六)教师小结

同学们,你们知道吗?中国历来是世界公认的“文明之邦”和“礼仪之邦”。而我们东苑小学更是要求做一个“言之有训”的小学生,作为一名东苑人,怎样使和谐之风吹进我们的校园?在生活中,我们需要的是人与人之间相互尊重,懂得礼貌待人,使用礼貌语言能使人和人之间的关系更加和谐,社会生活更加美好。相信通过今天的活动,你们定会用自己的行动,做文明小天使,播撒文明的种子,让文明之花处处盛开。

后记

树立正确的文明道德观念,培养良好的文明道德情感和文明道德行为,一靠教育,二靠实践。情景剧表演其实就是让学生进行一次课内的道德实践。在从认识到行为的演变过程中,实践发挥着关键作用。“你要知道梨子的滋味,你就要亲口尝一尝。”在丰富多彩的文明道德实践中不断实现“凤凰涅槃”。

排队时

引领者:董颖玲

一、活动目标

(1)知道排队时不能推前面的同学,不能用屁股顶后面的同学。

(2)培养文明排队的好习惯。

活动对象:一年级小朋友。

活动准备:三个学生准备好情景剧。

二、活动程序

(一)暖身运动:眼疾手快

师:老师用最快的动作出示不同个数的手指,看谁的眼睛最亮,能说出老师出示的是几。(生跃跃欲试,在游戏过程中身心得到了放松。)

(二)情境再现

时间:早操排队集合时

地点:学校操场

人物:三个排成一队的学生

情景描述:

第一幕：三个学生排成一队，中间的学生用两个拳头故意敲打前面的同学，前面的同学回过头狠狠推了一把回来，于是两个人扭成一团。

第二幕：还是中间的同学用屁股顶后面同学，后面同学用肚子顶了回去，冲突再次发生。

你说我说谈感受：

师：小朋友，你们说像中间这个小朋友这样排队的话，可能会造成什么结果？

生1：直接影响队伍的整齐。

生2：前面的小朋友容易摔跤，不安全。

生3：后面的小朋友往后面退去又会碰到后面的小朋友。

生4：会直接导致打架事件的发生。

师：你有没有发生过这样的事情？如果有你想说些什么？

生1：我也发生过这样的事情，我只想着好玩，没有想到会有这么多的危险，以后我一定会注意的。

生2。当别人这样弄我时，我很生气，一生气就会打回去就像他们演的一样，这样做现在知道了影响队伍的整齐，我一定改正。

……

（三）预设解决方案

A. 报告老师，让老师帮助解决。

B. 很宽容地告诉中间的小朋友：你推我我会摔跤的，不要再这样做了。

C. 推回去，以其人之道还治其人之身。

（四）学生选择不同预设的方案进行续演再谈感受

续演方案A：三个学生排成一队，中间的学生用两个拳头故意敲打前面的同学，前面的同学报告了老师，老师教育了中间的同学。

续演方案B：三个学生排成一队，中间的学生用两个拳头故意敲打前面的同学，前面的同学转过身去对中间的同学说：我不喜欢你这样做，我差点就摔跤了，危险，别推了好吗？中间的同学收回了手。

续演方案C：三个学生排成一队，中间的学生用两个拳头故意敲打前面的同学，前面的同学回过头狠狠推了一把回来，于是两个人扭成一团。

师：小朋友们，你们喜欢那种解决问题的方法呀？为什么？

生1：我喜欢第一种解决方法，老师解决肯定能解决好。

生2：我喜欢第二种解决方法，因为很多事要学会自己解决，更何况，会遇到老师不在的时候。

生 3:我也喜欢第二种方法,这种方法很简单,也能很快就解决。

……

(五) 生成解决方案

首先采用第二种方法,如果行不通再用第一种方法。

(六) 归类

小朋友们,还有哪些事情我们也可以用这种方法解决呀?

A. 集会时

B. 在课间玩耍过程中

C. 前后桌同学之间的小摩擦

D. 同桌之间的摩擦

后记

这是一个非常普通的话题,其实处理的方法可以很简单,只要在晨间谈话时告诉学生排队时不可以用手推前面的同学,也不可以去顶后面的同学,就行了。可是这样处理的话,很清楚,听到的同学可能会照办,而没听到的同学则照犯不误。或者今天记住了,明天就会忘记。因为没有发自内心的震撼,就不会有本质上的改变。而将学生的这些行为搬上舞台后,不仅学生很感兴趣,而且可以很清醒地看到问题的严重性,或者是问题导致的后果。而且最重要的是学生能在情景剧中寻找到自己的影子,在有所认识的基础上再来审视自己效果就会不同,所以情景剧带给我最大的感触就是真实有效。同时他也在提醒我们要用心去发现问题,防患于未然。

水声消失了

引领者:陶镌

一、活动目标

(1) 通过听声音、回忆相似片断、看情景再现、讨论是非、分享感受等系列活动,充分激发孩子听、说、演、悟能力。

(2) "随手关水龙头"不再是口号式的标语,而是变为一种活生生的意识常驻孩子们的心中,让意识去指导孩子的行为。

(3) 启发、体验、感悟,给予孩子充分练习思考及解决问题的机会,帮助孩子学习怎样做决定,透过思考来学习思考,使其觉得“思考和学习是有趣的”。

活动对象:三年级学生。

活动准备:水池模型、录像一段。

二、活动过程

(一) 暖身运动:“猴子与鳄鱼的故事”

生:(齐说,拿出三指做荡秋千状,左右摆动)三只猴子荡秋千,嘲笑鳄鱼被水淹。

生:(拿鳄鱼手偶,从桌底窜出)鳄鱼来了,鳄鱼来了!啊呜啊呜!

生:(变成两个手指,左右摆动)两只猴子荡秋千,嘲笑鳄鱼被水淹。(鳄鱼以同样方式出场,直到所有猴子都吃光)

生:(第一大组所有同学睁大眼睛看着,做惊讶状)咦?猴子哪里去了?

生:(第二大组所有同学回应)哈哈!被鳄鱼吃了啊。

设计意图:小型故事的互动表演,让孩子身上的表演细胞最大限度地活跃开来。

(二) 抛出问题 自由讨论

师:下面请小朋友们看一段录像。(录像展示情境一)

时间:下课后

地点:洗手间

人物:威威、菲菲和西西

事件:下课后,威威跑到洗手间打开水龙头洗手,正洗着,菲菲和西西急匆匆地跑过来叫道:“威威,威威!快点,老师在找你呢”!“哎!我来啦!”匆忙之下威威下意识地关了一下水龙头,头也不回地跑开了,只可惜流水的声音还在洗手间里回荡……最后镜头定格在流着水的水龙头上。

师:小朋友们,你们看到了什么?想到了什么?

学生自由说。

师:如果你就是录像里的那位丁威,你会怎么做呢?

学生自由说。

(三) 预设不同方案,分角色在不同情境中表演,谈感受,选择解决问题的最佳方式。(课件出示)

(1) 不去理会菲菲和西西的催促,先关好水龙头,就在这时上课的铃声响了,你因为关水龙头而迟到被老师批评。

(这时我会……)(让孩子自己说,并让其上来表演,不同角色说感受)

① 告诉老师迟到的原因→表演→说感受

② 一声不吭,任凭老师批评→表演→说感受

③ 不解释,觉得自己是对的就顶撞老师→表演→说感受

(2) 听到菲菲和西西的催促后,生怕迟一步到老师跟前,急忙跑开竟忘了关水龙头。

(接下来会出现哪些情况?)(孩子自由说,并上来表演说感受)

① 下一位小朋友来洗手时把水龙头关了→表演→说感受

② 有小朋友从水池旁走过,但觉得不关自己的事,就走开了→表演→说感受

③ 老师看到了,把水龙头关了→表演→说感受

④ 水一直流着→说感受

后记

"请随手关水龙头"这样的标语在公共场所随处可见,可为什么还会有小朋友在不同的情况下忘了关水龙头呢? 标语给人一种警示,从文字警示到行为表现其实真的很难,因为孩子把这样的标语变成了口号,而并没有真真切切地深入到意识,所以总会在某个特定的时刻忘了去做,即使这件事小得有点让人难以启齿,比如"关水龙头"这样的小事……

学校提出了育"四有"新人,即"心中有人、眼中有活、出言有训、行之有范"的教育思想理念,我便以此为契机,设计了本堂课,希望通过"看、想、演、悟"来引发孩子的深层思考,使其有一个内省的过程,让孩子在日常生活中能用自我意识去指导行动。

上完课后本人有以下几点感想:

(1) 出示第一个情境后,孩子们马上能意识到主人公犯了一个错误,水龙头没关好,可他们只停留在说"我看到了……"上,而没有一个小朋友是用行动说话的。最后我只能做一提醒"那看到这样的场景你会怎么做呢? 有没有小朋友愿意上来示范一下?"几许无奈爬上心头,能说却不会做的孩子还是如此之多。

(2) 孩子的思维还是比较活跃,启发后便能举一反三,说明"不关水龙头"这样的事件在孩子们的日常生活中还是比较常见的,只是我们没有给孩子回想反思的机会。

(3) 孩子表演的兴致非常高,但上来后却又无法清晰大方地表达出自己

想演的东西，所以很难给自己和观众一种心灵上的共鸣，当我采访小演员和观众时，大部分孩子说出的想法较肤浅，有些空洞。

（4）虽然“演”和真实的情境存在一定的距离，但我们的教育毕竟是从高谈阔论式的说教变为现在真真实实的行为教育，并且是细小处的行为教育，我们以“情境再现”的形式引发孩子深层思考，让孩子学会思考是件非常可喜的事情，给孩子一个很宽松的自由讨论的机会，孩子们在讨论的过程中吸人之长，补己之短，思想在这里得以升华并产生共鸣，这节课给孩子一次“意识”上的洗礼，相信今后的生活当中，孩子们忘关水龙头的现象定会减少。

学会沟通

引领人：祝红芳

一、活动目标

（1）让学生在活动中体会友善的行为是同学之间沟通的良好方式。

（2）通过情景、沟通的方式，帮助学生正确选择行为方式，并体验成功。

活动对象：六（5）中队全体队员

活动准备：故事（班级前不久发生的一件小事）

二、活动程序

（一）游戏暖身

根据口令做活动：左手摸右耳，右手摸左耳。跺左脚、跺右脚，左手拍左腿，右手拍右腿。用口令随时变化学生做运动。

（二）情景再现

时间：早锻炼

地点：学校操场跑道上

人物：小超、小涛、小王

场景：早上天气晴朗，老师请同学们早操结束绕操场跑两圈。当跑到第二圈时，小超同学看到跑在自己前面的小王。心想：这家伙在我前面，我上去和他打声招呼。这时他迅速跑上前，用手在小王背上拍了一下并超过了他。（嬉皮笑脸地）回头看小王同学的反应。

小王（莫名其妙）：“你干吗拍我！”并没有再去理他。

这时，跑在队伍前面的小涛同学的鞋带散了，正停下来低头蹲腰系鞋带。

小超没看见半蹲着的小涛，一下撞了上去。小涛右手着地，两人一块翻滚在地。

小超一爬起来就说："你怎么会在前面的？哼……"马上就灰溜溜往前逃跑，

小涛(忍着痛)："我在系鞋带，你干吗撞我？"

最后小涛被老师送去医院检查……

(三) 谈谈自己的感受

在情景的三处叫停：

① 当小超同学看到前面的小王，动手拍他时，叫停问他：当时怎么想的？(小超：我想跟小王打声招呼)

② 小超同学撞到小涛同学时，你想到了什么？(小超：怎么有人在我前面的？)

③ 看到小涛被撞倒在地，你又是怎么想的？(小超：我不是故意的、我没有看到他在前面)

④ 当看见别人告诉老师，老师找我谈话时，我怎么想？(小超：我有点后悔)

同学们说说自己看到、听到这个情景的感受？

(四) 预设解决方案

在关键处请学生做选择：

(1) 看到有人在我前面跑时(　　)

① 我要超过他。

② 我去耍耍他。

(2) 不小心撞到了人时(　　)

① 疼吗？对不起，我刚才没看到你蹲着，不小心撞到你了。

② 不理他，谁叫他挡我前面的。活该！

③ 怎么办，我撞到人了，赶紧逃。老师问起来就说刚才有人追我，我才不小心撞上去的！(减轻责任)

(3) 当看见人家到老师那反映情况，老师找我谈话时(　　)

① 又去告状，我不回答老师的问话。

② 我要主动承担责任，确实是我错了。

③ 我会说是王超杰来追我，我才撞到人的。

(五) 学生选择不同方案，进行情景续演

请你选择一个方案，按照你说的。咱们来演一演，将刚才的情景再现。

看，能收到什么效果。

还是早锻炼跑步，学生一前一后。小超超过小王并轻轻地说了句：小王同学我超过你喽！开心地跑完全程……

小超没看到同学在前面，不小心碰倒了小涛。小超主动上前扶起摔倒的小涛，拍掉他身上的灰尘。关切地询问："有没有受伤？对不起刚才没看到你在我前面，我不是故意的，请你原谅。"

小涛："没关系，还好！没什么大碍，只是擦破了点皮。下次小心点！"

两人很快和好，开心地一起跑完了全程。

（六）生成解决方案

当我看到同学在我前面跑，我可以友善地跟他打声招呼。在没有障碍物的前提下，可以从旁边超过他。跑步时一定要眼睛看着前方！

当我不小心碰倒了同学，会主动而友好地向他道歉。处理好同学关系！

当老师了解情况，我要实事求是，主动承担自己的责任。做个顶天立地的人！

后记

通过情景剧的呈现，从学生身边的小事入手。课堂上让学生表演再现，使学生身临其境。活动中学生的感受很多，特别是当事人对于同样的情景，他知道可以选择更好的处理方式来解决问题。当看到同学跑在自己前面时，集体跑步最好不要这个时候打招呼。当不小心碰倒同学时应该主动扶同学起来，并诚恳地向他道歉。当老师询问了解情况时，应该实事求是将事情的经过告诉老师，不能推卸责任。

其他同学的建议和讨论也加深了这位同学对这件事的认识，并认识到了自身的不足。当问他如果可以重来你会怎么处理，将他放入原来情景，进行了再演。发现学生处理问题的能力明显提高了。

这样的情景剧教学使老师能更好地处理班级问题，教会学生为人处世的态度。捕捉一闪而过的小事，在舞台上无限的扩大。把学生行为背后的心理变化深度挖掘，知道学生真正的内心需求，更好地辅导教育学生。完善学生的人格，形成健康的心理。

伸伸手，桌椅整齐了

引领者：陈国艳

一、活动目的

(1) 让学生感受到我们周围的环境需要每一个人的自觉维护。
(2) 培养学生的主人翁责任感。
活动对象：三(2) 班
活动准备：课桌、椅子各一张

二、活动程序

(一) 暖身活动：游戏——《请你跟我这样做》
师：边说边做各种动作"请你跟我这样做"！
生：跟着老师做动作"我就跟你这样做"！
(二) 情景再现
师：坐在整洁的教室里做游戏真是一件快乐的事。不过，在我们的周围经常会发生这样的情景——
时间：自习课
地点：教室
人物：老师、学生甲、乙、丙、丁等
背景：
(自习课，老师正在讲台上批改作业，学生做完作业后准备交给老师面批。)
学生甲：(边往讲台上走边递上作业本)老师，我做好了。
学生乙：(着急地站起来，冲上讲台交作业)老师，我也好了。
(因为匆忙无意间撞歪了同学的课桌。)
学生丙、丁：[一起拥向讲台，齐]我也好了。
(其中一人将讲台边的一张椅子撞倒了，另一人碰翻了同桌的文具盒。)
(三) 谈感受
师：你从刚才的表演中看到了怎样的情景？
生 1：我看到很多同学都拥上讲台交作业。
生 2：我看见乙同学撞歪了同学的桌子。
生 3：丙还撞翻了一张椅子，丁弄翻了别人的文具盒却若无其事。
师；看到这样的情景你有什么感受？

生 1:我觉得教室里乱哄哄的。

生 2:教室里的桌椅原本整整齐齐的,现在都乱了。

生 3:在这样的教室里学习,心情都差了。

师:是的,这可是我们进行学习活动的教室啊。假如这些弄乱的物品是你的,那么你会怎样?

生 1:我肯定很生气。

生 2:我会要求他们向我道歉。

(四) 方案预设

师:嗯,你们的感受很真实,我也有同感。下面咱们来设计一下,这几位同学面对刚才的情形,会有哪些表现呢?

生 1:他们可能会视而不见,像什么事也没发生过一样。

生 2:我觉得会有人向老师告状。

生 3:可能会有别的同学将混乱的场面收拾整齐。

生 4:我觉得他们会把自己弄乱的物品整理好并道歉。

(五) 情景续演

师:事情会怎样发展呢? 请你选择任意一种结局进行续演。

生 1;我演同学甲,(改完作业绕过歪着的桌椅,回到座位上)我得离它们远点儿,免得他们以为是我弄的呢。

生 2:我也演甲,(特意回到讲台上)老师,他们几个把教室弄乱了,还不进行整理。(说完回座位)

生 3:我和同桌演乙和丙,(分别摆正了课桌,扶起翻倒的椅子并向同学道歉)对不起,我弄歪了你的课桌。

师:你们为什么要这样做呢?

生 3:因为我觉得桌椅是我们弄乱的,我们应该让它恢复原样,这是责任。

师:"责任"说得好! 还有谁想演?

生 4:我演我自己,(轻轻地扶起椅子放在墙边,捡起落地的文具,把歪了的课桌对齐,然后继续做作业)

师:你为什么这样做,你是怎样想的?

生 4:我们都在同一个教室里学习,教室就像我们的家,谁也不喜欢自己的家乱糟糟的。

(六) 生成解决方案

师:是的,班级是我家,整洁靠大家。我们每个人都是班级的小主人,都应该积极主动地伸出自己的双手，为班级做力所能及的事。现在，你知道当班级或学校遇到一些问题时你该怎么做了吗？

生：知道了，当集体遇到难处时，我们都要主动伸伸手，做些力所能及的事；当自己的力量解决不掉时，及时报告老师，请老师帮忙。

（七）相似问题归类

师：在平时的生活和学习中，有许多问题只要我们伸伸手就能顺利解决的，想一想，平时需要我们主动伸伸手去做的事还有哪些？

（学生分小组讨论后交流）

生1：随手关掉水龙头。

生2：人离开时随手关灯、关电扇。

生3：随手捡起地上的果皮纸屑。

……

后记

伸伸手，扶起一张椅子，关上水龙头，捡起一张废纸……这些看上去只是生活中一些举手之劳的细节，也许过于微不足道，也许过于鸡毛蒜皮，却不知不觉地折射出一个人的行为习惯和品德修养，也是一个人社会责任心的具体体现。古人云：小处不检点大处亦难成。在这节课中，班主任发现并抓住了“伸伸手，扶起一张椅子，对齐一张桌子”的细节，引进情景剧表演的形式，让学生在表演中留有独立思考的空间进行行为反思，在反思讨论中辨析各种行为是否可行，最终达成共识：“勿以善小而不为”，从而培养了学生良好的行为习惯和主人翁的责任感。课堂的教育效果立竿见影。

让我来帮助你

引领者：黄旭传

一、活动目标

(1) 学会关心他人，帮助他人，做到心中有他人。

(2) 明白帮助别人也是快乐的。

活动对象：一(4) 班

活动准备：情景剧编排

二、活动过程

(一) 游戏暖身

同学们，在上课之前，我们先来玩一个游戏。游戏的题目是：《抓乌龟》。

(二) 情景再现

时间：一天早晨

地点：教室里

人物：李某同学　李某同桌及边上同学

剧情：早上，同学们都快快乐乐地来上学。李某同学背着书包走进教室，因为身体不舒服，他刚走到座位上就呕吐了。边上的同学一个个捂着鼻子，很嫌脏的样子在躲避。

(三) 谈感受

师：同学们，刚才你在这个情景剧看到了什么？

生1：我看到轩轩吐了，几个同学在嘲笑她。

生2：我看到轩轩生病吐了，同学没帮助她，还在嫌弃她。

师：谁来说说你刚才看了这个情景剧有什么感受？

生1：轩轩生病了，本来很难过，同学笑他是不对的。

生2：轩轩生病吐了，我们应该主动帮助她。

生3：同学有困难，我们要主动帮助，下次你有困难了，人家也会帮助你。

(四) 预设解决方案

师：同学们，遇到这种情况，老师这里提供给大家几种处理的办法，我们一起来看看。

(1) 我也捂着鼻子躲开了。

(2) 我提醒他赶紧扫干净，拖干净。

(3) 我主动帮他扫干净，拖干净。

(五) 选择方案，续演并谈感受

师：同学们，根据老师提供的方案，接下来我们继续来看情景剧的表演。看完了再请你来谈谈感受。

一组同学选择了第一种方案进行编排表演，几个孩子同样捂着鼻子躲开了。生病的孩子本身身体不舒服，这样一来心里也很难过，趴在桌上哭了。污物无人处理。

生1:朋友有困难我们应该主动帮助,学会关心他人,不能不管不问,不能袖手旁观。

生2:今天你不帮助别人,以后别人也不会帮助你。

一组同学选择了第二种方案进行编排表演,几个小朋友坐在位子上袖手旁观,其中他的同桌很不耐烦地要求他赶紧扫干净拖干净。轩轩心里很难过,没走几步又忍不住吐了一地都是。

生1:关心他人是一种美德,今天你帮助了别人,明天别人也会帮助你。

一组同学选择第三种方案进行编排表演,两三个同学争先恐后地拿扫把拖把,一下子都把污物搞干净了。轩轩很感动,连说谢谢。大家又可以安心上课了。

生1:在别人需要的帮忙的时候,我们帮了他,他会很开心的。

生2:我们自己做了好事,心里也很开心。大家互相帮助,会让每个人开心快乐。

(六)生成解决方案

师:同学们,你们还有什么更好的办法解决这个问题吗?

生1:一定要帮他位子上搞干净。

生2:安慰他没关系的,我们会帮你的。

生3:有人扫地后,我就主动帮他倒水,让他吃药。

后记

老师不能忽视孩子在一言一行中所表现出来的不良道德因素,尤其要重视“第一次信息”。如第一次借同学东西不还,第一次撒谎,第一次拿了不属于自己的东西……对于孩子的不良行为,我们要引起重视,决不可迁就,在教育时,要注意方法,让孩子明白什么能做,什么不能做。

通过具体的情景剧再现表演,学生非常直观明了地读懂了其中的意思,知道在别人遇到困难的时候该怎么做,为什么要这样做。课堂的实施起到了很好的教学效果,同学们形成了主动帮助别人的意识,班里也有了互帮互助的良好氛围。本来,现在的孩子大多是独生子女,都以自我为中心,不懂得关心别人,帮助别人。通过这堂课的实践,发现班里有多数同学会主动帮助别人了。比如,有的同学不小心把橡皮弄掉在地上了,边上的同学会主动帮他捡起;同学餐巾纸用完了,边上的同学都主动拿自己的餐巾纸给他。

“微笑”多美

引领者：蓝　彦

一、活动目标

（1）懂得微笑能给人带来快乐。
（2）知道关心他人，萌发爱心。
活动对象：一年级
活动准备：
（1）信封一个（内装小朋友哭泣的卡片）、故事图片。
（2）录音机、录音故事《微笑》。
（3）小品。

二、活动程序

（一）暖身运动

做游戏《找朋友》。学生边念儿歌边游戏。

（二）情景再现

师：今天，老师收到了一封信，拆开看看里面装着什么？（老师拆信）噢！原来是一张卡片，卡片上是谁？
生：小朋友。
师：小朋友怎么啦？
生：在哭。
生：他哭得很伤心。
师：他为什么哭得这么伤心呢？
生：其他小朋友不喜欢他不跟他做游戏。
生：他可能想妈妈了。
生：他遇到了不开心的事情。
……

（三）谈感受

师：你遇到过伤心的事情吗？回忆一下你当时的心情怎么样？
生：遇到过，我伤心的时候希望有人来安慰我。
生：希望小朋友能跟我一起玩。
……

（四）预设解决方案

师：当你遇到有的小朋友伤心难过的时候，你会怎么做？

生：不知道该怎么办。

生：我会安慰他。

生：我会帮助他。

生：我会给他唱歌让他高兴一点。

……

师：森林里的小猴子也遇到了伤心的事情，让我们一起来听一听故事，看看其他小动物是怎么做的。（学生边看图片边听录音故事）

师：故事的名字叫什么？

生：微笑。

教师引导引导一起朗读故事名称“微笑”。

师：小动物们都为朋友做了些什么？

生：小鸟为朋友们唱歌。

生：大象用鼻子为朋友们搬木头。

生：小兔子为朋友们送信。

生：小蜗牛送给朋友们微笑。

师：小蜗牛为什么要寄微笑卡片给大家呢？

生：因为小蜗牛想让朋友们高兴，可是它什么也干不了。

生：小蚂蚁说它的微笑很美、很甜。

……

师小结：原来小蜗牛把微笑送给大家，让大家高兴、快乐。

（五）学生选择不同的方案进行续演

师：如果小朋友伤心难过了，你不知道该怎么办，这个小朋友可能会怎么样？如果你去安慰他、帮助他，他可能会怎么样？如果你也像小蜗牛一样能对他一个甜甜的微笑，他又会怎么样？请小朋友自愿主动地扮演其中主人公续演故事。

学生续演故事

（六）生成解决方案

师：你觉得哪种解决问题的方式比较好？为什么？

生：可以帮助他。

生：安慰他。

生：帮助他、安慰他都很好，但不管小朋友遇到什么伤心的事情的时候，我们都可以在帮助他、安慰他的同时给他一个甜甜的微笑。

师小结。

后记

微笑使人快乐、健康，微笑使人漂亮。由于多种压力的影响，现实生活中的人们往往缺乏应有的微笑，有的甚至不善于交往，不会关心他人。为了使幼儿从小懂得微笑能给人带来快乐，学会关心他人，萌发爱心的情感，我设计了这个教学活动。整个活动我以讨论、交流的形式进行，在活动中引导幼儿明白了微笑使人快乐，并知道如何去关心别人，表达自己的爱。

孩子们在积极参与、大胆探索、自由交流中充分展示自我，这不仅提升了学生的语言交往能力，而且使孩子们感受到了微笑的魅力所在，萌发了孩子们关爱他人的情感。

这样说，我爱听

引领者：张崇国

一、活动目标

通过情景再现，引导孩子审视自己平时的做法，学会艺术地与人交谈，避免一些误会，增强同学间的理解。

活动对象：六(6)班全体同学。

活动准备：部分情景剧的编排。

二、活动程序

(一) 暖身活动——快乐跟口令

分别请几位同学上台，并发出指令，要求下面同学快速做出正确反应。如“举左手”、“坐下”、“向左看”……

(二) 情景再现，讨论解决方案

(1) 剧本——“我就不”　主演：小沈、小张　场景：教室小张的座位旁

旁白：一天中午，同学们基本上用完了中餐。值日组长小沈急匆匆地来到小张的座位旁。

小沈(急切)：小张还没吃饱哇？快点去拖地了！

小张(一仰脖子,白了她一眼):我饭还没吃完呢?

小沈:看,全班只有你了。小张(不作声)

小张:怎么都是我拖地呀?我要扫地!

小沈:不是就属你力气大吗?

小张(赌气):我可没力气。

小沈(无奈):要不然,我告老师去。

小张:我可不管那么多。

旁白:就这样,小沈找到了张老师。

(2)谈感受。

同学们,你们看完这个故事有什么想说的吗?

采访小沈:你为什么要安排小张这个工作?当你得到拒绝之后,是怎样的想法?

采访小张:当小沈安排你工作时是怎么想的?你拒绝她的安排后是怎么想的?

现在,你们都知道对方的想法之后,又有什么新的想法?

(3)预设方案:

有办法使对方心情愉快地接受你的想法吗?——板书:说话的艺术

(4)如果再给你一次机会,你会怎样向对方说?(再演)

(5)他们的哪些表现有了改变,哪几句话你最爱听?你觉得还可以怎么说,对方听了一定能乐意接受?(演一演)

(三)归类提升,学习说话技巧

(1)像这样的事你生活中遇到过了吗?现在你会怎么处理?

(2)是呀,同样的事,表达的语言和方式不同,效果大不一样。一起读:这样说,我爱听。

(四)课后感言

(1)同学们,今天他们的故事给老师有很大的启发,你们呢?

(2)让当事人说感言。

小张:我当时正在吃饭,组长催我拖地,有点想法,再加上自己的确有些不够主动,所以就任性了。通过情景剧的表演,我了解了组长安排的意图是因为我力气打,拖地有效率,这其实是对我的优点的肯定。再想想以前自己在当体育委员时,整队的过程中总是埋怨同学不听从指挥,心中郁闷,那么我这样做组长自然会感到委屈的。在同学的帮助下,我意识到了自己的任性会给他人带去不悦。我也很感谢老师给我再次尝试的机会，学到了一些说话的技巧和为他人想想的念头。

小沈：如果当时我对小张说话的态度好些，先夸一下他的优点，让他有个好心情，别急着催他做值日，就不会与他发生争执。通过情景剧，我知道说话是有艺术的，下次一定好好说，别让人感到不舒服。

（3）同学们说感言。

学生代表：情景剧演的虽然是别人的故事，但从别人的故事中我仿佛看到了自己。有时候自己在与同学交往中，也会因为语言表达不恰当或选择时机不对而造成双方的误会，看来说话的确有艺术，希望自己能在实践中慢慢学习。有的说这样的情景剧很有用，它都是发生在身边，发生在自己身上的真实故事，有时候自己真的不会怎么处理，凭着自己的情绪和意气，不考虑方法是否妥当，发生了本该避免的事。也有的说，情景剧最主要的是可以使双方在课堂中，在大家面前和解，不再让矛盾心理一直纠缠自己。

后记

情景剧的确是转变学生思想观念和行为的良方。它省去了老师的生硬教育，化严肃的教育为生动的自悟，教育效果得到提高。并且，对高年级的学生来说不是一件难事，他们具备较强的情景再现能力和表演能力，还有学生的表达能力。通过这个主题的情景剧表演，不仅让两位当事人反省自己的思想，重新审视自己的言行，意识到不同地语言表达会收到不同的效果，增进了同学间的信任和友谊，还引导其他同学审视自己曾经有过冲动和无知，逐渐学习交流沟通的技巧，达到与同学和老师、与父母、社会成员之间的和谐关系。

特殊的生日

引领者：宋鹏圣

一、活动目标

（1）让孩子养成主动关心母亲的习惯。

（2）在活动中让孩子体会到做母亲的辛苦，懂得体谅母亲。

活动对象：六（2）班全体学生。

活动准备：搜集妈妈小时候照顾自己的照片。

二、活动程序

（一）暖身运动

拔萝卜——“拔萝卜，拔萝卜，哎哟，哎哟，拔不动。第一排同学快快来；第二、三排同学快快来……”

（二）情景再现

（同学表演）妈妈小时候那么细致入微地照顾我……

（三）谈感受

当你又重温这样温馨又熟悉的画面时，脑海中浮现出怎样的情景，此时此刻，你想说些什么呢？当妈妈辛苦地下了班，当她劳累地拖着疲倦的身体，当她辛苦地为你准备过生日时……

（四）预设解决方案：

你的妈妈一定会记住你的生日，为你张罗，为你祝贺，而在你开心地吃着生日蛋糕时，你会对妈妈怎么说，怎么做？

A. 我过我的生日，要邀请亲朋好友为我祝福，接受大家的礼物；

B. 由我自己选择过生日的方式，选择生日礼物；

C. 和家人一起过生日；

D. 为妈妈选择一份礼物，过一个特殊的生日。

（五）学生选择不同方案进行情景续演

请同学根据不同的情景演绎剧情，可选择其中一种，和同学合作完成。

（六）生成解决方案

在不同场景时感受妈妈不同的感受，能换角色地体会妈妈的辛劳，并能为之解决一些实际问题。

后记

现在的孩子都是蜜罐中泡大的，父母疼，老人宠，个个都是“公主”、“皇帝”，照顾得好，无形中给他们养成一种很自我的习惯，凡是以自己的感受为中心。这样的习惯使他们在集体中也难以融洽，缺少相互忍让，缺少相互理解，缺少换位思考……

“特殊的生日”是针对目前学生中存在的现状，围绕学校夏校长“四有”德性教育目标开展的班级性教育活动，它用情景剧的方式，让学生融入场景，用心体验，唤醒学生内心对母亲、对亲情的感受，将心比心，能够为他人着想。并通过这样一个简单而又易操作的方式，让学生进行过程体验，通过对母亲、对亲人的感恩活动，达到"心中有人"的教育效果。

在没有唤醒学生去过这么一个有意义的生日前，大部分同学过生日的方式想到的只是自己，通过这样的一个集体活动，触动孩子内心深处的一个情愫，通过爱妈妈，达到爱他人、"心中有人"的活动目的。在活动中，孩子们开始还笑嘻嘻的，似乎很不在意，随着情景剧的深入演绎，他们渐渐进入状态，由开始的嬉笑，变成平静、专注，到最后是泪花点点，回家后纷纷去谋划接下来的生日怎么过……接到家长反馈——我的孩子长大了！

由此，我想到，没有空洞的教育，只有不落实的活动，凡是用心去体验，用真情去付出，就会有收获，有回报，爱屋及乌，当一个人学会了爱母亲的时候，他（她）就已经长大了，也一定会在今后的人生中去爱别的人，养成"心中有人"的良好德性。

第四章 游戏：同伴的接纳与交往

一、在游戏中成长的儿童

游戏是儿童的天性，是儿童表达愿望和满足需求的重要形式，适用儿童身心特点及其发展规律。游戏不仅是体验文化和享受快乐的活动，更是儿童自由表达思想，自主创造文化的过程。在小学生的游戏活动过程中，很多时候更是一项重要的学习。正是从游戏中，儿童积累了生活的经验，体察到了交往的意义。游戏对于儿童身体素质、认知发展、情感体验和社会交往都有重要的促进作用，在儿童成长中起着至关重要的作用。以学生为本意味着需要尊重儿童发展的内在规律，尊重儿童将游戏作为发展重要形式的现实。

我们文化传统和学校教育对于儿童游戏的观点和权利都存在种种偏见。我国自古有“业精于勤而荒于嬉”的说法，家长和一些老师都会将游戏定位在学习之余的消遣。随着现代技术理性文明的发展，科学与技术的力量迅速扩展，现代人走入了一个快节奏、高竞争的生存环境。成人文化不断入侵儿童世界，我们仿佛又进入了一个童年消逝的时代。童年消逝最为典型的标志就是游戏的丧失。现代社会讲求效率、功用和便捷，具有幻想色彩和浪漫情绪的游戏在这样的时代中难免遭到排斥，儿童游戏的权利也被剥夺了。1959 年联合国《儿童权利宣言》中指出，儿童应有游戏和娱乐的机会，社会和公众事务当局应尽力设法保障儿童享有这项权利。《儿童权利公约》1989 年 11 月 20 日，第 44 届联合国大会第 25 号决议通过，1990 年生效，该公约旨在保护儿童权益，为世界各国儿童创建良好的成长环境。《儿童权利公约》第 31 条也规定：儿童有权享有休息和闲暇，从事和儿童年龄相宜的游戏和娱乐活动，以及自由参加文化和艺术活动。儿童成长最合适的活动莫过于游戏了。

没有一个小学生在所有的时候都表现出智慧德性，也没有一个小学生总是自私自利具有攻击性。小学生的智慧德性不是一个全有全无的问题，而是在何种情景加以激发不断扩大的问题。游戏，尤其是社会性游戏是能够激发智慧德性并尝试不同发展途径的有效形式。在社会性游戏中，儿童通过角色扮演，自己解决同伴冲突，形成分享和合作的行为模式。小学生不仅能对游戏情景中的在场当事人表示同情，而且能使用想象对不在场的当事人表示同情。在这一过程中，儿童必须从自己扮演的角色观点（角度）出发，而不是单纯地从自身的立场来考虑问题。将自身放在对方的视野中，发展小学生从他人角度看问题的能力。

小学生对他人的需要非常敏感。面对哭泣的儿童，小学生能够主动询问原因，表示关注，并且设法进行安慰。儿童间发生冲突比较频繁，从某种角度讲，这是发展观点采择的良好契机。冲突产生往往是由于彼此观点或意见不一致所致。儿童要维持社会互动就必须重新考虑自身和他人的观点，协商调整方案，必要时做出可以接受的让步，平息冲突。合作是重要的亲社会行为。合作行为要求各方从整体角度考虑问题，而不是只从自己的角度出发。合作过程要求各方高度协调，以获得最大的整体利益，在提高策略水平的过程中，提高儿童观点采择的能力。

二、课间游戏概述

目前，学生大多是独生子女，居住环境公寓化，无形中剥夺了孩子和邻居们游戏的机会；升学竞争激烈，父母受“业精于勤荒于嬉”观念的影响，也在尽量缩减孩子游戏的时间；加之现代科技的进步，孩子的游戏时间也被电动玩具、电脑所占据；孩子们课间休息就更单调了，再加上精力旺盛，天性好动，时不时会出现下课追跑打闹现象，有些同学甚至做一些危险性的活动，牵扯了老师不少的精力。种种因素导致了同伴间人情关系的淡薄，自私、任性，自我为中心，不善于和同伴合作等行为偏差。

儿童和成人之间的关系与儿童和儿童之间的关系有着本质上的差别。在儿童和成人的互动中，成人往往被看做有力量的人，儿童往往处在遵从和顺服的地位。相比之下，儿童和儿童之间的互动在权力和地位方面就显得平等很多。很多研究显示，当问到为何要帮助其他人时，很多儿童都提到同伴曾经帮助过自己，或者同伴是自己最亲密的人。而当问及为何帮助成人时，儿童则以听大人的话，不然就会挨骂等理由回答。

游戏是与生俱来的一种行为倾向，是在一定情景之下所发生的人际互动。在整个游戏过程中是充满欢乐的，是主动参与的，没有时间上的限制，没有特别标明的学习目标，具有自主性，趣味性等特点。孩子在真实经历的游戏过程中不知不觉地学习。比如“造房子”游戏，孩子们通常会一群人一起玩，每次都只能是一人，所以其他的人就必须站在一旁等待，无形中在练习忍耐和等待的能力。万一有人不愿意等待，或者对于游戏过程有不同的看法，孩子们自然会想办法解决这个冲突，不论解决的方法好还是不好，每个参加游戏的成员都可以在其中获得与同伴相处的经验。

在游戏过程中，孩子还会无形的将自己的“社会化行为”表现出来。如果游戏偏离社会化行为太大，孩子们会修正其行为，使游戏更合理。因此，依据学生的心理、生理特点，遵循教育无痕的原则，我们充分挖掘学校这个教育场所，利用课间游戏活动，培养小学生智慧德性。

通过游戏我们力图在班级和校园中营造和谐关爱、合作互助、平等民主的人际氛围。小学生对别人的态度取决于其体验到的爱，只有在被爱中才能学会爱别人。教师通过以身示范，理解学生的需要和情感，传递出不放弃任何一个孩子的信息。在班级日常生活中，我们提倡教师反复对小学生灌输积极的社会规范和行为标准。据报告，帕帕古儿童每天傍晚有一堂“必修课”，听长辈讲解勤劳、忠诚、和平等价值的重要性。在以色列集体农庄，父母及时奖励慷慨合作的行为，惩罚自私和竞争的行为。很多教师学习这些教育经验，在班级中建构一种彼此关心的文化，强调提供帮助、提供支持和提供建议，避免支配别人，避免只求不予。

三、课间游戏的内容

（一）收集素材

学校向全体师生及家长发出“智慧游戏人人编”的倡议。大家接到此倡议后积极响应，但也有一部分孩子对智慧游戏认知程度不够，不理解，感到非常迷茫，不知所以然。为此，学校积极组织师生、家长学习，使他们获得深刻的认识。家长们把自己孩提时代的游戏搬上来，孩子们把许多自己创编新式的游戏与大家分享，更多的人进行网络、书籍大搜索。经过大家的共同参与，呈现出百花齐放的游戏局面。

（二）整理分类

课间游戏主要针对小学生同伴关系的和谐设立，达成智慧德性养成的要求。从德性养成上可以分为“言之有训”、“行之有范”、“眼中有活”、“心中有人”四大类游戏。因此针对群体游戏的建设，以同伴之间的关系为核心将游戏分为合作性游戏、分享性游戏和竞技性游戏。同时从小学生同伴交往的层面上，主要分为塑造良好个性和品行、培养同伴交往和沟通能力、学习同伴交往技巧等三个方面。

（三）创编原则

（1）坚持教育性原则。课间游戏要坚持育人的宗旨，遵循教育规律和中小学生身心发展特点，养成智慧德性。

（2）坚持趣味性原则。课间游戏倡导“寓学于乐、寓炼于乐、寓艺于乐”，使学生在有趣的游戏中享受课间时光。

（3）坚持全面性原则。课间游戏的内容与形式要丰富多彩，能够满足不同特长、不同兴趣、不同层次学生发展需要。

（4）坚持全体性原则。课间游戏的开展要面向全体学生，要从学生参与面的大小和人数多少择好活动项目。形成人人参与课间游戏，个个都有喜爱项目的课间游戏新局面。在组织活动时要为学生营造一个自主讨论、组织、操作、交流和评价的环境和氛围。

（5）坚持安全第一的原则。在课间游戏的组织与实施过程中，要加强安全教育和管理，要制定出安全措施、应急措施，避免和防止意外事故的发生。

（四）游戏种类

通过多次的筛选和尝试，我们初步形成了合作型和竞争型游戏。合作型游戏主要培养小学生同伴交往中的沟通技能。主要在游戏中渗透了六种技巧：

（1）非语言技巧，如面部表情、音调和姿态的运用；

（2）言语技巧，如使用停顿和图片增强表达的清晰性；

（3）自我表达的技巧，如向同伴介绍规则和自己的想法，让别人更了解自己；

（4）倾听技巧，专注耐心地听别人讲话，不打断，不插话，尝试听取对方的情绪；

（5）说服技巧，用自己的理由改变别人的想法和行为；

（6）营造氛围的技巧，创造正向、积极、热烈的活动气氛，利于建设性的沟通。

竞争型游戏主要渗透了同伴交往冲突处理的技术。在竞争中遇到需要进行沟通时，游戏中体现了冷静下来、听别人解释、说出自己的感受、寻找第三方和解人、探求双方共同点等技术。

四、课间游戏的实施

第一阶段——学做游戏。广泛收集游戏的动作和样式，要求学生学会观察，观察同伴或家人、邻居等其他成员做游戏时的动作和样式，积累游戏原始素材。在这一阶段，同伴们在课间活动时先一起回忆学来的动作，同伴间互相启发，进行补充，不会玩的同学也跟着学。如果还不会的同学回家问爸爸妈妈，问比自己大的邻居姐姐或阿姨。

第二阶段——加工素材。根据游戏特点和创编要求，老师分工负责，充分利用自制玩具、流行玩具以及生活中的玩具，结合"中国游戏大王之称的吴纪安老师"的 12 字诀创造技法创编游戏。如加一加，"跳长绳"和"抓尾巴"本是两则旧游戏，把他们加在一起就变成一则"跳绳抓尾巴"的新游戏。还有减一减、扩一扩、缩一缩、变一变、改一改、联一联、学一学、代一代、搬一搬、反一反、定一定等游戏创编方法。

第三阶段——分组创编。根据年级特点，分班分组进行游戏创编。学生创编热情非常高涨，充分显示了孩子们的创造才能。如在创编跳橡皮筋的游戏过程中，有的想到了形体课所学的舞蹈动作，有机地与游戏的动作组合；有的在转身踏跳的动作中加进了拍手动作；有的在勾跳动作时加进了手拉手一起跳的动作；有的还加进了小鸟飞的动作，甚至形体训练时的芭蕾手位的动作也用上了。在排队形变化时，同学们把橡皮筋接长，从四个人拉的正方形变出八个人拉的十字形，从五个人拉的五边形变出十个人拉的五角星形，还有从方形变圆形、正方形变棱形、三角形变半圆形。更有意思的是，有一组学生还排出风车队形，随着动作变化和节奏变化，风车还会旋转呢！还有的同学在橡皮筋上扎纸花，进行美化，舞蹈的时候增加了美的色彩。可见这一阶段学生的思维最活跃，想象最丰富，互相启发，群策群力，同伴间的合作状态最好。

第四阶段——展示与交流。经过一段时间的游戏，孩子们在课间的游戏形式也丰富起来，校园也活跃了起来。为了让大家能够相互分享合作游戏后的快乐，学校开展了游戏展示周活动。以年级为单位依次在塑胶大操场上展示班级的精彩游戏。同学们的相互交流为下一步创编游戏提供了改进的依据。

第五阶段——推广。集合一些优秀的"四有"游戏汇编成册，制作一本智慧德性游戏操作指南，并把这些优秀游戏发布到校园网上，学校所有的家长、学生相互学习与分享。

五、课间游戏活动示例

文明礼仪棋盘游戏

引领者：吕　莹

一、游戏目的

玩中了解更多的生活行为处事，并获得游戏的快乐，更从侧面践行了“文明礼仪”的良好行为。

二、游戏准备

“棋盘”（方格子）、模拟情景障碍。

三、游戏规则

能正确使用文明用语，最先到达终点者获胜，失败者背诵文明用语。

四、游戏活动

在石头、剪刀、布的输赢中按规定格子数在格子里“走棋”（跳房子），其中会遇到不同障碍——“模拟情景”，如：见到老师要如何问好，见到客人怎么打招呼，与别人交谈时应该怎么做，向同学借东西时应该说什么等与文明礼仪相关的情景，让学生在“走棋”中再现生活中的行为处事，了解更多的文明礼仪行为，并用行动参与其中，感受游戏所带来的快乐。

如果“走棋”的孩子行为做到了文明，也学会正确使用文明用语，则可以多向前走（相应）几步“棋”。相反，如果没有做到“讲文明、懂礼仪”就会被罚而后退几步。

比一比，谁最懂文明礼貌，可以最先获胜。

五、游戏亮点

在情景障碍中，生活再现使学生记忆更清楚，在实际玩游戏过程中更加了解文明礼仪的相对做法。通过模拟情景，让学生重现生活，学会如何文明生活、礼貌待人。

“快乐学习生活”跳跳棋

引领者：汤艳萍

一、游戏目的

通过游戏让低年级学生认识一天学习生活中的常规习惯，达到潜移默化的教育效果。

二、游戏准备

跳跳棋图纸、棋子（游戏参与者每人一个，根据实际人数而定）、骰子。

三、游戏规则

(1) 游戏的先后顺序由“石头、剪子、布”之后决定；

(2) 棋子的前进步子一由投骰子决定，二由棋子所到达的方格旁边所对应的附加奖励决定；

(3) 棋子先走完一圈的先胜。

四、游戏步骤

(1) 先由游戏参与者“石头、剪子、布”来分出玩的先后顺序。

(2) 游戏者各拿一个棋子，从“起点”开始，投骰子看数字走棋，如骰子是五点，就向前走五步。

(3) 下面的游戏者依次投骰子走棋子。

(4) 走的棋子落下处有相对的附加奖励，如第 21 格有“同桌笔断了，我借给他，进四步”这样的字样，则棋子又向前多走四格。

(5) 最先到达终点的为赢家。

五、游戏亮点

本游戏创编符合低年级儿童的心理特征，跳跳棋的游戏形式正是低年级儿童所感兴趣的，一开始就受到孩子们的喜爱。几次游戏后，附加奖励中的语句甚至成了学生的口头禅。如孩子在游戏兴奋时会情不自禁地喊：“‘我会关心他人，进三步’，我真棒！”这是寓教于乐最好的诠释。

手牵手　来接龙

引领者：潘洁茜

一、游戏目的

(1) 丰富学生课余生活，促进同学间的友谊。

(2) 玩有益的游戏，在玩中学，积累语文知识。

二、游戏准备

不需要任何的器械准备，只要有两个人以上，随时随地都可以进行。

三、游戏规则

(1) 人数：两人以上。最好为5～7人

(2) 大家手牵手围成一个圈，任意选一个字进行成语接龙。在5秒钟内接不上的同学则淘汰，坚持到最后的同学获胜。游戏期间不能查阅任何资料，也不能问其他同学。

(3) 需组成成语的字不能出现在成语的末尾。

(4) 所接的成语中，要组成词的字的音相近即可。

四、游戏活动

以5人为例，以"龙"字开头。5人手牵手围成一圈，开头的同学按顺时针和第二位同学击掌组词。"龙　龙　龙飞凤舞"，第二个同学转身和第三个同学击掌进行接龙，"舞　舞　五颜六色"……节奏为：da　da　dadada　da。接不上的同学则淘汰，第二个同学和第四个同学击掌接龙，轮流直到最后一位同学或上课了为止。

五、游戏亮点

(1) 没有危险性。

(2) 适合小学各学段的学生玩耍。

(3) 简单、易懂，好玩，使学生在玩中学，体验祖国语言之美，明白成语中的深刻道理。

鱼儿飞飞

引领者:胡攀君

一、游戏目的

(1) 通过鱼儿游游,鱼儿变变,鱼儿飞飞这一游戏,使学生有团结合作的意识,建立和谐的师生关系,促使课间的文明游戏。

(2) 通过游戏,让学生力争做一个文明小天使,勤劳小蜜蜂,绿色小卫士,诚信好少年,品德优良的好学生。

二、游戏准备

制作写有文明小天使,勤劳小蜜蜂,绿色小卫士,诚信好少年的帽子。

三、游戏规则

(1) 人数不得少于5人,两人饰渔夫,其余饰鱼。

(2) 鱼围成圈,当鱼被抓后,选择将要变成帽子上好品行的孩子,并站在其身后。

(3) 轮流抓鱼,变成好孩子,哪组的人数多并由该组出表演节目的内容,另组则饰演。

(4) 完成一组后,可以换帽上内容,或另选两名学生当渔夫,其余饰鱼重新游戏。

四、游戏过程

请两名学生分别带上帽子,并手牵手饰渔夫,准备抓鱼,其余学生一个牵一个饰鱼儿,边唱边钻过那两位小朋友,

鱼:“小鱼儿,小鱼儿游来了,游来了,游来了,赶快抓住”。

渔夫:你想变成什么?

鱼:选择其中一种并站在渔夫的后面。

以此重复,到最后哪组的人数多为获胜方,并由获胜方出节目,如唱歌,背古诗等,对方表演。

结束后再换两位小朋友当渔夫,或换其他的帽子再进行游戏。

五、游戏亮点

该游戏能结合学生星级特长评定,在游戏中渗透品德教育,使学生在平时学习生活中约束自己不文明的行为。

趣投连环

引领者:郑雁琴

一、游戏目的

在活动过程中,培养孩子的团队合作能力和竞争意识,并且训练孩子的定点投准能力,有利于班级的垃圾入桶习惯的养成。

二、游戏准备

12个塑料圈和2个自制球。

三、游戏规则

投球时,脚必须站在圈内,手不能扶地,不然就属于犯规。

四、游戏过程

(1) 男女各6名,组成男队和女队。

(2) 两队前面各有代表分数的6个圈,分数由近到远分别是:1分,2分,3分,4分,5分,6分。

(3) 两队采用比赛的形式,第一名队员手持一自制球,在规定位置想法子把球投进第一个圈内,投进者得1分,然后快速走到第一个圈内,捡起球,再想办法投入第2个圈,投进得2分,以此类推,投进第6个圈,得6分,假如6个圈全部投进,则得分累计为21分。

五、游戏亮点

在游戏过程中,学生能体会团队合作的快乐,培养孩子的团队合作能力和竞争意识,并在游戏过程中,悄悄地渗透性地让学生学会将垃圾入桶的习惯。

"爱心"关小牛

引领者:陈国艳

一、游戏目的

丰富学生的课余生活,在游戏中增加学生的语言积累,并进行关心爱护他人的教育。

二、游戏准备

四人以上参加,场地随机。

三、游戏规则

(1) 用“石头、剪刀、布”的方式选出两名“爱心天使”相对站立,四只手搭成一个“爱心”的形状,让其他人从底下穿行而过。

(2) 其余人员排成一列纵队,后面同学双手搭在前面同学的肩上,随着“爱心天使”“关、关、关小牛,把我的小牛关起来”的儿歌声往前走,穿过“爱心”底下。当儿歌念到“来”字时正好通过“爱心”者即作为“小牛”被“关”。

(3) 由“爱心天使”随机出题,让被关的“小牛”在规定时间(3~5 秒)内说出一个带“爱”或“心”字的短语、成语或回答一个助人的小问题。答对者过关继续游戏,否则表演一个小节目后替换下一名“爱心天使”继续游戏。

四、注意事项

说短语或成语时,不能与前面队员说过的重复,否则算失败。

五、游戏亮点

在进行本游戏时,学生需在 3~5 秒钟内迅速按要求说出一个带“爱”或“心”字的、以“关心关爱他人”为内容的短语或成语,锻炼了快速反应能力,强化了“心中有人”的思想教育,又丰富了语言。整个游戏过程中学生按队列行进,组织有序;答题时学生努力让自己过关继续游戏,否则就要表演小节目,富有挑战性和趣味性。

文明用语游戏

引领者:池淑玲

一、游戏目的

培养学生文明用语和礼貌用语的良好习惯。

二、游戏准备

乒乓球。

三、游戏规则

(1) 动作必须快速，被乒乓球击中的学生必须说一句文明礼貌用语，并且不能与前一位同学重复。

(2) 预报员与被罚学生互换角色，继续游戏。

四、游戏过程

选一人当预报员，其他游戏者面对着他，站成横队，游戏开始，当预报员发出各种气象预报时，全体游戏者要作出勇敢的反应。如：

"刮大风!"——"不怕!"

"下大雨!"——"不怕!"

"有大雾!"——"不怕!"

"下大雪!"——"不怕!"

唯独听到"下冰雹咯!"必须赶快转身抱头蹲下，要是动作迟缓被预报员用乒乓球击中了就算失误。谁失误就要表演一个节目——说一句文明用语。如：你好！请！谢谢你的帮助！对不起，等等。接着游戏开始。

五、游戏亮点

这个游戏学生爱玩，既锻炼学生的快速反应能力和勇敢战胜大自然的勇气，又通过让失误学生说一句文明礼貌用语起到培养学生出言有训的目的。

传手帕　学礼仪

引领者：陆小平

一、游戏目的

通过游戏增进同学友谊，同时可以强化礼仪规范，让同学们在游戏中做到行之有范。

二、游戏准备

一块手帕。

三、游戏规则

谁拿到手帕次数最多，谁就是输了；手帕拿到次数最少同学，为赢者。

四、游戏活动

下课时，3～6 位同学组成一个圆圈，先由一位同学报数，数目根据年级来确定，可以是有规则的数列，如 3、6、9 等。同时把手帕传给另外一个同学，直到哪位同学报错，则手帕就留给这位同学，由这位同学报出一个礼仪动作，如行注目礼、向别人问好等一些礼节。如果另外五位同学都做规范，这位同学要罚唱一首歌；如果五位同学中有一位或二位做错，则手帕传给做错同学，并唱一首歌；歌唱完继续报数，出错同学，喊一个礼仪动作；依此类推。

五、游戏亮点

为了防止被罚，同学们都想认真地做好每个礼仪动作。但是由于有的同学平时认为礼仪动作做不好没关系，没有用心学习，结果动作还是要做错。再加上这么多双眼睛在“审查”，一点不规范都要指出来，因此罚唱歌的同学很多，学礼仪动作的机会也很多。同学们彼此水平相差不多，大家玩得不亦乐乎。

跳长绳，唱童谣

引领者：王秋霞

一、游戏目的

(1) 发展学生跳的耐力和速度，提高学生的体力。

(2) 在唱童谣中渗透学自理、孝长辈、爱同学、守信用等教育，让学生懂得时时刻刻心中要装着别人，想着别人。

二、游戏准备

一块平坦的场地、一根长绳或几根短绳。

三、游戏规则

一轮游戏结束后换二位同学甩长绳。如果跳的同学没有中途断跳，那么按顺序换包；如果跳的同学有人中途断跳了，则由他来甩长绳。

四、游戏方法

两个同学甩长绳，其余同学排成一队，一个同学跳进来，边跳边唱着童谣，唱完 4 句跳出去，再换一个同学进来继续边唱边跳，最后 4 句，可以让所有同学一起跳进来边唱边跳。

五、游戏亮点

(1) 此游戏可操作性强，不受时间、场地、人数的限制。人数多跳长绳、人少可跳短绳。时间可以是课间十分钟、体育活动课或回家后。场地可以在大操场、走廊、过道或社区。

(2) 寓教于乐，既锻炼了学生的身体，提高了耐力与速度，又让学生在唱童谣中对自己的言行不断从正面强化，长此以往，一种正确的健康待人接物的观念就扎根于头脑中，从而指挥人的行动。

(3) 课间追跑、吵闹的少了，同学们的关系通过游戏变得更加默契、融洽了。

我们都是好伙伴

引领者：张娟丽

一、游戏目的

通过游戏，使同学们在轻松欢快的气氛中加深相互了解，增进友谊。

二、游戏准备

将全班同学分为8～10人一组的几个大组，每组围成圆圈而坐，中间椅子上放着组员们事先写好的纸条(每人一张，写上自己的性格特点，优缺点和自己的心愿)。

三、游戏规则

由中队长或辅导员发令，各组同时开始游戏，以击鼓传花的形式确定第一位“友谊使者”。“使者”起身到中间椅子上任选一张纸条，打开并念出来，然后根据自己的判断走到纸条主人的身后，如果选择正确，纸条主人就转身拥抱“使者”。“使者”完成使命坐下，由主人当下一个“使者”，游戏继续。如果选择错误，前面的同学不转身，组员齐身说：“哎呀呀，认错了，来来来，重新认识一下吧！”这时，纸条的主人站起来，“使者”迎上去握手，表示重新认识这位伙伴。“使者”还要受罚表演一个节目助兴。接着主人当下一位“使者”，游戏继续。当本组成员都轮过了，全班同学可以重新组合成新的大组(建议首轮按班级座位纵向组合，第二轮按横向组合)，游戏继续。在游戏结束后，评出“最默契小组。”

四、游戏亮点

五年级的小学生刚好步入少年期，这是人生最关键而有特色的时期之一。此期间开始，学生人际知觉已经趋向复杂化，他们之间的交往已逐渐摆脱了中低年级时的游戏色彩，更多地注重同伴在心理上给予自己的认同和支持。同时自我意识有了新的、进一步的发展。能够学会评价别人的个性品质，并逐步学会以别人为“镜子”来评价自己，学会“用自己的眼光”来看待自己。在这样一个特殊的时期，教师必须机智的来引导学生学会发现同伴的优点，掌握鼓励同伴长处的技巧，并从同伴的回报性评价中受到鼓励，这对于五年级学生自我意识的健康发展和促进他们与同龄人的正常交往，并在同伴的欣赏与鼓励中获得自信是十分必要的。

通过这个游戏，学生明白了：只有自己是一个拥有积极心态的人，才能看到别人身上的闪光点，才能感受到同学的友善和友情；才会用自己的一份真诚去赢得更多的理解与关怀。只有善于控制自己的言行，才能避免做出既伤害他人，又会使自己事后后悔的事情。愿孩子们相处的每一天，都充满友情的温暖。

割麦子

引领者：祝红芳

一、游戏目的

(1) 游戏侧重眼中有活，重在提高学生劳动的速度和劳动的积极性。
(2) 通过游戏让学生在活动中体验成功与快乐。

二、游戏准备

40 个塑料瓶和一些木棒。

三、游戏规则

割“麦子”的动作要做到位，种“麦子”要种稳，不能将麦子种错位置。

四、游戏活动

分四队，在每队前面均匀的摆放 10 个塑料瓶当作麦子，队伍统一站在跑线后。老师口令开始：

第一位同学跑上前左手握住麦子，右手用镰刀做一个割麦子的手势。将第一束麦子割起，迅速地跑向前面。把第一束麦子种在第11个位置上。这时第二位同学紧接着跑上前，将第二束麦子割起，迅速向前跑。将第二束麦子种到第12个位置上。依次类推，接力跑。看哪一队最先割完并种完10束麦子，哪队就胜利。获得勤劳奖！

五、游戏亮点

（1）接力跑讲究齐心协力，提高了学生爱劳动、主动劳动的积极性。

（2）空塑料瓶的准备非常方便，可以使学生养成资源再利用的意识。

抽陀螺　赞他人

引领者：张崇国

一、游戏目的

通过抽陀螺，锻炼孩子的身体，增加孩子对他人的情感，真正做到心中有人。

二、游戏准备

一个陀螺和一根抽绳。

三、游戏规则

（1）此游戏2～5人为宜，围成一圈，准备一个陀螺和一根抽绳。

（2）首先由一人抽，边抽边有节奏地念“三字经”。三字经的内容为孩子临时编排，以表扬同伴的优点为主，也可以延伸到父母和老师。

如：×××　个子高　手臂粗　有力量　班中活　肯来当……

又如：×××　性温柔　同学间　关系好　文明语　如蜂蜜　甜人心　知人意……

（3）念完就将抽绳往下传递，让陀螺不停地转动，谁编的内容长，谁就多抽。遇到说不上的就往下传递。

四、游戏活动

此游戏为我国传统游戏之一，工具简单，只需制作一个陀螺和一根抽绳；不受场地限制，一小方光滑地面就可；容易操作，趣味性强，同时又具有健身功能。只是现在要求孩子在玩的过程中说出身边人的优点，考验孩子平时对同学是否了解，心中是否装有别人。

五、游戏亮点

此游戏可引导学生学会关注他人，将平时对他人的了解用简单的三字经形式表达出来，又提高学生的语言运用和表达能力，有时除了对对方的肯定之外，还可以在轻松、愉快的氛围中对好朋友善意的提醒，对方也容易接受。总之，在游戏中，同学之间的友谊得到增强，德性得到发展。

地滚球

引领者：陈　寅

一、游戏目的

训练个体的敏捷性和集体荣誉感。

二、游戏准备

用废纸团成几个球，在空地上划好一个大圆圈。

三、游戏规则

将参与者按抽签的方法分成甲乙两组，一组站在圈外，一组站在圈内。毫无疑问，圈内的人已被团团围困。圈外的人一声令下，纷纷将手上的纸球滚向圈内的人。如果击中圈内的人的脚部，被击中的人，便要淘汰出局，必须走出圆圈。直到最后一个人被击中淘汰为止，最后两组互换，游戏重新开始。

四、游戏活动

“小朋友，做游戏，地滚球，多欢喜。对方急得转呀，追来又追去，丢不到小朋友。”让我们唱着儿歌，一起来玩“地滚球”的游戏。

瞧，一群小朋友在大圆圈中左闪右躲，寸步不离自己的地盘，对手却没有像儿歌里唱得那样急得团团转，反而越滚越开心了。

五、游戏亮点

圈内的人没有纸球，赤手空拳，还要遭到不断滚来的纸球袭击。他们跳跃躲避。谁坚持到最后，便谁了不起。但圈中人纷纷淘汰出局，最后只剩下一个，遂成了众矢之的，纸球纷袭如雨，左支右绌，任由他如何灵敏，终究要被击中脚部。

做丢纸球者也罢，做躲纸球者也罢，在这时已经不重要了，这里回荡着笑声，回荡着友谊。

第五章 画像：师生的理解与交流

一、建设民主和关爱型课堂

著名特级教师王崧舟在《和学生的亲密接触》中讲到自己在初任拱宸桥小学校长时的一段经历，由于身为一校之长的自己伸手与孩子握手的举动，竟然给当时学生无限激励，让孩子充满自信和勇气，促使孩子不断进步，可以说这充满人性的举动在孩子生命中成了永恒的记忆。

提高德性修养，关键要瞄准目标，对症下药。在教育教学工作中，我们发现，“师道尊严”等传统的教育观念在部分教师的思想意识里已经根深蒂固，真正能在心理上完全认同民主平等的现代意义上的师生关系很少，在实践层面上能实际操作的就更少了。老师在办公室谈论最多的是学生的不足、缺点以及不可调教的无奈。尤其是一些考查科目的学科教师，由于教学任务紧，与学生深入沟通的机会少，相处时间多数只局限于课堂中的四十分钟，再加上接触的往往不是同一个班的孩子，班风和孩子个性上存在差异，导致学科教师不能主动地变更自己的教育教学手段，而是迁怒或责怪学生，处理事情常常会偏离爱和公正的原则，进而导致自己的课堂无法驾驭，学生自然而然地产生抵触情绪。这一切都可以归结到一点，那就是在平等环境下的师生间的“爱”。

台湾的学者沈硕彬提出教师在建立积极班级环境方面的一些具体做法。

首先，教师要注重培养自己的阳光心理，从正面积极培养学生德性。积极心理学研究表明，个人若能在拥有积极心理上多加努力，不仅可以增进其身心健康、幸福感，并且可以成为懂得感恩且具有远大胸怀的人。学生的幸福不是遥不可及，只是需要努力。教师自己的心理对学生的德性养成具有重要的作用。

其次，教师培养积极归因的习惯，协助自己从教学中获得积极情绪。有研究显示：具有成就动机的人将任务视为“挑战”，在准备过程中经历较多的积极情绪；而将任务视为“威胁”的人，则有较多的负面情绪。教师在教学时需要不断思考自己从教学中汲取了何种经验，每天体验到的是快乐美好还是敷衍了事。教师对于学生的行为采取逆向思考,还是从正面来看待他们的每个行为都会影响班级氛围。学生的错误往往只是行为上的不当,而非内在动机的全然错误。教师不能只是当经师,更要成为人师,每个孩子都独一无二,拥有他们存在的意义与价值。一切都在教师的心态和视角,正向的归因有利于自己和学生们获得积极的学习经验。

积极心理学强调从正面角度来看待青少年行为,而不是从问题面去探讨,如此可以给对方一些希望感与能力感,教师不仅是教授学生课业的老师,也必须适时成为心理健康教育教师,理解学生,辅导学生,在面对学生的困难或与别人迥异的行为时,要客观地寻找向上的方向,协助学生建立适当的行为。

第三,教师需融合班级管理理论,建立积极特质。社会教师管教学生的观念,已经逐渐转变为更加开放且民主,促使教师与学生之间形成多元且复合的亲密关系。教师可以将积极心理学的观念作为德育的基本方针,并且以积极常规等班级管理作为主要模式。教师不仅对于本身的工作需要拥有积极情绪的期许,并且在处理学生各种状况时,都需先了解其行为内在的需求,从正面的角度加以思考了解,不断地给予学生能力感和希望,帮助学生积极快乐地学习。

智慧德育理念认为,教师不仅是德育工作的主体,可以积极地影响学生,同时也是德育工作的客体,受学生积极心理的影响;学生不再仅仅是德育工作的客体,被动地受教师影响,同时也是主体,可以通过挖掘自身潜能,培养优秀、积极的品质反过来对教师加以影响。与此同时,对教师和学生个体自身而言,他们都既是潜能的主体,又是待开发与认识的客体。因此,积极心理学取向改变了心理健康教育的主客体关系,可以充分调动教师与学生的主观性与积极性,促进两者的健康成长。另外,应注重学校—家庭—社区积极心理环境建设的资源开发和利用研究,要建立学校教育与家庭教育的沟通渠道,形成有利于学生身心健康发展的教育环境。

研究者提出关爱和民主的课堂具有几项特征:

1. 关爱和民主的课堂能发展“学生丰富的认知与情感资源”。这种课堂尽可能的消除使学生厌烦或陷入“防御性沉默”的疏远感。学生比平时更认真地读、写、听和讨论;他们对检验和思想有着更深切的感受,而不是伪装。与传统的教师中心课堂相比,他们更聪明,更善于表达,具有更深的情感深度。在关爱和民主的课堂中,学生能畅所欲言。他们能充满激情地讨论有重要意义的主题。如果教师仔细地倾听学生的知心话,学生的言语会丰富多彩;他们会展示出生动的想象力,风趣的思考,深邃的情感和幽默;这种畅谈的习惯会成为课堂的学习工具。

有些班主任对待“问题孩子”“后进”恨铁不成钢，有时甚至当着全班同学大声地说“真笨”、“傻瓜”、“蠢猪”等歧视性的语言，致使学生的人格受到极大的侮辱，自尊心受到了严重的伤害。学生所受的伤害甚至比体罚还大。这种粗暴、生硬的语言对于班主任来说应该是竭力避免的。俗话说“良言一句三冬暖，恶语伤人六月寒”，因此班主任在与学生谈话中应以信任、尊重学生为出发点。美国著名心理学家詹姆斯说：“人性中最深切的本质是被人赏识的渴望。”每个学生都有一颗稚嫩的童心，也具有自己的个性特点，他们需要别人对他的信任、理解和尊重。在日常教学中，当一个学生告诉你他的家庭作业没带来，你是说 A：你肯定没做，真不诚实。B：真的？那我打电话问一下你家人，看看是不是真的做过了。C：哦！你是一个让老师信任的人，你一定已认真完成了作业，只是不小心忘了放到书包中带到学校里来，是不是？那么明天可一定记住把它带来，好吗？前两种都是极不信任的态度，后一种既做到了表面上的信任又做到了心理暗示，暗示他作业要认真完成。并且保护了学生的自尊心，也教育了学生。在晨间谈话时，有一学生站起来说：“老师，我想说一说昨天晚上我过生日的事。”班主任眉头一皱：“不行，过生日有什么好说的，现在谈学习才是最重要的，等到下课你再说吧。”老师这样处理，会打击学生的积极性，也失去了一次很好地与学生交流的机会。曾经有一位老师在上第一堂课时就告诉学生：我们之间是平等的，你尊敬我的同时我也尊敬你们，因此不必站起来向我鞠躬。结果这位老师以真诚的语言和信任的态度赢得了学生的心。

2. 在关爱和民主的课堂中，学生渴望自尊并能找到自尊。自尊常被视为一种需要，我们可能更习惯于把需要和缺失而不是权力联系起来。但是，当课堂支持学生的自信，学生便成为追求自身和同学利益的有效行动者。自信让人们求助他人也帮助他人。由于批判教育学依赖于学生的话语权，因而它需要敏锐地聚焦和持续地关注：仔细倾听，记下学生的见解；让学生重复他们的观点并大声重读他们的作业，以便其他同学能倾听同伴的声音，并以此作为讨论的重要材料；利用一个课时的时间查阅学生以前说过的话，以强调他们的话语是重要的；借用他们的主题作为对话的问题，以此表明他们的观点与生活的价值。

3. 在关爱和民主的课堂中，学生愿意讲述自己的生活与学习经历。教师必须认识到，学生的各种经历，包括他们的学校和家庭生活的经历，街头流浪的经历和各种关系的经历，如青少年怀孕、流产、吸毒、酗酒、自杀、种族歧视和性骚扰。当然，并非所有的经历都这么可怕。学生也有美好的丰富的经历——得意的小事和重大的成功——可供分享。很多课堂不重视这些经历，无论是忧是喜。重要的是，除了少数学生的言辞可能过于偏激或具伤害性外，阻止任何一个学生讲述自己的经历必定会抑制其他学生。课堂决不可错过任何经历或学生的洞见。

4. 在关爱和民主的课堂中，学生有强烈的好奇心。而在其他的课堂，好奇心可能被浪费或抹杀。好奇心被强烈唤起的同时也具有一定风险。它深入无名之地，并暴露出在威胁、嘲笑或冷漠的公共环境下无法容忍的脆弱性。在关爱和民主的课堂能培养学生强烈的民主态度。学生会带动课堂一系列强烈的情感态度：对老板、权贵、政治家和傲慢的批评家所持的善意的厌恶情感；对侮辱行为的敏感性以及不愿听从权威、傲慢的管理者和官僚的任意摆布；对遵守他人制定的规章的怨恨以及他们的民主价值观，包括正义、平等、宽容、公平竞争和言论自由。这些价值观与社区以及大众文化中的反民主的价值观相抵触。某些社会条件解释了为何并非一切权力都能促进积极的发展，为何民主课堂是如此的重要。学生不懂得个人与集体的进步需要共同的民主行动，他们的积极行动实际上只是一种盲动；学生一方面厌恶社会的权钱交易，另一方面却想过上富人般的生活。他们相信民主，尽管在学校、工作单位、家庭、街道和传统的课堂中很少有民主的体验。

5. 在关爱和民主的课堂中，学生表现出幽默感和激情。当课堂对话富于情感，而不只是分析性对话的时候，当教材传递强烈的情感，从幽默到悲伤到愤怒再到希望的时候，学生常常表现出惊奇、欣喜或羞涩。由于学生在课堂获得了新的体验，他们或偶尔大笑，或表现出强烈情感；课堂的智力生活应该具有情感因素。当然，如果控制学生成为课堂的焦点时，幽默和情感（尤其是那些吵闹声，如大笑）的表达会最早以问题的形式出现。事实上，情感和幽默是很多学生权力被剥夺的源头。

班主任在对学生进行思想教育时常会旁征博引，由表及里，由此及彼，然而这样的大道理并不易于学生接受，反而显得空洞和苍白，以至教育效果不佳。有一位班主任老师在看到班上的一群男生在起哄，一问才知是因为一位女生肚子疼，而有个男生说了句：放只青蛙到你肚子里把虫子吃掉就不疼了。随之，男生们都嚷着“放青蛙”的话了。班主任听了学生的话觉得又好气又好笑，孩子的纯真并不值得批评，只是不该对女生起哄。于是就随机向大家宣布：我向大家宣布一个好消息，我们班男同学不会肚子疼原因是肚子里有青蛙呀！这一说，男生们都捂住嘴巴痴痴地笑了，起哄声戛然而止。再如，刚下完雨，学生排队在操场上发现有许多蚯蚓，就都低头研究起蚯蚓来了，队伍歪歪扭扭了，于是一位班主任这样说：“地上有小蚯蚓，眼前有两条大蚯蚓，你喜欢大蚯蚓还是小蚯蚓。”班主任话刚说完，聪明的孩子就排成了一条直线。

学校行政组织结构是学校形成生态系统的条件。如果学生只是坐在教室里上课、做作业、考试，年级之间、班级之间无缘交往，甚至同班同学之间也没有机会合作，如果学生从入学到毕业，只有几个人可以当小干部，多数学生只是充当被管理者和学校活动旁观者的话，这样情形下的学校各级组织只是被贴上标签的行政结构，班级和年级之间没有相互作用，学校必然缺乏生机。采取什么形式可以有效地养成师生良好的“四有”德性，正如王崧舟的一个充满爱意的握手，我们尝试了“师生画像”活动，即任课教师在组织课堂教学中安排3分钟左右的时间，师生双方进行互动交流，达到老师的眼中有学生，学生的眼里有老师，从而建立和谐的师生关系，促进课堂效率的提高。

二、班级德育系统建设

将系统理论用于学校心理学中能发挥很大的作用。教师理解学校系统，掌握如何将系统理论用于学校德育的实际工作之中非常重要。学校是一个开放的系统，它不停地与外界环境之间发生作用，使学校的内部发生转变。学校系统和家庭系统一样，也有其自身的结构、系统原则以及系统各组成部分的交互作用等因素。有学者认为要了解学生的特性，首先就要了解学生生活的学校系统的特性。

班级系统作为学校系统的重要组成部分，对学生的行为有很大的影响。俗话说：“水至清则无鱼，人至察则无友。”老子曾在《道德经》28章中说：“知其白，守其黑，为天下式。”在大自然中，黑与白是相互依存，彼此烘托的。在黑与白的联系中，除了黑白分明的一面，还有黑白互渗的一面。在由白而黑或由黑而白的过程中，此消彼长，呈现出特有的模糊性。黑白相彰，缺一不可乃是大自然的规律。这黑白变幻的规律启迪我们：在人类社会中，也同样并存着善与恶，美与丑，真与假，单一与复杂。学校作为社会的一个子系统，也是这黑白世界的一部分，当然也离不开这一正反相成的规律。

在班级系统中存在着系统结构和层次，教师作为班级系统的最高层起到控制和调节的作用。另外，每个班级系统都有各自的班级规则和纪律，这作为系统的一个重要组成部分能协助系统处于平衡状态。学生是班级系统的另一个重要组成部分，构成了班级系统最重要的一个子系统。由这几个部分组成的班级系统中存在许多重要的相互关系可能会对学生的行为产生重要的影响，这些关系包括教师与某些特定学生之间的关系，学生与学生之间的关系，家长与教师的关系以及家长与学生的关系等。

我们可能会觉得要修复一个系统的特性，使其达到新的平衡是一件很简单的事情，只要从各个局部分别着手就行了，就像玻璃有了裂痕可以重新补上一样简单。其实并不够。通过人为的外界的力量去帮助一个失去平衡的系统重新达到和谐状态是有较大难度的。教室里没人擦黑板是老师们常会遇到的事。有的老师总是站在门口与学生僵持，什么时候擦好黑板什么时候进来上课；有的老师干脆回头就走，这一节课不上；也有的老师拣着字里行间板书。有一次，当我走进教室看见黑板没擦，心头顿时火起，但我冷静一想：这正是教育他们的好机会。便拿起板擦，边擦黑板边笑着说："同学们，有个成语叫一举两得。今天我要做一件一举三得的事。你们猜是什么？"同学们七嘴八舌地说："第一擦干净了黑板，能给我们板书上课。第二锻炼了你的手臂力量，节省了我们的精力。第三给我们树立了榜样，今后我们一定改正这个不擦黑板的毛病。"就这样，在轻松愉快的问答及欢笑声中，学生形成了对教师的敬仰、对自己的谴责。从那以后，班里的黑板总是擦得干干净净的。班级系统中的关系和特性对于我们来说都是看不见也听不到的，我们只能尽量去观察和分析，而所得的结果也还是可能会和真实的情况有较大的差异。

三、师生画像的内容

师生画像旨在通过简短的活动或课前预热、课间放松，形成生命与生命之间的对话，使得师生之间关系更加民主、更加和谐，其内容和形式可以是多样的(见表 5-1、表 5-2 和表 5-3)。

表 5-1 课堂三分钟——师生对话实施建议(低段实例)

周次 \ 主题	教师谈我眼中的你	学生谈我眼中的你
1	开学第一天的你	内容自定
2	早读时的你	
3	课间游戏的你	
4	路队中的你	
5	课堂上的你	
6	做作业时的你	
7	发作业时的你	
8	和同学玩耍时的你	

续　表

周次＼主题	教师谈我眼中的你	学生谈我眼中的你
9	从作业中看你	内容自定
10	从朗读中听你	
11	从你爸爸妈妈那儿了解你	
12	从你的同学那儿了解你	
13	主动当小助手的你	
14	做值日工作的你	
15	生气时的你	
16	高兴时的你	

表 5-2　课堂三分钟——师生对话实施建议(中段实例)

周次＼主题	教师谈我眼中的你	学生谈我眼中的你
1	新学期的你	内容自定
2	好问的你	
3	课间游戏的你	
4	爱表现的你	
5	认真的你	
6	快乐的你	
7	关心老师的你	
8	乐于助人的你	
9	从眼神中看懂你	
10	从朗读中听你	
11	爸爸妈妈眼中的你	
12	同学心目中的你	
13	主动当小助手的你	
14	勇敢的你	
15	善良的你	
16	最快乐的你	

表 5-3 课堂三分钟——师生对话实施建议(高段实例)

主题 周次	教师谈我眼中的你	学生谈我眼中的你
1	成熟的你	内容自定
2	能自律的你	
3	本领高强的你	
4	有号召力的你	
5	有恒心的你	
6	志向高远的你	
7	犯错误时的你	
8	和同学玩耍时的你	
9	自信的你	
10	从处理同学关系中看你	
11	我猜未来的你	
12	渴望成功的你	
13	有责任心的你	
14	孝顺的你	
15	关心集体的你	
16	课堂上的你	

师生间的互相关注和鼓励是创造课堂三分钟画像的重要因素。任课教师可以根据自己平时与学生的交往中,挖掘某些孩子身上的闪光点或师生间交往的简短故事,利用课堂时间中的 3～5 分钟和大家一起分享,让孩子感受到来自老师的关注和赞赏。在老师的有意安排下,一个学期下来,每一个孩子都能被说到,让孩子真切感受到老师对自己的关注程度,进而激发孩子对老师的热爱之情。也可以让孩子说说他们所了解到的老师的故事,从而激起孩子对老师一举一动的兴趣。科学李老师说:“经过实践,我发现学生对该活动特感兴趣。‘科学大家谈’成了他们津津乐道的话题,从中获取的课外信息量大、范围广、记忆深刻,同时更增添了他们对科学的学习兴趣。凡是对这一活动特感兴趣的班级,学习成绩也相应好一些。另外教师也可以利用这一活动与学生进行情感沟通,拉近师生之间的距离。如今天的‘科学大家谈’,通过生生互动、师生互动,让学生懂得要爱护每一种生物,建立大平等观的意识。同时意

识到同学之间也要互相爱护，不能欺侮弱小的朋友，并且学会保护自己，珍爱生命。我觉得这一活动，还真不错，一箭多雕。”

四、师生画像的实施

（一）实施原则

1. 以鼓励和表扬为主，杜绝伤害。每个人都需要别人的肯定与赞赏，这是人的心理需要。3 分钟内的交流内容以鼓励和表扬为主，但并不是所有的表扬都是孩子所期待的，因此有必要时得事先与当事孩子沟通，征得他们的同意方可，切不可好心办坏事。如当你要表扬离异家庭孩子的懂事时，你应该考虑到是否会勾起隐藏他内心的痛楚，而影响他一节课甚至一天的学习。

2. 讲求实事求是，避免无中生有。如果我们只是为了鼓励，而故意夸大其词乃至无中生有，这不仅不会让学生珍惜这份所谓的“荣耀”，反而会引起学生的反感，影响教师的人格尊严。只有真实才会感人，只有真心才会打动学生的心灵，因此老师要主动与孩子交往，善于发现孩子身上的闪光点，在课堂上才会如数家珍，让学生真正体验到来自老师的关注和尊重。

3. 力求师生互动，避免唱独角戏。“师生画像”是师生双边的对话，自然不可以忽略一方，任由一方唱独角戏。尽管在对话时间或主动性上有所偏斜，但也必须是双方心灵的沟通，从而产生情感的碰撞，形成以爱为纽带来编织的学习课堂。

4. 以体验为核心，避免程式说教。程式化地说教，简单地评判人的言行对错和优劣，只会让学生觉察到老师的鼓励或表扬不是出于真心，因为他们无法从言语、举止中体验到自己的不同凡响。

5. 具有学科特点，避免无病呻吟。学科教学的 40 分钟，必须为学科学习服务。如果将“师生画像”简单地理解为拉近师生距离，营造和谐氛围的话，那么可以说随时随地都可以开展，大可不必占用课堂宝贵的 40 分钟。因此，任课教师必须精心地设计好这一环节，不仅要构建“学生心中有老师，老师心中有学生”的生命课堂，还应考虑学科特点，让它真正能为学科教学服务。

（二）操作程序

全体教师走进学生的内心世界，深入了解每位学生学习、特长及性格、品质，根据学科特点或师生间的客观实际，确定画像的对象，选择师生交流内容和方法，并要求用书面形式呈现在备课本上，作为课堂教学的重要环节，有意识地安排课前、课中、结课的 3～5 分钟为活动实施时间。并要对实施情况进行反馈，较详实地记录相关学生及全体学生的真实反映。“师生画像”可以有目的针对部分需要帮助的学生，多次而有层次地开展，也可以有序地按生轮流关注，最终达到老师与学生在“心中有人”这一德性的养成。

（三）评价方案

“师生画像”活动的内容、方式、参与程度、民主关系直接影响到活动的效果。因此，针对这些活动表象和学生内在的情感变化创建了一套立体的评价方式。

1. 由执教老师进行活动的动态自评（见表 5－4）。

表 5－4 “师生画像”活动开展评价表

操作教师		操作对象		操作内容	
话题适宜（20 分）	开展顺利（10 分）	方法恰当（10 分）	关系融洽（20 分）	师生参与（10 分）	学生有触动（30 分）
备注：90 分以上为优秀，80 分以上为良好，70 分以上合格。					

2. 通过开展“我心目中的老师”调查活动开展学生对老师的评价。小学生喜欢老师办事公正，不偏向，相信每个学生都能学好，平等对待每一个学生；态度好，有耐心，不爱发脾气；业务能力强，具有较广的兴趣与爱好，有共同语言，并经常和学生一起活动、谈心；上课语言亲切幽默，不挖苦讽刺学生；能和学生平等相处，能虚心听取学生的意见。学校将学生评价结果和家长评老师结果列入老师考评之中。

一位年轻老师在开展师生画像活动后，真诚地说：以前我认为自己很辛苦，苦口婆心地教育学生，可学生总是不领情，埋怨学生难教。自从开展“师生画像”专题后，我感觉自己真真实实地享受到了作为教师的乐趣。潜下心来真切地体会到学生的可爱，学生也喜欢与我交流，课堂效率也提高了，实现了“我好——你也好”的人际生活态度。班里同学间的交流多了份温暖。在学校里，能经常听到这样的话“不好意思，我不是故意的，请原谅”、“我是开玩笑的，你不会生气吧”、“没关系，我不会介意的”、“这件事情我们自己不能解决，我们去找老师帮忙吧”……

3. 组织开展汇报课和研讨课，全校教师开展针对执教老师的“师生画像”环节的有效性和创新性进行点评，并列入该教师的课堂教学能力考核之中。

五、师生画像活动示例

根据学科特点，教师也可自主选择互动内容。如科学课中开展“天南海北大家谈”，让每一个孩子自由畅谈，内容没有限制，表达方式也十分自由。这样便可消除学生紧张心理，拉近师生距离。再如美术课前的“创意联想游戏”，由老师或学生画一些简单的线条、符号，让学生大胆发挥想象，并表达出来。语文课上师生用成语互相说说对方的优点，英语课中师生用对话方式交流双方的兴趣与爱好等。通过这些小游戏，可以激发学生的创造性思维，活跃课堂气氛，对有创意的学生予以表扬和鼓励。音乐课前师生共同随着音乐在室内起舞，在舞蹈中放松，在舞蹈中交流，增进了师生之间的情感沟通，营造愉悦的氛围。品德课前，老师有意安排几分钟，用于师生互说悄悄话，话语可以是真诚问候，可以是倾诉心事，可以互相鼓励，可以是表达看法等，在轻声的交流中，情感在流淌，“四有”在践行。

苏霍姆林斯基曾经有个十分精彩的比喻：要像对待荷叶上的露珠一样，小心翼翼地保护学生幼小的心灵。是的，我们老师做到这一点，何愁学生不喜欢咱们，不喜欢我们的课堂。出于师生画像的宗旨和时间安排的考虑，这个环节的内容可以延伸很广。诸如师生间的一个眼神、一个微笑、一句问候和鼓励话语；再如一次抚摸、一次握手、一个拥抱、一棵竖起的大拇指、一个赞赏的手势；还如为孩子理好红领巾、拍去身上的灰尘、扶一次凳子等等行为，都可以是课堂3分钟的教学内容，让师生在这样简单的活动中体验到不简单的真情。

师生画像活动的示例见表5-5至表5-10。

表5-5 师生画像之一

学科	美术	执教班级	二(6)班	执教者	张劲风
设计活动内容	师生活动实录				实施效果反馈及反思
老师在黑板画一个☺，一个☹，让孩子们从美的角度说一说哪个脸让大家喜欢，老师和学生交流，谈谈为什么☺最美的。	师：张老师给大家画二张有趣的脸，好吗？ 生：好。 老师在黑板上画了一个☺和一个☹ 师：大家喜欢哪一张脸？ 生：选☺脸。				本次课堂3分钟在师生互动和交流的过程中以美术形象为媒介，吸引学生，从而使学生调整情绪状态，迅速进入

续　表

学　科	美　术	执教班级	二(6)班	执教者	张劲风
设计意图 用和比较形象和直观。是小学生熟悉的绘画中的脸,学生容易接受。 活动时间安排 课前三分钟	师:看来同学们都觉得看起来很舒服,那我们要怎样保持呢? 生1:要有乐观的态度。(老师摸摸孩子的头给予肯定) 生2:要好好学习。(老师伸出大拇指给予表扬) 生3:要乐于帮助别人。(老师和他握手说你真棒) 生4:听老师的话。(老师说你真是个好孩子) 师:同学们说得真好,只要同学们拥有真诚的心灵,乐于帮助别人,用心做事,那将天天伴随着我们。(老师自己表演一个笑脸)				课堂学习。效果较好!

表5-6　师生画像之二

学　科	美　术	执教班级	四(8)班	执教者	黄再青
设计活动内容	师生活动实录				实施效果反馈及反思
"换五官" 设计意图 通过师生互换"五官"拉近师生的距离。 活动时间安排 课前3分钟	师:小雪,你的眼睛很可爱,能借我用一下吗? 生:哄……你自己不是有眼睛吗?干嘛还要借。 师:我很喜欢你的眼睛,要不我们换一下,你可以从老师身上换你喜欢的,不过得说出你喜欢的理由,如你的眼睛会说话等。 生①:老师我喜欢你的耳朵,因为你的"耳听八方",特灵。 生②:我拿"嘴巴"与你换,因为我的"嘴巴"太"多嘴"了。 生③:我要换老师的"手",因为老师的手能画出很美的画…… 生④:我要换老师的眉毛,因为它很会变化。 生⑤:我要换老师的"嘴",因为所有知识都从"嘴"里出来的……				学生反应很热烈,兴趣很高,把自己对老师的"想法""心里话"不知不觉间表达了出来,教师也从中了解到学生对自己的认识,认识到平时教师言行之不足及在学生心中的形象。通过本次活动大大拉近了师生的距离,让学生感到亲切,但参与的学生面如果更广些,效果会更好。

表 5-7　师生画像之三

学　科	音　乐	执教班级	六(1) 班	执教者	孙燕萍
设计活动内容		设计意图		实施效果反馈及反思	
1. 课前准备一叠白纸。 2. 同学们，今天孙老师请大家动动笔，写写信，写给谁呢？——我！大家可以在白纸上畅所欲言，写出你对孙老师的期望。或是写出你心目中的好老师，说说为什么喜欢？ 3. 学生的信中反映： (1) 他们喜欢我的幽默，希望每节课都可以听到有趣的音乐故事；下课和他们一起玩游戏；最好能在音乐课上学习流行歌曲等等。 (2) 有几位同学在信中写下了他的 QQ 号码，要我加他们为好友！ (3) 还有些同学写了他们喜欢的老师，反映了学生比较畏惧的课。 4. 成立班级信箱制度，把你想说的投在教室内的信箱里，写上收信人，让收信人知道你的想法等。		这是让学生给我上一课，我想知道他们想要的是什么，拉近感情的基础上，根据他们所需实施教学。 他们心目中的好老师是知道他们的需求，愿意倾听他们的老师，是对他们有学习方法指导的老师—— QQ 能更近距离地了解他们的想法，还可以常常到他们的 QQ 空间做客，成为他们真正的好朋友。 加强班里的生生关系。		在日后的口风琴及其歌曲教学中融入流行音乐的成分。教学效果相当好，学生在课上学得积极，并且在课后能主动做到预习复习。 回到家我特地加了几位调皮的同学为好友，这几位同学在 QQ 上常给我留言写信，至今我们的关系就如朋友一样，这几位同学在音乐课上也变乖了，我想他们是想给我这位大朋友留些好印象吧！ 对此，我和他们进行的深谈让他们知道其实每位老师都欣赏态度好的学生，告诉他们“能被严厉的老师宠爱，更幸福！” 有些关系不好的同学，因为有了信箱，他们的关系更加融洽了。	

表 5-8　师生画像之四

学　科	数　学	执教班级	六(3)	执教者	郑　霞
设计活动内容	师生活动实录				实施效果反馈及反思
老师的眼神	(实施背景：我们班有一个学生叫小郦，缺少学习积极性，成绩对于他来说无所谓，上课听课习惯很差，怎样才能提高他的学习积极性呢，于是，我对他开始了特别的关注。)				小郦同学在课上不断地与我的眼神交流，听课习惯有所提高。

续 表

学 科	数 学	执教班级	六(3)	执教者	郑 霞
设计意图	上课铃一响，我向全班扫视了一圈，让全班同学的注意力都集中到我身上来，当我看到他时，他没反应，依然趴着(此时的我真想发火，我真想大叫他一声，然而我忍住了。)我的眼神就一直停在他的身上，他看看同学们，又看看我，终于坐端正了(心想：孩子还是能读懂我的眼神的，幸好当时没发火。)而后当我看他的时候他都能马上坐端正，并且坚持的时间越来越长，我向他投以赞许的眼神(开心)。 课中他在做作业的时候，我走到他身边，他轻轻地对我说，郑老师谢谢你一直用眼神鼓励我，其实我也想认真听课，可我有时控制不了自己，你这么鼓励我，我再不认真听，就太对不起你了。 郑：那你希望以后上课得到老师怎样的眼神？ 郦：少点批评的眼神，多点鼓励的眼神，表扬的眼神，赞许的眼神。 郑：这需要你自己的努力哦！ 郦：老师请你相信我，我会努力的。				班里的其他孩子也能读懂我的眼神，当孩子不愿意听的时候也许他们是累了，给他们一点自我调整的时间，老师的发火只会浪费时间，让学生产生恐惧心理，影响上课效果。其实孩子是懂事的，老师对孩子多一点关心，上课的时候多用眼神与其交流，他们的听课习惯会有所提高，不需要太多的言语，此时无声胜有声啊!!
1. 培养学生自觉的学习习惯； 2. 拉近与学生之间的距离。					
活动时间安排					
课 前 课 中					

表 5-9 师生画像之五

学 科	数学	执教班级	六(4)	执教者	王 庆
设计活动内容	师生活动实录				实施效果反馈及反思
假如我是一只小动物	师：同学们我们身边有许许多多小动物，那么上课前我们来谈论一个小话题：假如我就是一只小动物。 生：什么动物都可以吗？王老师。 师：恩，不过我们今天主要的对象是小动物。 生：假如我是一条小金鱼，我不想在一个小小的鱼缸里面，那样子太可怜了。我想在大海里面自由自在地游玩。 师：这样的想法很好，我们应该倡导还小动物一个家，让它们可以在属于自己的家里自由自在地生活。				经历这个活动后，我发现(4)班的学生对待小动物的时候都变得小心翼翼的，生怕惊扰到他们。那几个平时习惯于用手去捉蚂蚁的同学都变老实了，只是在一旁看。
设计意图					
主要是想让学生了解小动物也是有生命的，我们没有权利去剥夺它们的生命，通过这个互换角色的					

续 表

学 科	数 学	执教班级	六(4)	执教者	王 庆
方法让小学生体验小动物的感受。要让他们学会在观察小动物或是养小动物的时候珍爱它们的生命。	生:假如我是一只小青蛙,我会去菜田里捉害虫,把害虫一只一只地捉光,不让它们吃那些菜叶。 师:假如老师也是一只大青蛙的话我也会这么做。 生:假如我是一只蜗牛,我不想背着那个壳,害得我爬得这么慢。 师:但是你要知道蜗牛它如果离开壳的话很容易受伤,没有壳的保护也很容易被它的天敌吃掉啊。 生:还有老师,假如我是一只蜜蜂,我会采许多许多的蜜,等到了冬天,我要把收集的粮食送给一些没有粮食的小动物,让他们不会在冬天冻死、饿死。 师:通过这只蜜蜂我们可以看出这位想当蜜蜂的同学肯定是个乐于助人的小雷锋。 师:最后老师也来说下,假如我是只小蚂蚁,那么我最希望同学们不要来抓我,因为我看到许多家人被你们一捉就死了。每次我都非常伤心,因为我永远地失去了他们。 全班的同学陷入了沉默!				通过这个小谈话使学生认识到不管是人还是小动物,生命对于我们和它们自己来说都是非常宝贵的。我们没有权利去剥夺小动物的生命,相反的,我们还要爱惜它们保护它们。因为没有它们,我们的世界就没有那么精彩!
活动时间安排					
课前3分钟					

表 5-10 师生画像之六

学 科	英 语	执教班级	二(8)	执教者	朱 琴
设计活动内容	师生活动实录				实施效果反馈及反思
让学生从颜色如yellow red blue black green brown、食物noodles pizza cokeice—creamcake、交通工具car plane trainboat动物cat dog tiger lion frog rabbit等学过的英语知识方面来描述老师及同学	老师通过复习已经学过的颜色知识让学生来比喻老师。有的学生会用yellow blue red black等,老师让学生说明下他们选择这个颜色的原因,有的学生会说因为老师爱笑,有的学生说因为老师经常生气,所以选black。当老师让学生之间互相用食物比喻时,学生表现得很积极,他们通过对自己同学的了解,选出自己心中的食物来比喻同学,有的同学说某某同学像pizza,因为他的脸很大;还有用动物来比喻老师和同学,有的学生				学生积极性很高,这是一种新的交流方式,将英语知识与生活交流相结合,既复习知识,让学生加深知识的印象,又增加了学生之间和师生间的认识和交流。

续 表

学 科	英 语	执教班级	二(8)	执教者	朱 琴
设计活动内容	师生活动实录				实施效果反馈及反思
设计意图 从学生给老师及同学选择的颜色和食物、动物中反射出学生对老师和同学的一种形象和教学上的印象,及对他人的一种了解,增进交流和了解 活动时间安排 课前3分钟	用 tiger,比喻老师说是因为老师有时就像老虎一样凶,有的学生说老师像 bird,因为老师像小鸟一样很能说;而对同学的比喻,是有的学生比喻自己的同学是 FISH,因为他很机灵等等。这些能形象而生动表明了老师和同学在学生中的印象。				

第六章　家庭传统：亲子的依恋与沟通

一、亲子关系与教养方式

家庭是孩子德性养成的大后方，家庭中亲子的和谐关系是孩子健康成长的营养剂。良好的亲子关系是一种互助的社会人际支持，父母对子女的养育态度影响着子女的身心成长。小学阶段儿童认知上产生许多好奇，对周围世界积极探索，父母一方面扮演着教育启蒙的角色，一方面还扮演着情感支持和鼓励的角色。随着社会的进步，很多家庭都会教小学生承担一些家庭事务和责任，比如洗衣服、叠被子、收拾碗筷等等。在完成这些家务活的过程中培养孩子热爱劳动和自主负责的品质。

按照埃里克森的个体心理社会性发展理论，儿童在这个阶段一方面极力想完成任务，可又怕无法完成或者不能按照要求很好完成，会体验到一些内心的冲突。如果儿童在探索世界的过程中经常受到鼓励和支持，那么儿童就会形成自信和负责的自我认同感；如果儿童在探索世界的过程中经常受到制约和惩罚，那么儿童就会形成内疚和退缩，可能会认为不做任何事情比尝试和探索更加安全。

婴幼儿称为社会的人，感情是一种有力的工具。婴儿在前语言阶段的学习是利用情绪信号进行的。心理学研究证明，三个月的婴儿开始有社会性微笑，六个月的婴儿出现依恋感，不足八个月的婴儿已经有表示高兴、愤怒和其他情感的非语言表达方式。幼儿在一岁左右出现最简单的同情感，二三岁出现最初级的道德感。总之，婴幼儿称为社会的人，感情是一种有力的工具。

儿童首先通过感情表明他们的需要，感情帮助他们建立或割断与别人的联系。与此同时，他人的情绪表情和事物信息的情绪性也是儿童借以进行判断并接受某种信息的重要线索。劳伦斯用“联系感”的概念来加以概括。我们认为，联系感是一种自然社会性情感，它深深植根于人的自然天性之中，与人的一定的先天性需要相联系，具有早发性、自发性和直接感受性，德性也具有同样的特点。如果家长或抚育人以及家族亲属在举止行为与亲情关系方面自然渗透并传递了道德文化的内容,婴幼儿的初步道德观念完全有可能通过情绪表情的携带在早期打下基础。

国外许多幼儿道德教育专家认为 2~3 岁幼儿有可能产生道德观念。我国发展心理学专家通过自己设计的实验也证明,3 岁前儿童由于自我意识尚停留在生理自我的水准上,还没有转向社会自我,完全意义上的道德行为尚不可能,但是可以对他人某些行为作出移情反应,如感受他人悲伤、痛苦,作出同情反应或模仿性的援助行为,这虽然称不上真正的亲社会行为,但都是初级形态的社会性情感,是进一步亲社会性行为的心理基础。

美国心理学家鲍姆林德对亲子关系的类型进行了系统研究,从控制和反应两个纬度评价父母的养育方式,由此可以将亲子关系分为权威型、专制型、宽容型和放任型。权威型亲子关系表现为高控制和高反应。父母对子女提出较高的要求和标准,并严格监督其言行。同时鼓励子女说出自己的想法和意见,在遵从的前提下开展对话。这种教养方式中的儿童服从权威,能够形成社会责任感,能够表现出较强的独立能力,可能缺乏创造性。专制型亲子关系表现为高控制和低反应。与权威型一样,父母对子女有较高期望,并进行严格管理,促使儿童行为符合家长意愿。但较少与子女交流,不采纳子女的意见和看法。这种教养方式中成长的儿童一方面对自己要求严格,同时会表现出一定的不自信,具有较强的依赖性。宽容型亲子关系表现为低控制和高反应。父母对子女的言行没有明确要求,很少使用权威和规则管束儿童。关注儿童的反应和意见,经常采用说服和沟通的方法开展教育。这种教养方式中成长的儿童拥有丰富的想法,自我约束力较低,缺乏对社会的责任感。放任型亲子关系表现为低控制和低反应。父母对子女的成长采取不闻不问,不管不教的状态,对于女子的成长没有具体的要求和目标,对孩子出现的问题也不进行处理。同时较少与子女沟通,亲子情感淡漠。这种教养方式中成长的儿童行动没有目的性,自我控制能力较差,内心又极度渴望良好的认同。

根据上面四种家庭教养方式,我们整理了"悄悄话"信箱的家长来信,在召开家长会和进行家访时进行了调查和访谈。结果发现,很多隔代教养的家庭属于宽容型,由父母自己带孩子的家庭则多采用权威型教养方式。在爷爷奶奶或者外婆外公负责带孩子的家庭中,监护人和孩子的关系主要表现为过度保护、屈从。家长用尽所有精力照顾孩子的起居生活,时刻担心孩子会遇到困难,处理不好生活问题;对于孩子的想法和要求,家长往往无条件的满足,想尽一切办法迎合孩子的愿望,无视孩子不现实或偏颇的愿望。这样的教养方式中成长的孩子对于家长有极度的依赖，缺乏独立生活的能力和自我控制能力，无法承担社会责任，社会交往能力差。

在父母自己带孩子的家庭中，监护人和孩子的关系主要表现为理想寄托和矛盾。家长往往具有较高的社会经济地位，对子女的成长抱有较高的期望，采用严格的态度监管子女按照家长设计好的发展路线成长；一方严厉（往往是父亲）而另一方（往往是母亲）可能更多处于保护和宠爱，出现父亲和母亲教养方式的矛盾，家庭教育方向不一致，力量相互抵消，孩子生活缺乏创造性，对父母不一致的教养方式感到不安，习惯猜疑，产生言行不一的表现。

二、“悄悄话”型家庭教育

家庭教育与学校教育是一个不可分割的有机整体，良好的家庭教育可以促进学校教育，不良的家庭教育会与学校教育相违背，出现效果耗散。因此我们在创设“悄悄话信箱”，开展学生心理健康教育活动中，试图充分调动学生家长参与教育的积极性，以拓展学生心理教育的优良环境。因此我们开展了家庭“悄悄教育”活动。

“悄悄教育”是指在尊重孩子自尊心的前提下，家长采用悄悄地隐蔽方式，用让人觉得理性，能使人冷静的话语、动作或文字等等让孩子自己明白错误。而不是由家长指出错误，强令改正。“悄悄教育”这种教育方式照顾了孩子的自尊心，可以发挥意想不到的作用。我们尝试实施的家庭“悄悄教育”的方式主要有以下三种：有话“悄悄说、忽视教育和温馨的‘知心家信’”。

（一）有话“悄悄”说

在孩子成长过程中，常常会有情绪冲动，不够理智的时候，甚至做出一些傻事。当家长发现这种情况时，不能轻易地动怒，而是要提醒自己：他只是一个孩子，尽量保持冷静，避免做出过激的行为，而伤了孩子的自尊心和自信心。悄悄话，音调低，能使人冷静，而且这种不寻常的口吻，又让人感觉到说话人有不同寻常的看法，应给予关注，从而引起对说话人的注意。还有，因为音调低，必须全神贯注地听，否则听不到，听话人在无意中全神贯注，这样很容易接受说话人的意见。当然说话音调虽然低，但态度必须是坚定的，让孩子明白你的立场和明确的要求。

另外要允许孩子与你讨论和协商。这样做充分尊重孩子的独立人格，使家庭教育做到民主化，从而使悄悄教育达到理想的效果。两个鲜明对比的例子充分说明“有话悄悄说”教育的重要意义。在某商场，两个女孩都看上了同一条连衣裙，都要家长买。其中一家长便训斥自己的孩子“太贵了，不买！”“不买！不买！就知道买新衣服！”孩子也气人，你越不买吧，她越想买。最后干脆在大庭广众下哇哇大哭，满地打滚。她父亲赶紧连哄带吓，甚至强拉硬拽地把孩子拽出商场。另一个小姑娘则双手紧紧捏住连衣裙不放，她使劲地喊“我要！我要！”这时她的父母赶紧走过去，用右手食指放在嘴唇上“嘘”了一声，示意小女孩轻点。然后她弯下腰轻轻地对小女孩耳语了几句。这小女孩听完后默默地放下连衣裙，又向前跑去。

父母当众大声地训斥孩子，使孩子处于尴尬的处境，刺伤了孩子的自尊心。当孩子的自尊心受到伤害时，就会出现破罐子破摔的消极心理，因此上文的第一个孩子选择了当众大哭，这样一种消极的自我保护方式，达不到积极教育的目的。而家长俯下身子讲悄悄话，则体现了对孩子的尊重和保护。这样既保护了孩子的自尊心，又让孩子能理智地接受家长的要求，从而实现了家长预期的教育目标，发挥了悄悄教育的作用。

（二）“忽视”教育

“忽视”教育，是一种淡化教育痕迹的教育方式。对反复出现错误的孩子，不再一味地批评，也不揭他的短，而是故意“忽视”孩子错误的存在，当作没看见，没听见，让它过去。这种做法既能对学生形成压力，又可以使孩子释放心中的压力并转化为动力，迸发一种无形的力量，激励孩子积极进取。因为“忽视”，它打破了孩子的思维定势。孩子重新审视家长的态度，进而重新审视自己的行为，对所犯错误产生新的认识。当孩子从思想上真正意识到错误之后，就会自发地产生一种动力，这种潜在的动力就是自律能力，他可以让孩子自觉地规范自身行为。当家长善于运用“忽视教育”准确、细致地表达出对孩子的鼓励、批评、喜爱、厌恶等丰富情感语汇时，我们的家庭教育就进入了“此时无声胜有声”的艺术阶段，达到“润物细无声”的良好效果。由此可见“忽视”教育对孩子的影响是无声的，但孩子在接受教育的过程中是自觉的，没有压迫感的，它有助于培养孩子自我反省、自我改正错误的优良品质。

以下所举的例子正说明了上述的论断。邻居家的小男孩总爱把同学的本子拿来，悄悄地撕掉折纸船、纸飞机。因为这，他总挨父母打骂或老师的批评。每次家长、老师的批评教育，他都承认错误，并保证下次决不再犯，似乎“心悦诚服”了，但不久后又重犯。这一次，当他父母发现他的书包里有一叠纸船，父母俩放下书包，并没有声张，采用“不闻不问，静观其变”的方法，装作什么也不知道，若无其事地干家务活，并小心观察孩子的变化。当看到孩子发现自己在观察他时，父母故意把视线移开，装作什么也没发生过。这小男孩好像突然明白了。从此以后小男孩的书包里再也没有发现过撕下的本子和纸船。

（三）温馨的“知心家信”

孩子上学之后与父母在一起的时间少了，向父母倾诉心声的机会也少了。另一方面，父母当面教育孩子的时间少了，而且有些事当面谈分寸不易把握，效果反而不好。而书信交流，平心静气，思路清晰，是一种“润物细无声”的绝好方法。一本薄纸，可以交流信息，倾吐心声，有话则长，无话则短，有时还可以配上插图，无拘无束……“知心家信”是一种有效的亲子沟通方式。

教育的有效性要依赖于情感，要有心灵的沟通、爱的打动。家长们都知道，与孩子有融洽的关系，光凭血缘关系是不够的。它需要共处的时间和交流的机会。由于孩子学习压力大，父母期望值过高，或父母因工作繁忙而无暇顾及孩子等原因，会造成孩子对家长实行“信息封锁”。而家信，这种细腻的、间接的、含蓄的方式，为亲子双方提供了一种独特的交流方式。孩子可以通过书信表达出平时不好意思直接表达的内容，书信给孩子们创造了一个可以自由充分表达心中喜怒哀乐的途径，他们可以通过书信一吐心曲。家信触动了孩子的思想，净化孩子的心灵，开发了他们的智力潜能，又锻炼了孩子的文字表达能力，更促使父母与孩子在生活中达成默契。

例如下面这封家信，它发挥了“知心家信”应有的作用。四年级一位男同学，常为一些小事与同学争吵。有一天，他又与同学因为一支笛子发生冲突，并将同学推倒在地。不巧，那位同学碰到桌脚，直流鼻血。孩子害怕极了，他向父母写了一封求助信。父母看了信之后对具体事情进行了由此及彼的分析，并马上给孩子回信。父母引用孩子课文中学过的小诗，生活中深入人心的事例，启发孩子学会多替他人着想，多反省自己，并客观地从事情发展的趋势去指明孩子该怎样做。信中的字里行间渗透着对孩子浓浓的关爱。后来孩子与父母一起去同学家赔礼道歉，此后孩子的人际关系越处越好。

由此可见，在家庭教育中采用“悄悄教育”有助于融洽家庭关系，有助于树立孩子的自尊心和自信心，还有助于培养孩子的自我教育能力和自我调节能力。

在实践探索中我们发现，要运用好“悄悄教育”还要注意以下两点：首先，家长要把握好“悄悄教育”的度。家长在“悄悄教育”时，对孩子的评价要准确、实事求是，不可任意缩小或夸大，以显示父母实事求是的客观态度，这样才能让孩子感受到父母值得信赖。否则，声音虽然小了，但无效果。其实，“悄悄教育”绝不是姑息、放纵，而是在严格要求的前提下，对犯错误的孩子理解、尊重，从时间上、场合上、态度上、认识上宽容孩子，让孩子有时间、有过程、有余地认识自我、进行自我教育。其次，要注意方法的适用性。并不是任何一种情况都适用“悄悄教育”，也不是任何孩子都适用“悄悄教育”，要因人因事而异。比如孩子在大庭广众或当着别人的面犯错误时，或发生了重大事情造成孩子情绪不稳定时，这种方法往往有效；特别是那些亲子关系紧张、有隔阂的家庭，采用悄悄教育，孩子比较容易接受。

三、建立家庭传统

在家庭教育中，良好的亲子关系和健康的教养方式对于孩子成长具有积极作用。感受到幸福和谐的家庭氛围，孩子能够形成协作、自主和主动调节自我的能力；感受到理解尊重的家庭氛围，孩子富有同情心，具有较强的社会责任感；感受到一贯严格的家庭范围，孩子具有自信心，遵守规范，形成良好的适应能力。作为社会文化和道德重要的传承基地，学校负有对家长开展家庭教育指导的职责，实现学校教育和家庭教育的协调一致。因此，在孩子德性养成的过程中，学校要帮助家长提高自身品德素养，认识到德性是儿童发展的重要目标，帮助家长了解家庭品德教育的各种方法，积极在家庭中营造良好健康的家庭教养方式，开展儿童德性教育。

现代家庭教养方式的核心是关爱、尊重和规范，通过开展亲子活动，父母和孩子成为朋友，孩子与父母自由对话，建立现代家庭从“听话”转变到“对话”的亲子关系模式，从而确立民主、平等的亲子关系。在形式上家长“蹲下来”和孩子说话，尊重孩子的人格，向孩子学习，理解、倾听和鼓励孩子，与孩子进行平等的交流与沟通，真正走进孩子的心灵。家庭教育强调在家庭内部进行，家人彼此的互动关系，父母和子女相互学习，共同进步。

家庭系统理论将个体视为社会大系统的一个部分，关注与个体相关的系统各个组成部分（家庭成员）之间相互作用的过程。正是在这个过程中产生了家庭的结构，并且成为家庭中的团体动力。家庭还是一个有组织有规则的系统，家庭成员之间的相互作用也是遵循着一定的原则进行的。若要理解家庭系统中每个成员的行为，我们就需要先了解每个家庭系统中已经形成的一些原则，因为个体行为都是在这些原则之下经过成员之间的关系互动形成的。

系统通过这些已定原则可以调整成员间关系。这些原则是隐性不可见的，但是对系统成员来说心照不宣。比如一个儿童会判断什么问题适合与父亲讨论，什么问题适合与母亲商量。当他想实现一个要求时，他会考虑向双亲中的哪方提出这一要求会比较容易得到满足。这些都是在系统的内在原则之下形成的现象。因此，个体的行为很大部分是由系统的原则以及个体与系统成员间的互动决定的，而不仅仅与个体的特质有关。

这里我们要特别指出，家庭中的许多问题其实与家庭系统中的原则有关。缺乏合理原则的情况之下将会出现功能不良的家庭系统，从而导致家庭成员之间出现问题。家庭系统一直为保持系统平衡而努力着，当这个平衡受到威胁时，合理有效的系统原则能对个体的行为作出调节，从而有助于系统重新恢复平衡。如当家庭对儿童们的行为一旦规定的时候，他们之间的争执就会限制在一定范围之内，不会演化到彼此伤害的地步。这样就有助于系统成员之间关系的协调，也有助于系统重新恢复平衡。儿童在家庭中能逐渐获得自我管理的能力就是系统具有运用自我平衡能力的最佳例证。同时，系统的自我平衡能力也有利于系统原则的维持。当儿童向家庭规则挑战的时候，系统的自我平衡能力就能对成员关系进行调节。比如说青少年时期是儿童最叛逆的时候，往往想打破家庭的许多规则以显示其自身的成长。这时儿童与家庭成员之间以及与家庭的规则之间就会形成很多冲突。此时，系统的自我平衡能力能帮助系统逐渐形成适合儿童变化发展的新规则。在儿童发展到青少年时，原有的家庭规则必然会在冲突的形成和解决之中逐渐过渡到新的系统规则，从而再一次的使系统达到平衡的状态。

在家庭系统中，影响系统的两个重要因素——作为系统成员的个体以及成员之间的交互融合作用也同样存在，每个成员都能通过对自己与他人的行为作一定的监控和调整来维持系统的动态平衡。一旦系统失去平衡，那就会出现系统功能紊乱。如果家庭里父母中的一方出现了婚外恋，按系统理论的观点分析，就是构成系统的成员出现了离开系统的离心力。当系统内部因素的自我平衡和系统成员之间的交互作用都无法再调节这个状态的时候，系统就失去了平衡，这时就会出现家庭系统的功能紊乱。在这种情况下，儿童很容易受到影响和损伤，从而表现出不良行为。

Braden 和 Sherrard(1987)提出，如果用系统理论的观点去分析儿童的行为，那么儿童的不良行为几乎都是系统功能发生紊乱的结果。而一旦儿童出现问题行为，又会遵循系统循环的因果关系进一步对系统功能造成影响。因而儿童出现问题行为会将双亲的注意力从自身正在处理的问题上引开，这样，已经产生的问题就不能得到及时解决，从而使得系统无法恢复平衡。这种循环的结果致使儿童的问题行为更难得到有效的解决。因此系统理论认为，儿童在学校的不良行为是家庭系统功能紊乱的结果，而且会在这种紊乱的环境下得到加强。譬如一个经常出现离家出走行为的青少年，他的这种问题行为可能是由于家庭系统之内父母婚姻状况不良引起的。他希望通过他的离家出走把父母的注意力从互相争执上引开，希望自己的父母能够重归于好，他的离家出走行为在父母不良婚姻关系的影响下一次次得到强化。所以系统理论认为要有效地对儿童的不良行为作出干预，必须从系统成员内部的共同关系出发，调整系统成员关系。

亲子之间的每一次活动都有可能促进亲子关系的和谐。针对众多家庭教育当中存在随意性、盲目性现象，学校开通各种培训渠道提高家长的亲职能力，依托家长委员会创设“家庭传统”活动。为了给家长提供一个有据可寻的对话内容，我们根据学生的年龄特点，分低、中、高三个年段初步确定对话主题，给家长在亲子对话内容上打开思路。家长可以根据参考表中的主题进行亲子对话，也可以根据具体情况修正(见表 6－1)。

表 6－1　亲子活动主题参考

低　段	中　段	高　段
参观父母出生地	听妈妈讲过去的事情	给自己一方倾诉的天地
搭建“温暖的家”	我来当一天“家”	在家布置“中华民俗墙”
我们交好朋友	制作贺年卡片	献给自己的歌
带娃娃去看病	我会招待客人	去学校采访
我们爱洗澡	我给奶奶洗洗脚	走进敬老院
把气吐出来	手偶游戏:公鸡打架	一场社区拔河赛
田间寻找小蝌蚪	学会拨打报警电话	餐桌上的礼仪
玩购物游戏	我为奥运添光彩	给老师写一封信
我们去挖野菜	我们去郊外植树	外出旅游
当陌生人敲门时	制作蝴蝶标本	我为奥运添光彩
狼来了	家庭大扫除比赛	参加升国旗仪式
不做“骄傲的孔雀”	我们一起来“环城跑”	我们制订锻炼计划

续 表

低 段	中 段	高 段
游戏：警察抓小偷	我们来读书	去银行办理储蓄卡
看云编故事	我们准备奖品了	神秘的“字条”
秋天的田野	表演话饮食	创设“心情墙”
爱上吃蔬菜	制作胡萝卜花篮	学学做馅饼
识别交通标志	学会用“玻璃球滚画”	亲子登山比赛
水果品尝会	自制草莓酱	一起制作“蛋作品”
中秋赏月	学做大人的小帮手	去看“心理医生”
共画中国地图	学看中国地图	过一把京剧瘾
放飞蓝天	引导孩子设计邮票	游泳安全防护问答会
我为奥运添光彩	制作储蓄罐	表演十二生肖歌
到野外去踏青	我们去办年货	制造声音
堆雪人	装饰圣诞树	制作灯笼

家庭开展“四有”家庭传统活动，他们不仅在内容上丰富了“四有”，注重在细节处重教育，更在形式上进行了拓展，在时间的安排上也作了灵活的处理。就像玥儿家长说的：“四有”的教育不一定要特定的时间和地点，生活中点点滴滴都包含了许多做人的道理，大人适时地抓住身边的机会，进行及时引导，这比教科书更生动，更能触动孩子的心灵。不过，这也给家长提出了更高的要求，对此，玥儿家长深有感触：在要求孩子学习“四有”前，作为家长的我们应该首先拥有“四有”，因为我们的一言一行，对孩子的影响是最深刻的。

（一）开展原则

（1）积极倾听，观察体验。让孩子说话，当孩子在讲话时，不要轻易插嘴，让孩子知道你了解他的说话内容。在亲子关系问卷调查中，有80%的家长能做到面带微笑、耐心倾听。在倾听时通过观察孩子的情绪表现，并设身处地的去体验孩子当时的感受，从而打开孩子的心扉，了解到更多有关孩子的信息。

（2）适当回应，学会接纳。孩子讲话时不能随意打岔，等他告一段落，先说“对不起，对于您刚刚说的话，我的看法是……”如果听不清楚对方的话，可以说：“对不起，您刚才的说法，是不是……”并多用姿态语言，如强化表情的沟通，或通过点头、拍拍肩膀、眼神等“行为语言”，表示接纳、尊重、关怀，营造宽松对话氛围。

（3）因势利导，等待感悟。亲子对话，要合理找时间并注意场合，既不能随心所欲，避免"词不达意"，更不能一味的表达自己的情绪和观点，减少"唠叨"。体验式的"四有"德性养成，重在让孩子通过体验，达到自我成长的目的。家长与孩子亲子对话时，应客观、冷静，给孩子调整情绪、自我感悟、自我成长的空间过程。

（二）操作程序

（1）抓住时机，创设氛围。在家庭"四有"活动亲子对话调查问卷中，每天有固定的亲子对话时间的家庭达到了98%，大多家庭开展的亲子对话时间有：运动或散步时、睡前、吃晚餐时、作业辅导时、游戏中、亲子阅读时、孩子做错事时、接送孩子上学回家的途中、旅游途中、聊天时等等。

刚开始谈话时，在态度上应该轻松自在，弱化孩子内在的压力，用一点时间，通过天气、某个新闻等平静孩子内在的情绪，创设轻松、民主的氛围，这样利于亲子间的沟通，有利于打开孩子的话匣子。

（2）让孩子说，推进谈话。与孩子交流的过程，不应是想到什么说什么，想到哪儿说哪儿，而是一个有目的、有策略的推进过程。一个让孩子感觉自由的话题，也是需要家长有意识地加以掌控和推进的。那么让孩子说什么呢？一是让孩子说出他心里想的，让家长知道孩子的想法；二是让孩子说出你想说的话，——你想教给孩子的，让孩子自己说出来。家长的每一句话、每一个动作都应该是为了让孩子说话。

（3）说出感受，提出要求。家长说出孩子的感受，并用积极、准确、现实的符合孩子语言特点的话总结，这个总结可以复述孩子"总结"出来的话，也可以是家长的一个要求。

（4）鼓励孩子，观其行动。在谈话结束前，用"我相信你，你一定能做到！"等语言鼓励孩子，或用笑容和肢体语言鼓励孩子，并提醒或强调一下孩子应该立即去做什么。

（三）开展评价活动

针对家长开展家庭传统活动进行点面的问卷调查分析，我们也意图促进家长自我评价，提高家长的亲和力，增进亲子的和谐。具体从以下几个方面进行：

（1）亲子关系是否融洽；

（2）孩子的自我表露是否深入；

(3) 家长是否运用了良好的交流技巧；
(4) 对话氛围是否体现了尊重、真诚和共情；
(5) 家长和孩子是否对活动感到满意；
(6) 活动对家长和孩子是否产生持续影响。

四、家庭传统案例精选

猪猪卡丁车

孩子：小雨点　家长：施××

成长记录

儿子刚上小学，每天早上，一般由爸爸开车送他上学。有一天，爸爸有事不能送他，则由我带他走路去学校。儿子突然大喊："为什么要我走路上学，我会很累的！"我大吃一惊，没想到每天开车送他上学变成了理所当然的事，我感到了事情的严重性。于是郑重地对儿子说："儿子，从今往后，妈妈天天陪你走路上学。"儿子噘着嘴，很不情愿地跟在我后面，一路上都在闹情绪。第二天，我带着儿子走路去学校，儿子也没反对。一路上，我和他说我小时候好玩的事，小时候看过的动画片，他很感兴趣，听得很认真，也很开心，不知不觉就走到了学校。接下来几天，也是如此。渐渐地，他已经不觉得走路上学是一件很累的事了，相反还挺喜欢和我聊一些学校的事情，有时他说得很开心，我也听得很开心，我俩都很享受上学路上的美好时光。后来，我们索性给我们俩组合成的小汽车（四条腿相当于四个轮子）取了个好听的名字，叫"猪猪卡丁车"，我俩天天开着这辆"小汽车"去学校。

活动感想

提高孩子的学习成绩固然重要，但是在这个年龄段，孩子的品德教育是不容忽视的。我觉得学校提出的让每个同学争做"言之有训，行之有范，眼中有活，心中有人"的"四有"新人这一活动，给我在孩子的教育中启发很大，我也常常以此来告诫孩子，做人要诚实，要有责任心，有爱心，告诉他从心底散发出来的"美"才是真正的美。让孩子懂得爱，懂得宽容，懂得做人的道理。

做计划

孩子:睿睿 家长:徐××

成长记录

放学回家后,我和女儿说:“我们今天好好做个计划,好吗?”女儿高兴地说:“好啊!那我们做什么计划呢?”我说:“让我们做一个合理安排学习、生活和玩乐时间的计划,你刚才不是说想到同学家去玩吗,那我们就要好好安排每件事情才能有更多的时间和同学一起玩。”女儿说:“那我现在就做作业。”我顺势说:“做完作业以后呢?”“吃晚饭。”女儿马上说。我问:“然后呢?”“去同学家玩一会儿。”女儿回答说。我又问:“玩好后呢?”“回家洗澡睡觉。”我高兴地说:“这就是个好计划,让我们马上行动吧!妈妈去烧晚饭了。”等女儿做完作业,饭也做好了,女儿自己把饭吃得干干净净,不用我催也不用我喂了。从同学家回来后,女儿自己洗完澡就自觉上床睡觉了。

活动感想

每个孩子都有一颗向上的心,不愿经常被父母责骂,每个父母也都愿意和自己的孩子友好相处,不想在孩子心目中当个坏爸爸、坏妈妈。在日常生活中,做一个小小的计划,让孩子自己约束自己,既可以免去家长的操心,也能培养孩子良好的习惯,更能避免因责怪孩子引起的冲突与不快。

和孩子一起成长

孩子:周一 家长:陈××

成长记录

周一在2002年6月10日中午12点零2分呱呱落地,妈妈问医生的第一句话就是:“宝宝好不好?”接生医生说:“很好,很健康的一个女婴呢。”妈妈悬了十个月的心终于放下,于是妮妮的出生记录上评分是:10分,很棒。妮妮的大名是早就取好的,爸爸妈妈约定:凡是周三以前出生的叫“周祎”,意为文才很好的意思;周三以后就叫“周默”。恰好出生那天是星期一,而妮妮又是周家第一个宝宝,所以大名就定为:周一。去上户口时,户籍民警很怀疑地问:“就叫周一吗?是不是后面还漏了个字啊?”哈哈。去医院就诊,医生都爱说:哈,天天星期一呢。电视里就更加如此了,天天能听到:周一至周五……爸爸很是沾沾自喜。

妮妮从小很皮，有时胜于男孩。3岁和4岁时还有两次差点丢失的经历，从此她老爸就很不放心她老妈单独带周一出门。终于到了上幼儿园的年纪，妈妈就指望幼儿园是她成长的一个乐园了。

幼儿园小班，对于老师很是崇拜，每天晚饭后的节目就是：周一当所谓的老师，爸爸妈妈爷爷妈妈当学生，于是就有了以下的对话：

周一：爸爸，你是怎么坐的，两个脚没放好，手要放在腿上（对于老爸手上的香烟，她不知道该如何判定，可能在幼儿园没听老师提起），再不放好，我要叫你站到墙边了。（哇，还体罚呢！）

爸爸：周老师，我要上厕所。（想溜）

周一（想了想说）：那你去好了（无招了，老爸借机开溜，老妈一个继续受训）。

从会拿水彩笔开始，家里的墙壁就遭了殃，每个房间的墙上就都有了妮妮的大作，题材千变万化，屡次警告均不见效，她老爸就说：罢罢罢，反正说了没用，不如我和她一起画算了。于是在周一的房间墙上，就有了父女两人的大作：一辆小的汽车和一辆大的汽车。更为严重的是，从此周一就有了"妈妈没有爸爸好"的想法。

妈妈：妮妮，爸爸好还是妈妈好？（想必每个做妈妈的都这样问过）

周一：爸爸和妈妈都好（谁都不想得罪）

妈妈：那谁更好一些？

周一（想了想）：爸爸。

妈妈（有点愤怒）：为什么？

周一：爸爸会陪我一起玩，妈妈刚和我说两句话就会骂我。

妈妈无语，反思，得出一个结论：小孩都是真实的，而且是精神第一，物质第二，妈妈在衣食住行的操心，远远比不上爸爸的童心，当然这童心是基于对小孩的爱心。

周一和别的小孩一样，模仿力和好奇心都很强，每当看到她老爸刮胡子，就对那剃须刀产生浓厚的兴趣。一次趁妈妈没注意就偷偷地拿剃须刀模仿她老爸刮胡子，结果在下巴处拉了一个浅浅的口子，看到自己脸上的血当场号啕大哭。妈妈在斥责后给她清理伤口：用点生理盐水洗去血，涂点红霉素眼膏药，再贴个防水创可贴。伤口倒是很快就好了，妈妈想借题发挥，以此告诫她以后对这类事件不再重犯：

妈妈：妮妮，以后还玩不玩剃须刀了？

周一：不玩了。（看来那血真的吓坏她了）

妈妈：以后再玩妈妈就要打你了。

周一：妈妈你没有舅妈好。

妈妈：为什么？

周一：我玩铅笔刀割了手指头的时候，舅妈就说以后要小心点，都不会骂我，你老是要骂我，还要打我。

妈妈(脸红，想了想)：那妈妈错了，下次妈妈一定会改，但妮妮以后在接触这类危险的物品时一定要小心。

母女和好，妈妈也从这个小事件中学到了如何和小孩平等相处，而不能老是给予打骂。

爱美是女孩子的天性，尽管周一皮得和小男孩一样，但也掩盖不了她爱美的天性，在幼儿园经常要参加演出，她的老师喜欢给她们打扮得漂漂亮亮的，亮晶晶的眼影，腮红，口红，还有漂亮的头饰和演出服，这些都是让小姑娘神魂颠倒的东西，接触到这些东西以后，她对这个大大咧咧的妈妈就有意见了。从小我基本是按男孩子来打扮她的，衣物基本都以牛仔为主，头发三岁以前是板寸头，三岁以后都是童发，五岁以前她不太管这些，但五岁以后她就无比向往长发和漂亮的裙子，慢慢地妈妈在购买衣物时也考虑到她的爱好了，但还是坚决杜绝蕾丝类衣物和长发。

周一：妈妈，我不要剪头发，我要留像蔡老师一样的长发。

妈妈：不行，留长头发要吸取体内很多营养的，如果头发吃了那么多营养，妮妮大脑所需的营养就会不够，你就会比别的小朋友笨(说这话的目的是为了自己省力，想想如果妮妮长头发会给妈妈增加多少麻烦啊)

周一：那你要给我买好多漂亮的夹子和皮圈，我要带到幼儿园去给别的小朋友用(自己没的用，就给别人用，没办法妈妈只好退一步，买了一大包让她带幼儿园去)

周一：妈妈，为什么你就可以化妆，我就不可以(她在向往我的那些护肤品呢，看到往脸上抹东西，就以为是化妆)

妈妈：小孩子不可以化妆，到二十岁妮妮读大学时就可以了。

周一：啊，还要等那么多年。(郁闷中)

不过喜欢周一又擅长编头发的蔡老师还是时不时在周一的童发上搞点小花样，也算满足了她爱美的小小心愿。当妈妈的也就理所当然可以让她的童发发型保持更旺的生命力。

五岁开始，周一迷上了芭比娃娃，凡是碰上可以索要礼物的好机会，芭比娃娃永远是首选，到现在也不例外。于是，家里就有了一大堆芭比娃娃，一大堆芭比娃娃的衣物还有家具以及一大盒芭比娃娃的碟片，家里各个角落都有芭比的东西，爸爸妈妈的大书桌下面成了芭比的家，做完作业的周一就可以很方便地和她的宝宝（她说她是芭比的妈妈）玩。

周一：妈妈，芭比叫我妈妈，那是不是叫你叫外婆啊？

妈妈：是的，我是芭比娃娃的外婆。

周一：妈妈，我想外婆了，那是不是我的芭比娃娃也想外婆了？

妈妈：可能是吧？

周一：你爱不爱我的芭比娃娃啊？

妈妈：爱，和爱你一样。

周一：那你帮我的芭比娃娃洗澡，洗衣服还有送她们回家。（她爸爸因为她不爱收拾教训过她了，她兜这么一大圈子就是为了让我帮她收拾芭比，没门）

妈妈：不可能，自己的宝宝要自己收拾，你看都是妈妈帮你洗澡衣服，妈妈没那么好当的。

周一：那你一点都不爱我，我不和你好了。（生气，扭头走人，芭比照旧不收拾，五分钟后又粘到妈妈身边）

四川地震，电视里天天有关地震的新闻，女儿的志向有了改变，最初她的志向很简单就是当一个妈妈，后来因为他表哥的志向是当地质学家，所以她也说要当地质学家。

周一：妈妈，什么是地质学家？（因为他表哥的志向是地质学家）

妈妈：地质学家就是预测有关地震的工作人员（妈妈也是胡扯，因为也不清楚所谓的地质学家）

周一：那算了，我不要当地质学家，我还是当医生好了。

妈妈：为什么？

周一：因为当医生可以救很多很多的人。（真棒，有社会责任感了）

妈妈：那你可要好好学习，成绩要和表哥一样棒才可以当医生的。（不忘借机教育要好好学习）

周一：那好吧！（有点勉为其难）

昨天，周一生病吊盐水，在回家的路上。

周一：妈妈，我要把你对我的爱心永远放在心里。（好家伙，知道感恩了，虽然这句话好像有点拗口，但我能感受到她的真诚，我有点感动）

妈妈：妈妈爱宝宝是应该的，爸爸妈妈永远都爱自己的宝宝。

周一：那妈妈也把我对你的爱心放在心里，永远。

妈妈（愕然）：那当然，可是你觉得你爱妈妈吗，对妈妈好吗？

周一：爸爸骂你的时候，我都不和爸爸一起骂你，我对你好不好？

妈妈(哭笑不得)：好，妈妈会把你的爱心放在心上，永远。(引用周一的话)

小孩每天都在成长，他们的言行有时让我们大人吃惊，从而去反省我们自己，现在的他们是天使般的真实和善良，也是童言无忌的，真希望能永远保留他们的真、善、美。

活动感想

因工作和家务的繁琐，我们做家长的对小孩成长过程中的种种表现都有点漠视了，这次活动重新唤起我们对小孩成长的关注，其实小孩在成长过程中的一些言行真的让已经变得世俗的我们吃惊，有时甚至感动。从某种程度上说，小孩的成长也是家长的成长。现在的家长关注小孩的学业胜过关注小孩的人格和心理成长，这个问题也同样出现在我们家庭，只不过在程度上略轻而已。通过这次活动，我们不仅重温了自身的成长过程，同时也会注意如何引导小孩的健康成长，包括生理和心理的。

孩子，你是好样的！

孩子：越越　家长：赵××

成长记录

在我的心目中，越越是一个有爱心与责任心的乖孩子。

一天，我们大人在聊天，谈到负不负责任的问题，他插了一句说："不负责任就是小朋友们做错了老师还给打√，这样肯定不好喽，人当然要负责任的。"

我当时一愣，心想：这孩子想象力怎么这么丰富，于是我赶忙对他鼓励一番说："越越想象力这么丰富，这么会说话，真是了不起！"

他开心极了！说："这是我动脑筋想出来的！"坐在那里一副小大人的样子。

生活中的他，对自己的行为也很负责任，比如他从不乱扔垃圾，还经常充当小区里的清洁工。

有一次我们在第一百货购物，我一转身发现他不见了，当时我非常着急，就开始叫他的名字，结果发现他站在垃圾箱的边上。我一气之下，一个箭步冲过去，也不给他解释的机会，"啪啪"就是两个巴掌，气呼呼地说："谁叫你玩垃圾了，现在手足口病那么多，再说了，商场那么多人，你走丢了怎么办？你说你一下子犯了多少错误！"

许是被这一幕惊呆了，许是意识到我的担心，许是自尊心受到了伤害（我以前从没在公众场合打骂过他），他站在那里一动不动，只是眼眶中擎满的泪水一滴一滴往下掉，无声地落泪，有些惊恐、有些委屈地盯着我。

我意识到我可能做错了，就轻声地问他为什么，他说："我看一个垃圾在垃圾箱上面没有放进去，就想把它放好。"我误解他了，于是我就当面给他道歉，告诉他我担心的理由并对他做好事有责任心予以表扬，就这样他原谅我了，并说以后出去的时候要跟着大人，不让我们担心着急，他就是这样的宽容！

由于受到正面的肯定，他更爱做好事了。

公交车上他经常给别人让座，有一次他给一个比他大不了几岁的小朋友让座，逗得车上好多人直笑。有位老爷爷还向他竖起了大拇指，而他站在一旁，表情是不屑一顾抿着嘴唇，好像在说："这是我应该做的！"我对他肯定地点点头，他对我会心的一笑。只要有爱的地方他都想参与，电视上看到人们为"5·12"汶川大地震募捐的事情后，他说："妈妈，我也要献爱心帮助灾区人民。"我说："你储蓄罐丢在老家，你怎么献爱心呀？"他一本正经地说："你就先借钱给我，到时还你不就行了吗？"结果他成了他们班第一个为灾区捐款的小朋友，而且不愿捐小钱10元钱，要捐大钱100元的……

通过孩子的种种表现，我觉得孩子不是一张白纸，任凭大人去涂抹，而是天使，是慈悲善良的天使在人间！由于天使在人间，过马路时，我若偶尔闯红灯，他会制止；他爸爸喝酒后，他会提醒不能酒后开车……

活动感想

通过这次活动让我感触很深，第一，让我重温了孩子成长的点点滴滴，倍感幸福。以后我要对他多一些鼓励、多一些赞赏、多一些肯定。第二，儿子虽不完美，有好多的坏习惯，但我相信他会越来越好，如我们期望的那样。我在他面前也会变得越来越有耐心，而不仅仅是一个发号施令者。第三，从现在开始我们要尽力和学校一起培养祖国的花朵，没有任何理由牺牲陪孩子的时间。是的，又有什么能比与孩子一起成长更重要更幸福呢！

儿子，你是妈妈的老师

孩子：申儿　家长：方××

成长记录

国庆放假，我带着儿子坐班车回乡下老家探望他的爷爷。车很挤，他只好坐在我的腿上。不一会儿，又上来一批人，其中有个老态龙钟的大爷。车子开动了，却始终没有人让座。儿子催促我："妈妈，把座位让给爷爷吧！"说实在的，我也坐不住了。可看坐着的年轻人一副"事不关己，高高挂起"的模样，心中来气。便说："你还太小，站不稳的。"话刚说完，车子一个急刹车，老人打了个趔趄，差点儿摔倒。儿子着急了，忙从我怀中挣脱，高声说道："爷爷，这儿有座位。"我顺势站起来，搂住了摇摇晃晃的儿子，赞许地拍了拍他肩膀。儿子冲着我笑："谢谢妈妈！"我不知道他是替老人向我道谢，还是因我支持了他的行为向我表示感激，心里是既高兴又惭愧。儿子，该说谢谢的是妈妈呀，你让妈妈发现了自己残留的私心，并果断地帮妈妈改正错误。你是我的榜样呢！

坐在我边上的两位大嫂吃着橘子，顺手就把皮扔在了车上。儿子连忙捡起来扔进了垃圾桶。也许受了儿子的感化，她们打开窗户把其余的皮扔到车外去了。儿子又不干了："金华是我家，文明靠大家，车子里不能扔垃圾，路上也不能扔"！想不到满城的标语他竟记在心了。其中一位大嫂强词夺理："这里已经不是金华城里了，农村没那么多讲究。"儿子脱口而出："农村也是我们的家，也要爱护它。"车上响起一片喝彩声，为我儿子机敏作答叫好，更为他热爱自己的家乡，处处讲文明而感动！

回到老家，儿子和他爷爷一番亲昵后，随我到田间玩。我们安地是"桂花之乡"，时值中秋，处处桂花争香斗艳。我禁不住诱惑，伸手折了几枝。儿子批评我："妈妈，这桂花又不是我们家的，你没经过人家同意就折，算不算小偷？"在我们乡下，邻里间摘点青菜拔个萝卜本是再正常不过的事，更何况这漫山遍野的桂花我摘你采也从没人计较，他却不依不饶了："你自己说不能拿别人的一针一线，还要爱惜花草树木，你说话不算话！"直到我答应再也不摘花，并向人家赔礼道歉，小家伙才破涕为笑。儿子啊儿子，你可是妈妈的一道紧箍咒？你正直、诚实、勇于承担让妈妈自惭形秽！

下午，儿子和村里的小伙伴们下河捉虾捕鱼了。不一会儿，脸盆里就游满了他们的"战利品"——几十条小鱼，还有好些虾。其中一个伙伴提议把这些鱼虾裹上鸡蛋面粉炸起来吃最香了。儿子迟疑了一下问："你们能把这些鱼和虾都送给我吗？我不想吃它们，我想送它们回家。"目送小鱼小虾快乐地游回小河，儿子的脸笑成了一朵花。儿子慈悲善良，视一切都有生命，并尊重和平相处，他真该是我的老师！

活动感想

儿子并不完美，他的顽皮好动，懒散拖拉，丢三落四，让我着急，令我上火。

对儿子，也曾恼羞成怒，也曾破口大骂，也曾大打出手。直至儿子上了小学，情况才有所改变。首先，孩子的第一次家长会让我感触颇多。从生活习惯到作业习惯到礼仪习惯……老师们都作了详细阐述并要求实行，再加上孩子平常对我的教育"怒目相向""顽强抵抗"，我开始了对教育方法的反省和改变。我耐心地看着他收拾书包，和他一起高声朗读课文，郑重其事地跟他说："儿子再见，祝你开心"……我由一个严母变成了孩子的益友，由一个发号施令者变成了孩子能倾心相交的好伙伴。

他变柔和了，他变勤快了，他变整洁了……期间，老师们鼓励他，肯定他，赞赏他(他的"星星"数量在班里名列前茅)。但也帮助他，纠正他，提醒他(被扣的"笑脸"据说也是数一数二的)。虽然，他仍不是十分优秀，但我看到他在一点点地进步。"执儿之手，与儿偕长"，还有什么比和孩子一起学习，一起玩耍，一起成长更幸福的呢？

运菜的小车子

孩子：小张　家长：赵××

成长记录

星期天一大早，爸爸就起来到单位加班，把车子也开走了。

九点钟左右，把家里收拾好，正准备到菜市场买菜，这才想起没有车子。这可怎么办呢？来回要好几里路，平时都是开车或骑电动车，更何况家里一粒米也没有了，今天还要带小家伙一起去。

我正在那里犯愁，已经穿好鞋子，正兴高采烈准备和我一起出发的儿子看出了我的犹豫。

"妈妈，怎么还不走？我都等不及了。"儿子催促道。

"没有车子，电动车还放在外婆家，到时候米和菜都没力气拿回来……"我还在想办法。

"那我们打的去吧。"儿子提出了建议。

"不行，太浪费了"

"那坐三轮车。"儿子又说。

"不行，我们再想想其他的办法。"我不能从小就让他养成养尊处优的坏习惯。

"啊，有了，我把我的小车子骑去，到时候买来的东西放在我车上，妈妈就不用辛苦了。"

骑车去？这个天真的小家伙，他的车斗里能放多少东西，恐怕连手里的小玩具熊都放不下。我正要再次拒绝，但是看到他眼神中企盼的目光，以及将要承担起一种责任的坚定，我同意了他的建议。

于是，他飞快地跑下楼，拖出小车子，骑上去，随我一同到菜市场。

在菜市场，他像个小大人一样，争着把买来的各类东西往小车斗里塞，装不下就抱在怀里……

回来的路上，我们不时地停下来，不停地拣从小车上掉下来的东西，不停地帮他把车子扶好。但是，我却心里感到阵阵温暖，看着小家伙不厌其烦地在车上爬上爬下，我想，小家伙真的开始懂得照顾别人，懂得负起责任了。

活动感想

培养孩子的责任心，培养孩子吃苦耐劳的精神，让孩子懂得关心别人，学会照顾别人，是教育孩子做一个正直的人的基础。这件事情虽然小，而且事实上孩子的想法很天真，但却保护和激发了他积极参与、敢于负责的精神。他感到自豪的是，在爸爸不在家的时候，我也可以照顾妈妈，帮家里解决“大问题”了。

分　享

孩子：凌凌　家长：金××

成长记录

2007年10月单位去苏州旅游，我带上了凌凌同去，第二天安排在沙家浜吃中餐。当时，正好是阳澄湖大闸蟹上市季节，单位准备了每人一只蟹，但由于上菜时，服务员不小心掉了一只在地上，就回厨房重新烧一只，这样自然女儿的这只就迟了，我就和女儿分着吃我的那只蟹。女儿边吃边说，太好吃了，黄真多，看着女儿吃得真是太有味了，连蟹脚都认真地吃干净（在家吃蟹时，不吃脚）。吃完后，女儿老看着厨房方向，嘴里嘀咕着：“这么慢，还没烧好？”过了一会儿，女儿的那只蟹拿来了，厨师挑了只特大的，还带着绳子，女儿高兴极了，我马上重新给她倒了调料，准备给她剥，女儿却停了下来，看着蟹说：“妈妈，我还是不吃吧，这么好吃的蟹，我还是带回去给爸爸尝尝。”我们同桌的人愣了一下，都看着我，我听了女儿的话忙心疼地说：“你吃吧，如果有时间妈妈会买回去几只的。”同桌的同事就开玩笑地说：“你还这么想着你爸爸，你爸爸不喜欢你们了，都不陪你们一起出来玩。”女儿瞪着眼睛说：“不会的，爸爸上班，不是不要我们，我们一家人会相亲相爱在一起的。妈妈，对吗？”我忙说：

“对啊！阿姨在逗你玩呢！”我劝了好一会，女儿还是决定把蟹留给爸爸吃，还说：“我们相亲相爱在一起就要有好东西要和爸爸分享。”听得我感慨万分，想想以前，她爸爸出差总有东西带回来给我们，不管是吃的还是玩的，总是和女儿分享出差时看到、听到的有趣事情，所以就给女儿留下了这样的印象。

晚上到金华，她爸爸来接，女儿激动地、迫不及待地、滔滔不绝地向她爸爸描述着这次苏州之旅……

活动感想

现在孩子都是独生子女，占有欲很强，认为什么好吃的，好玩的，都是自己的，不知道与别人分享，造就了自私的性格。我们做家长的也不自觉地把好的东西留给孩子，无形中养成孩子这种唯我主义，从小培养孩子要心中有人，与人分享，遇事多替别人想想，这会让孩子终身受益的。但孩子小不能直观的懂得一些道理，我们大人应从自己做起，用自己的一言一行感染孩子，在教育孩子的同时也使自己的人格得到进一步升华！

人格的魅力

孩子：辰辰　家长：沈××

成长记录

女儿喜欢凑热闹，瞧礼拜天，听说哪家商场开业了，就非拽着我一定要去瞧瞧呢！

刚一走进去，里面真可谓人如海，好不容易挤了进去坐上了电梯，女儿东瞧瞧西看看，别提多兴奋了。可是刚一出电梯，女儿的脚步却停了下来，眼睛盯着地上，我顺着她的视线看过去，原来地上有只红色的易拉罐瓶。我的眼神稍作停留就顺着人流继续往前走，嘴里不停地催着她快走快走，可是走了几步发现女儿没跟上来，折回一看，女儿正跪在地上专注地擦拭着什么，四周围了许多人呢！我厉声呵斥道：“你在干什么？还不快点起来？”接着用力一把把她拎起来，可是女儿却再次弯下了腰，说：“刚才地上有个易拉罐瓶，我捡起来想扔到垃圾里，可是不小心把残留在瓶中的液体倒在了地上，怕光滑地面弄湿了会使人滑倒，所以我就想用餐巾纸把地擦干。”听了这些话，我的脸刷地红了，周围的人都露出了赞许的目光，甚至有位大爷拍着女儿的肩膀，竖起了大拇指，说：“小姑娘你真了不起！”女儿马上回答说：“谢谢，这是我应该做的！”

回来的路上，我马上向女儿承认了刚才厉声呵斥的错误，女儿却风趣地说

"不知者无罪嘛。"哈哈,有女如此,其乐无穷啊!

活动感想

"十年树木,百年树人",培养孩子和种树的道理一样,孩子的人格培养是根,心态是干;习惯是枝;行为是叶;成绩是果。家长应该引导孩子养成良好的生活、礼貌、学习等习惯,使孩子言之有训,行之有范,眼中有活,心中有人,为孩子奠定一生做人的基础!

一次外出旅游的记录

孩子:轩轩　家长:阮××

成长记录

出游的前一天。家里。

妈妈:"我们先讲好。妈妈身体差,自己就很累,所以,不可能背你的。你答应的话就一起去,否则,就甭去了。"(这为他的自力更生埋下了伏笔,呵呵。)

儿子点点头,答应了。

妈妈:"那好。接着我们要去整理自己要吃的东西,和要用到东西。自己准备自己的,行不?"

儿子当然开心,立即去做了。

我最终发现他带的东西太多了,他很贪心,什么都想带。我告诉他,这不现实,因为背的东西多了,更走不动。儿子点点头,表示理解。他学会了取舍。另外,他还忘了一些东西,比如雨衣和水(他只关注了吃的)。我又告诉了为什么。

旅途中。山上。

儿子快乐得如同出笼的小鸟,哪儿都想去,忙着跑前跑后,玩得满头大汗。我们几个同龄小孩的特意走在一起。孩子们很快就熟悉了,玩在了一起。过了一会,都有点累了。有的就把小孩抱起来了。自家的儿子还不错,在我的背上待了一会,就闹着要下来了。一是他待不住了,二是我说我吃不消抱了。基本上,上山下山都是他自己走的。当然,大人也有意夸他:"恩,能干!"

(晚上休息时,我也特意表扬了他一天的表现:"很能干,都是自己走的。"儿子听得很开心,第二天走得更起劲了。好现象。)

活动感言

起初,儿子表现不尽如人意。但随着次数的增加和年龄的渐长,他的表现越来越好了。比如，儿子的内向程度变小了，开始活跃了许多。虽然，他在不熟悉的人面前还是不怎么肯吭声的。但，毕竟有了很大的改变，这就是好事。看来是要多和别人交往。

他的怕苦怕累也改了很多，意志坚强起来了。我把别人表扬他的话复述给他听，有意无意地给以暗示他很能干。还有，跑步的耐力也不错，也许是旅途中练出来的吧?!

想起儿子在山顶的欢呼和兴奋，我觉得他通过爬山，也多少知道了一些道理。比如，任何事都要付出才能有收获。

总之，有心人的眼里，一花一木，或人或事，无不可以成为教育的良机。

吃苹果

孩子：小赖　家长：赖××

成长记录

今年5月的一天，家里恰好只有一个苹果，我就和小赖说："有一个苹果。"小赖马上说："我要。"我听她的语气透着我们理所当然应当让她优先享用的思维，我就和小赖说："我也想吃，我们石头剪子布，谁赢苹果归谁。"小赖说："好。"小赖习惯每局第一次出"剪子"，第二次出"布"，我本意也是希望小赖多吃水果，于是我就和小赖说："三局两胜。"比赛开始，第一局小赖出"剪子"，我是"布"，小赖赢。第二局小赖和我开始都出"剪子"，第二次小赖出"布"，我是"石头"，小赖胜两局，苹果归她。小赖在吃苹果时，分了一小半给我。后来又遇到家里刚好只剩一个苹果，我再和小赖说只有一个苹果我也想吃时，小赖就用我经常和她说的一句话回答我："好兄弟，有福同享，一人一半。"。

活动感想

通过用"石头剪子布"来决定苹果归属这件事，使女儿知道父母也是有需求的平常人，在家里乃至社会大家的地位都是平等的，她并不享有优先权。虽然这次我女儿没吃到整个苹果，但此后我和女儿的沟通、交流就容易多了，因为她已"心中有人"。

尊敬老人

孩子：雷雷　家长：卢××

成长记录

五一节假日，女儿雷雷和她爸爸坐火车去江西看年迈的爷爷奶奶，她很想我（妈妈）也能一起去，可是我怕路途辛劳不愿意去。为此她就开始做我的思想工作。她撒娇对我说："妈妈……你去吧……"我不做声。她见我没有反应，立即严肃地说："妈妈，老师教育我们要尊敬老人，而你们是我们小辈的榜样，你这样做不对。"我一听气氛不对，立刻开口用计："女儿，妈妈这几天真觉得累，真是对不起。就这一次，下不为例。"女儿也许心软了，语气没有刚才重了，她来到我怀里："妈妈，我给你唱首歌吧，常回家看看回家看看……"我顿时内心产生了内疚感。一犹豫就答应了。

活动感想

其实那几天我工作确实特辛苦，可是我也觉得女儿的话在理，尤其是被她的那份孝心感动。每个人都会老，而又有谁喜欢年老时的孤单呢？从这件事中我很放心将来我的老年生活，那一定是父慈子孝，其乐融融。的确大人要注意生活中的点点滴滴，应该成为孩子的榜样，有时孩子也是大人的榜样。

你来帮帮妈妈

孩子：宪宪　家长：张××

成长记录

一天放学，我载着孩子经过农贸市场，便带点菜和水果回家，我递给孩子一根香蕉。没骑几分钟，孩子问我路旁有没有垃圾箱。我告诉孩子现在来往的车子很多，停在路旁不容易。到了小区，孩子说先下车，只见他径直向花坛边的垃圾箱走去。我很欣慰，于是问孩子："你为什么没有把早就吃完的香蕉皮扔了？"孩子说："不可以这样做。否则城市脏了，打扫卫生的人也累了。"我高兴地夸孩子真懂事。又顺势问："你觉得爸爸、妈妈在这方面做得怎么样？"孩子说："爸爸做得很好，只是妈妈有时候不太注意，比如上次她吃瓜子时就随便吐过。"我与孩子商量："那么，我们一起来帮帮她，怎么样？""怎么帮？"孩子不解。我便向他传授了一些方法。

一次，我们一家出去游玩。妈妈边走边吃着刚买来的甘蔗，她随手将甘蔗渣丢下。孩子马上意识到，蹲下捡起，并“热心”地对妈妈说：“妈妈，我帮你拿。”妈妈似乎也意识到什么，就将甘蔗渣抓在手中，扔进不远处的垃圾箱。

活动感想

说实话，我真的没有想到孩子的环保意识有这么强，还能以主人公的态度关注社会现象，为环卫工人着想；我更没有想到孩子会用这种办法来影响妈妈，不像我平时直接地告诫妻子应该怎么做，而是用自己的言行，用自己的幼稚想法感染、教育妈妈。“四有”教育，从细处、小处入手，从孩子的未来发展出发，同时它又可以通过孩子影响身边的大人，其教育的魅力是巨大的。

请同学来家做客

孩子：乐乐　家长：徐××

成长记录

时间：某个星期天早上

女儿：妈妈！我和同学约好了，今天我要请几个同学到家里来.

妈妈：好的。请同学来家里，你得整理好自己的房间，还要和妈妈一起搞卫生哦！

女儿：好的。

我们用一个半小时把家里整理得干干净净、整整齐齐。

妈妈：乐乐！同学来家里，你中午请同学吃什么呢？

女儿：去吃肯德基吧！

妈妈：肯德基可不行，肯德基没营养，可不能多吃。

女儿：哦！那去饭店吃吧！

妈妈：饭店也不卫生，还是妈妈烧给你们吃吧！你同学喜欢吃什么菜，我们去买回来烧。

女儿：好的。我去买菜。

我们去菜市场买了很多菜、还有水果、还有同学们爱吃的零食。

女儿：好累呀，这么多东西买回来了。

妈妈：把水果拿去洗，洗好后放在水果盘里。

女儿：我要打电话叫同学来喽。

看着女儿高兴、兴奋的样子，女儿真的长大了。

活动感想

让孩子知道招待客人要有一个整洁的地方，要学会自己动手，环境对生活的重要。对待客人都要有热情、真诚的心，让同学感觉到我们是一个文明、健康、幸福的家庭。教育孩子少在外面吃饭，多在家里，家才是最温暖的地方。让孩子知道自己的事自己做，自己的朋友来也要学会自己招待。妈妈要搞卫生、要买菜、要烧菜、还要洗碗等家务活，了解妈妈的辛苦。

外婆不在的日子里

孩子：一一　家长：涂××

成长记录

因为从小受外公外婆的溺爱，一一在家里几乎成了小公主，衣来伸手，饭来张口，对大人的依赖性极强，同时还以自我为中心，谁都必须听她的使唤；可是大人不在身边就什么也不会了。我一直想对此进行一些改变。

机会来了。有一次，外公外婆因为有事情回老家去了几天。大清早，一一就为不知穿什么衣服而发愁。我问一一："有外婆在好吗？"

她点点头。

"可是外婆自己也有许多事，不可能天天在我们家帮忙啊。"

"那就妈妈您帮我穿吧！"她想得倒快。

"不行，妈妈有许多家务活要做，还要上班呢。你也不小了，得自己学着做一些事。来，我教你怎样搭配服装吧。"在我的指点下，一一总算自己穿好了衣裤，还整理了床铺。

我趁机大加鼓励："干得不错！其实我小时候也有许多事情不会的，像拖地、烧饭、洗衣服都是我妈妈把我教会的。你比妈妈聪明多了，只要多学多做，这些事儿你也能做好的。"

"是吗？"一一还不太自信。

"当然！从今天开始，咱们每天一起干一些家务吧。'母女搭配，干活不累'嘛！"

"好嘞！"

于是，外婆不在的日子里，我们每天一起择菜，一起拖地，一起洗衣服……她做了不少力所能及的事。外婆回来了，一一已经成了大人的好帮手。

活动感想

这次谈话对一一作用还挺大的，她基本上做到了自己的事情自己做，家里的事情帮着做。这也给我一个提醒：一定要从小培养孩子，养成独立自理的习惯，自己的事情自己做，依赖性不能太强；还要教育孩子从小尊老爱幼，做一个讲文明、懂礼貌的好孩子。另外，教育孩子要讲究方法，尽可能和风细雨，这样可能会取得更好的效果。

听妈妈讲过去的事情

孩子：天天　家长：郑××

成长记录

有一天，睡觉前，儿子突然说："妈妈，给我讲讲你过去的事吧？"开始，我感到很惊讶。后来想想，讲就讲吧。

妈妈：妈妈有三个兄弟姐妹，我是排第二的，那个时候家里条件不好，你的外公外婆都是农民，靠种田为生。

儿子天真地问："妈妈，什么叫为生啊？"

妈妈：外公外婆没有工作，可是要生活啊，所以只有靠种田来维持一家人的生活。

儿子点点头：哦。

妈妈：那个时候，生活很苦，很长时间不能吃肉，吃得最多的就是红薯土豆，还有窝窝头；还好你外公会做木工，挣点钱换点肉吃（也只能一个星期吃一次肉）。

儿子一脸惊奇：妈妈，为什么不能吃肉啊？

妈妈：因为那时候没钱啊，那时的钱可珍贵着呢！

儿子：哦。

妈妈：到了我们该读书的年纪，外公外婆更累了，每天起早贪黑，换点钱给我们三兄妹读书。

儿子：妈妈，什么是起早贪黑啊？

妈妈：每天早上天没亮就起来干活，晚上呢，很晚很晚才回家，你说外公外婆辛不辛苦？

儿子：嗯，难怪外公外婆现在都老了。

妈妈：我们那时的学校远着呢，上学要走七八里的山路，而且路很难走，一到下雨天，又窄又滑的，一不小心就会摔跤。我们都是早上天还没亮就起床，走着去上学的，等我们放学回家天都已经很黑了。

儿子奇怪地问：那你们怎么不坐车呀？

妈妈：那时候哪里来的车呀？就连自行车都没有。

儿子心疼地问：妈妈，那你累吗？

妈妈：外公外婆那么辛苦都没说累，我能说累吗？

儿子亲了亲我：妈妈，你真勇敢，跟你们比起来，我们真是太幸福了。我一定要好好读书，让外公外婆、你们大家都不要那么辛苦了。

妈妈：生活虽然苦了点，但是我们的童年生活可是多姿多彩的，当时没有玩具，我们大家就自己动手做。男的做枪，女的踢毽子，玩跳房子，跳皮筋，大家一起丢沙包，还上山采野果子呢！

儿子拍着手：太好了，妈妈我也要玩你们玩过的游戏和玩具。

妈妈：好，等下次有机会，妈妈教你，好吗？

儿子高兴地说：嗯，谢谢妈妈！

活动感想

经过这次谈话，我发觉他比以前进步了许多，也懂事了许多。他以前做什么事都要催好几次，做事情还不认真，都要先玩一会儿，才会动手做，从来不自觉的。自己的东西经常丢三落四的，不懂得去整理的。早上起床，还要叫老半天。现在好多了，比如早上都能自觉的起床洗脸刷牙；放学回家就积极地去做作业，都不用我去催了；自己用过的东西用过后也会自觉地整理了。总之，这次活动对我对他而言，都受益匪浅。

有爱真好

孩子：吴儿　家长：施××

成长记录

儿子是一个善良，心中有爱的孩子。记得八年前的冬天，那时儿子还很小，我上班之前要把儿子送到奶奶家去。那天下雨，结果上错了公交车，一直坐到飞机场终点站。一下车，我傻了眼，多么空旷，见不到一个人，何况是车！我抱着孩子，又下雨，撑着伞，寒风刺骨，我慌了，流泪了，不知如何是好。才几个月大的儿子，居然把我的泪擦干，亲亲我的左脸又亲亲我的右脸，一双稚嫩的小手扶着伞把，想帮我撑伞。我突然间有了勇气，因为我是母亲！那天我抱着他，手臂上挂着衣物，儿子帮我撑着伞，从飞机场一直走回家。我想是他给了我勇气，让我坚持走回家！

儿子上小学啦，有一段时间，他们班里来了实习老师。每天与他们共同学习，共同生活。实习老师很爱孩子们，孩子们也很喜欢她。可实习总有结束的时候，有一天实习老师告诉同学们他们要毕业了，要离开孩子们了，儿子很伤心，下午去接儿子放学，儿子一见到我就“哇”的一声哭了：“妈妈，新老师要走了，新老师不教我们了。”我就开导他说：“新老师走了，是因为她们学好了许多有经验、优秀老师教给他们的本领，她们学会了本领，再去更需要她们的小朋友那里，她会把你们的爱和她对你们的爱一直传递下去。”儿子的哭声渐渐小了，思索了半天对我说：“妈妈，我们有老师的爱真好。”是啊，爱是可以传递的，正是老师付出诸多的爱，才让他们也懂得去爱人家，去付出爱！

5·12汶川大地震以来，他天天同我关注着灾区人民的灾情。当一个个坚强的生命从瓦砾中挖出时，我们为之欢呼，为他们的坚强所感动。“妈妈，为什么会地震?”“他们埋在下面痛吗?”“死亡就像睡觉吗？他们真的会飞到天上去吗?”“他们没有了父母怎么生活呀?”那几天的“为什么”儿子问得特别多，我想这对他是一个巨大的触动，以前也许他从未思考过死亡，从未想过有什么不幸。每个孩子都拥有幸福，拥有双亲，这是天经地义的。可是，地震以后我发现他变了，他会搂着我的脖子说：“妈妈，我们真幸福！”他懂得了尊重生命，爱护生命，懂得了什么是幸福，怎么去付出爱。

每晚临睡前，我和儿子在床上都会做一会儿游戏或聊一会儿天，儿子还给这个节目取了一个名称，叫《新闻袋袋库》。“妈妈，新闻袋袋库，你说我说，棒！”这是我们节目的口号，接下来，儿子模仿少儿节目主持人的口气，对妈妈这一天进行采访。我呢，也对儿子这一天遇到的开心，不开心，取得的成绩，学校的好人好事或新闻趣事进行采访。最后两人进行讨论，发表各自的观点。我不仅动态了解儿子在校学习、生活等情况，当然也增进了母子感情，因为我是他最好的听众。

活动感想

至于活动感想，我想摘下一段话，这是母亲节那天儿子送我的贺卡上写的一段话。“妈妈，您用火炬般的爱点燃了我自信的心灵，您用那温暖的大手握着我稚嫩的小手。有您的爱真好！妈妈，我爱您！母亲节快乐！”感动的泪水模糊了我的视线，还有什么言语更能打动我的心，还有什么礼物比这更珍贵！我拥抱着儿子，说：“谢谢你，儿子。这是妈妈收到的最好、最珍贵的礼物！”我把它收好，小心翼翼地放入儿子的成长袋。这是儿子成长的足迹，不然等儿子长大了，我到哪里，借什么去嗅他的气息，觅他的踪迹呢！

感恩的心

孩子：丁丁　家长：董××

成长记录

暑假的一天，我的一位同事生了小孩，我带儿子去探望她。在病房里，儿子看见了躺在病床上的阿姨和刚出生的宝宝。同事刚进行过剖宫产，她跟我聊天时说，躺着坐着都很难受。在一旁的儿子说："幸好我不是女的。"搞得我们哈哈大笑。儿子在边上看着长着小小脸蛋，身子小小的婴儿，很惊奇。于是就有了以下的对话。

丁丁：妈妈，我出生的时候也是这么小吗？

妈妈：那当然，你比她还轻呢。

丁丁：哦，那你也像阿姨一样，躺在床上不舒服吗？

妈妈：是呀，生你的时候是在大年初二晚上，不过，天亮时，病床上就多了一个人——那就是你。

丁丁：哦。（此时儿子小心翼翼地用手去摸摸婴儿的小手和小脚。也许是儿子的手凉，婴儿醒了，哭了。儿子惊了一下，拘谨地站在一边。）

回到家后，儿子一个劲地问我，他小时候的事。（感觉很新奇，也很兴奋。）

丁丁：妈妈，你说我会走路时，只有电视机柜那么高吗？他用手比划着。（我家的电视机 60cm。）

妈妈：是啊，你看你现在的裤子，鞋子每个季节都得换，个子也长到妈妈的脖子处了，该懂事啦！你长大了，妈妈就老了。

丁丁：妈妈。你乱说，你才不会老呢。（儿子不希望妈妈变老）。

妈妈：妈妈老了，干不动了。就靠儿子你来养妈妈了。你得好好学本领，学更多有用的知识。

丁丁：好啊，我长大要进哈佛大学。（儿子喜欢看书，特别是名人传记，知道有许多名人来自哈佛大学。）

妈妈：行啊，儿子，妈妈支持你，有志向！不过现在不能偷懒，到那时，别忘了把妈妈也带上。

丁丁：那当然，我喜欢吃妈妈做的菜。

妈妈：那你现在就得去完成暑假作业。

丁丁：遵命，妈妈大人！（儿子行了一个队礼，响亮地回答。）

我“扑哧”地笑了，儿子很快跑到了自己的房间做作业了。

活动感想

现在的孩子生长在优越的生活环境中，被长辈娇惯着，个人的意识特别地强，却认为他们所拥有的，理当如此。漠视上一代的辛苦。同时，“由于妈妈会变老”激发了儿子的危机意识，“靠天靠地不算是好汉。”自己的路最终靠自己走，因此，顺理成章地可以给他定一个可行性目标，给他适当的物质奖励和精神上的奖赏，使他一步步走向心中的“哈佛大学”，同时也更深化了母子间的感情。

发现美的眼睛

孩子：悠悠　家长：吴××

成长记录

国庆节带悠悠去参观浙师大科技馆途中的对话记录：

妈妈：悠悠，你发现路边的梧桐树有什么变化吗？

悠悠：妈妈，有许多树叶变黄啦。

妈妈：是啊，秋天到啦，等到了深秋，也许又是另一番景象。

悠悠：到了深秋，树叶会被秋风吹落，到冬天时，就只剩下光秃秃的树干啦。

妈妈：那你觉得哪个季节的梧桐树最美呢？

悠悠：妈妈，我喜欢夏天的梧桐树，因为它巴掌大的叶子能遮住阳光，让马路上的行人觉得非常凉快，况且它夏天的形状也很美，像一把超大的绿伞。

妈妈：那我给你讲一个故事吧，是丰子恺爷爷写的《梧桐树》……怎么样？爷爷观察得非常细致，在他眼中，梧桐树在每个季节都有别样的风景，我们要善于观察周围的事物。

悠悠：妈妈，我知道，老师说过，“生活中不是缺少美，而是缺少发现美的眼睛。”

活动感想

学校提出让每个同学争做“言之有训、行之有范、眼中有活、心中有人”的“四有”新人活动，充分体现了学校的创新精神和独特的办学理念。“四有”新人活动在我们看来，是在中国传统文化精髓基础上的现代演绎。从悠悠身上，我们看到了老师深厚的教学素养和过人的思想深度，让孩子做一个健康有教养的文明人是我们努力的方向。

换位思考，感受付出带来的快乐

孩子：小雨　家长：朱××

成长记录

我爱你，所以我愿意把最好的东西给你。

晚饭时，烧上女儿爱吃的虾，然后不厌其烦地帮她剥虾壳。在她享受的时候，爸爸告诉她其实妈妈也喜欢吃的，而且你也会自己剥，为什么妈妈这么啰唆地帮你？我说因为我爱你，我愿意把最好的给你。而且我觉得剥给你吃就像我吃到自己嘴里一样快乐。女儿笑了，也把剥好的虾仁塞进我的嘴巴来表达她的爱。

还有更多的人爱你，我们也爱他们，那就让我们一起来分享快乐。

小姑姑生宝宝了，全家都很高兴，趁机跟她说，我们送一个什么礼物给宝宝呢？女儿从她画画得来的奖品中选出了一个有趣的小玩具，平时可是最宝贝的。送给姑姑后，姑姑很高兴，表示感谢。女儿脸上的笑也特别灿烂。

有一朋友要带孩子自远方来，自然全家都很期待。于是带上女儿去选礼物给将见面的小朋友，高兴地选好礼物后，女儿提出她也要一份，我想这都是因为平时太多以她为中心的缘故。借机没答应，告诉她这次我们是在为远道而来的小朋友选礼物，有点不愉快。日后俩小朋友见面后，高兴之余，把礼物送出。意外地，也收到了一个芭比娃娃的音乐盒。跟她一起兴奋的同时，告诉她，正因为我们每个人都想到了对方，所以今天大家都很快乐，这快乐还远远大于你给自己买礼物，因为这里包含了更多的爱。

体会给予同样会带来很多快乐。

随着年龄的增长，能仔细体会自己得到帮助或收到礼物时的感激和高兴。然后想象当我们去帮助别人或送出礼物时，那个人也和你一样会心存感激。那我们何乐而不为呢？所以鼓励她多做一些力所能及的事情，来帮助身边的同学、朋友……相信自己会收获更多的快乐。

活动感想

由于小孩往往在无形中会形成以自我为中心，而忽视周围同样重要的人群。所以，强调“我付出，所以我快乐；许多人在付出，所以你得到了很多快乐；

我们一起来，让大家一起感受快乐”。虽然有时女儿还有点不太理解，但起码她已经有所体会并实践了。相信她会品尝到更多的快乐从而乐于付出。

我与孩子一起成长

孩子：小付　家长：宋××

成长记录

国庆期间，我与爱人带着孩子约了同学一家到磐安、东阳、永康、武义等地玩了一圈。一来可以放松一下孩子紧张的学习情绪，二来也可以让他们了解一些有关金华的乡土知识。

一路上，孩子们说说笑笑，兴高采烈，异常活跃。尤其值得一提的是在龙溪漂流站的露营。龙溪漂流站位于武义与金华交界，这里群山环绕，溪水潺潺，而对于初次露营的我们来说，最大的优点就是在河边有一大块空地，可以搭帐篷。那里有一个老大爷，看到我们要陪他过夜，非常高兴。

我们与孩子一起穿管，披布，敲钉，搭好帐篷，孩子们就在帐篷里吃零食、猜谜语、算“二十四”，玩得不亦乐乎。夜色渐浓，孩子们的兴致也在慢慢消退。这时猛然想起车厢里还有玉米，于是我们提议烤玉米，孩子们马上又变得兴奋起来，与我们一起去找柴火。

我们拣来些干草用来点火，热心的老大爷拿来许多饭盒纸说：“用这个点吧，这个好烧。”我们谢过他便烧起火来。火越烧越旺，可以放玉米了，可是老大爷说：“现在不能放，先要烧一大堆的火呢！再加点柴火吧！”于是，我们又手忙脚乱地搬起柴火来。老大爷也来帮忙。大家把一捆捆的竹枝放进火里，火里响起一阵阵噼噼啪啪的声音。火光把我们的脸照得通红，孩子们的眼里闪着光，嘴里喊着、叫着、唱着，终于，我们兴奋地在火边跳起舞来，并把这一天命名为火把节。

火终于变小了，我们用尖尖的竹枝插着玉米在火里烤，一不小心烤焦了，却有一股番薯的香味。我们津津有味地吃起来。老大爷也拿来酒和我们一起喝，为我们助兴。

那天晚上，我们玩到很晚，以至于一进帐篷就呼呼大睡了。不过睡前，孩子还很男子汉地说“妈妈，你睡中间，我和爸爸睡边上保护你。”

第二天早上，我们告别老大爷起程回家。没想到孩子说了一句：“这位老大爷真好！”

不知怎的，我的喉咙里突然有点酸酸的感觉。

活动感想

这一次旅游，让我感受到孩子的成长其实就在于一夜之间。你不能简单粗暴，不能急功近利，而要用心与他们一起去感受大自然的美、感受人们的爱、感受生活的丰富多彩。在不经意之间，他们就长大了。我想说一句：与孩子一起成长，感觉真幸福！

心中有人

孩子：睿韬　家长：池××

成长记录

5月11日，星期日，对我来说这是一个普通的星期日。六点三十分，我起床准备去买菜、买早点，我的动静吵醒了正在熟睡的孩子。“妈妈，你怎么这么早啊，再睡一会儿好不好？”我没理他，可他还是一遍又一遍地央求我：“让我先起床，你睡回去。”我有点不耐烦了：“别烦我了，你自己要睡就睡，不睡就起来，我还有一大堆事要做。”孩子也提高了嗓门：“你干嘛这么早起床？你干嘛这么早起床？”眼泪吧嗒吧嗒往下掉。我觉得有些奇怪了，轻声问道：“怎么了，跟妈妈说说。”“今天是母亲节，我本来想比你起得早，帮你把早点买回来的，给你一个惊喜。”原来是这样，我忍不住抱紧了孩子，哽咽着说：“那你还准备送给妈妈什么礼物？”“保密。”孩子破涕为笑了。

我出去买菜了，孩子坐在书桌前，也不知道在忙些什么。等我打开家门的时候，一张红色的、心形的贺卡摆放在门口显眼的位置，上面是孩子亲手画的气球和飘带，两侧写着“祝妈妈节日快乐！”原来这一个多小时孩子在忙着做贺卡，他用自己亲手做的礼物给我一个祝福。贺卡做得有些粗糙，边缘剪得不光滑，图案画得也不怎么美，字写得有些弯弯扭扭，但这是我收到的最好的礼物。

活动感想

在父母的眼里，总觉得孩子是永远长不大的。一直以为现在的独生子女只知道索取，心中只有他自己，“小霸王”、“小皇帝”是这一代人的代名词。

通过“四有”活动的开展，孩子明显懂事了。有时能主动帮父母端菜、洗碗、擦桌子，做一些力所能及的事，有好吃的东西也不再抢着一个人吃，会请爷爷奶奶先吃，给长辈搛菜成了孩子的一个习惯。

旅　游

孩子：皓皓　家长：管××

成长记录

每一年的暑假，我都要带儿子外出旅游。不是要求他一定记住什么，不光是美景美食的享受，最重要的是希望在每一次的旅游中他能有所感悟，有所收获。

这一次是去张家界游玩。爬天子山的那天早上大家起得很早，天还下着雨，每个人都穿着雨披雨裤，又闷又热，很是不方便。天子山海拔很高，据说是那里的第一高山。沿着蜿蜒的山路，忽高忽低，忽上忽下，不知爬了几座山峰，刚开始的兴奋渐渐被疲惫所代替，儿子背着小登山包，气喘吁吁，汗流浃背，他是又累又渴(水早就被他喝完了)，又热又闷(穿着雨披)，逐渐迈不开脚步，喊着"走不动了!"他用求助的眼神看着我，就想一屁股坐在地上不走了，而我也是疲惫不堪。由于是团队行动，落下了就怕跟不上队伍，我也只能硬拖着他走，慢慢地就落后了，真着急。这时，同行的男士都纷纷将女士手中的包接过去，减轻我们的负担。此时小谢叔叔走过来拿过儿子的背包，牵着他的手，一路上和他说笑唱歌，很快就赶上了队伍。下山后，儿子对我说："这么多的叔叔帮你们拿包，他们真好！小谢叔叔把我的包拿走后，我感觉自己都轻了，他还讲故事给我听，我们一起唱歌看风景，你看我这么快就爬到了山顶！多亏了小谢叔叔的帮忙。"

旅游的第三天，由于空调车的空调坏了，大热天，儿子中暑了，上吐下泻，站都站不住了。出门在外的，我也是急得束手无策。还好一个团的程叔叔伸出了援助之手，一路背着他走，还有许多叔叔阿姨帮着拿行李，拿药，不停地安慰他，鼓励他。在大家的帮助下，儿子很快恢复了健康，愉快地游玩了张家界。

回家后，儿子在日记中写道："这次张家界之行，我得到了很多人的帮助。在这些叔叔阿姨的帮助下，我顺利愉快地玩了张家界，尤其是我生病的时候，程叔叔不顾自己的辛苦，还背着我走来走去，真是很感谢。大家的帮助让我感觉非常的愉快，非常的温暖，我也要向他们一样在别人遇见困难的时候去帮助别人。"

一周后

周末的晚上，我和儿子谈起这次旅游的事，从儿子的说话中可以看出不仅那里的风景给他留下了深刻的印象，旅途中大家的互相帮助给他的触动更大。我借机教育他要互帮互助，儿子认同。于是我和儿子说："你看外婆每天都要做那么多的家务，你是不是帮她做点什么?”第二天在外婆家，帮着老人擦桌子，扫地，倒垃圾等力所能及的事情。外婆直夸他长大了，懂事了。儿子悄悄告诉我:“妈妈，你看外婆今天一直表扬我，真开心！原来帮助别人是如此的快乐!”我告诉他，帮助别人不仅仅是帮家里人，身边的人有困难，我们都要伸出援助之手。

一个月后

星期天的下午，儿子在下面和小伙伴玩。过了一会儿，儿子高兴地跑来说:“妈妈，妈妈，你看阿姨给了我一包糖!”怎么回事？在儿子的绘声绘色的讲述下我知道了事情的原委:儿子在玩的时候，看见一位老奶奶在在一幢楼前徘徊了很久，儿子好奇，上去打听，原来这位老奶奶来看孙子，是第一次来，记不清门牌号码了，又不知道去物业那里问。儿子问了她孙子的名字，向小伙伴们打听到了住址，就自告奋勇地陪着老奶奶找到这户人家。晚上，儿子在随笔中写道:“帮助别人是那么甜蜜!”

半年后

晚报上登了我市去贵州支教的一位老师的文章，在文章中这位老师多次提到那边艰苦的生活，那边的孩子上课连课桌椅都没有。儿子看到后，马上拿出他的压岁钱，一定要我带他去报社将这钱捐给贵州的孩子，给他们买课桌椅。一想到那里的孩子有新的课桌椅，儿子就很兴奋。在学校大会上老师让他说说感想，儿子说:“帮助别人，快乐自己。”

活动感想

在儿子成长的过程中，我欣喜地发现:儿子在接受别人帮助的过程中，感动之余，渐渐自己心中有“他人”，体会到了帮助别人的快乐。

社会中人是主体，孩子更是一个家庭的主体，万千宠爱在一身，容易让孩子自私，自利，唯我独尊。“四有”的教育不一定要特定的时间和地点，生活中点点滴滴都包含许多“四有”的道理，大人适时地抓住身边的机会，进行及时的引导，这远比教科书生动，更能触动孩子的心灵。润物细无声，随着孩子一天天地长大，他会一天比一天更理解“言之有训，行之有范，眼中有活，心中有人。”

眼中有活，生活更多彩

孩子：扬扬　家长：陈××

成长记录

放暑假了，侄儿说要来我家住几天。我因为要上班，没时间照顾他们。所以事先跟扬扬说好，让她自己来照顾弟弟。因为有弟弟做伴，她当然很高兴，满口答应下来。弟弟来了以后，她安排弟弟做作业，做完作业，两人一起做游戏。姐弟俩相处得非常融洽。

舅舅来看儿子，顺便跟我说起，周六早上七点要去捡垃圾，因为市里正在搞创卫，周六就没得休息了。扬扬在边上听说了，就对她舅舅说："明天我也要去！"然后她就动员弟弟也一起去，她舅舅说："你们去可以，但早上六点钟就要起床。"两个小家伙兴致很高，笑嘻嘻地说："我们要去捡垃圾了。"看他俩这么乐意，我就同意了。我心里想，他们大概觉得好玩，才这么开心。

我以为这次他们只是说说而已，所以就没放在心上。要知道他们平时都不早起。六点钟，他们能起来吗？结果第二天，这姐弟俩不但准时起床，而且还非常有精神。后来听她舅舅说，他们俩积极性挺高的，俩人还比赛谁捡的垃圾多呢。在捡垃圾过程中还主动去劝说店主，让店主把门前的垃圾清理了。回家以后，扬扬写了一篇日记《一次创卫体验活动》。

活动感想

当孩子有想法时，作为家长应该支持孩子，给予他们信任。孩子能做或通过努力能完成的事放心放手让她做。家长不要左叮咛右吩咐，显出放心不下的表情。这样她就会觉得自己是这件事的主人，自己有义务有能力完成这件事。让孩子在生活的点点滴滴之中意识到她应当去做一些力所能及的事，有助于孩子责任感的培养。

帮助别人，快乐自己

孩子：悦悦　家长：程××

成长记录

记得有一次我带女儿乘公交车出去玩。上了车，我们都找了一个靠窗的空位子坐了下来，一个站台到了，门"咔嚓"一声打开了，早在车站等候的人们一窝蜂似地挤了进来，整个车厢都挤得满满的，最后上来的是一个老爷爷，他满头白发，手上还拎着一个袋子，艰难地上了车。只见他右手使劲地抓着扶手，显得特别吃力，整个身子随着车子的颠簸而前后晃动着。我赶忙站起来，扶住他让他坐到位置上。随后，驾驶员对着他喊："票买一下。"只见他从袋里摸出一张十元人民币，问旁边的人有没零钱兑换一下，旁边的人都摇摇头。于是，我从包里拿出2元硬币叫女儿去投币，女儿不理解地看着我，我轻轻地跟她说："我们有能力帮忙的就帮一下，你把快乐留给别人，你自己也会感到快乐。"女儿马上高兴地站了起来，帮老爷爷买了票，老爷爷一个劲地说："谢谢！谢谢！"

活动感想

作为家庭教育的第一位老师——父母，我们的一言一行，一举一动对孩子的影响是不可估量的，甚至影响到他的一生。一滴水很渺小，但它可以折射出七彩的太阳光芒，一个人的日常所作所为可能是件很小的事情，却可以反映出一个人的修养和品质。当前在提倡孩子素质教育今天，孩子的成长要求我们"言之有训，行之有范，眼中有活，心中有人。"只有我们始终如一持久地从小事一点一滴做起，拥有一颗善良的心，养成礼让别人的习惯！那孩子就会耳濡目染地养成良好的行为习惯。

一起种花

孩子：盛儿　家长：傅××

成长记录

我家有个朝南的阳台，四季都长着花草。今年年初，我买了一些花苗，准备移栽到阳台上，女儿建议和我进行养花比赛，我同意了。于是我们俩各挑一只大花盆在里面种了起来，我看到女儿那只花盆里密密麻麻的种满了花苗，就和她讲种的太多、太密，会影响它们的生长，不会开花，就是开了也会开得很少，很小朵的。女儿没有采纳我的建议，她爸爸看到，也和她讲植株多，影响花苗生长的道理。女儿也不理会爸爸的建议，还要起脾气，一边生气去了。女儿有时比较固执，脾气也不是太好，我也就懒得再理论，随她算了。过了一段时间，我种的那盆花长得很好，开出很多花，比女儿那盆好多了。在这过程中，女儿也不时地把两盆花的生长过程拿来比较，知道当时没有听父母的建议，固执己见，导致比赛输给我。从这次事件后，女儿比较能接受我们提出的一些建议了，有些时候也能多问几个为什么，学会从多个角度考虑问题。

活动感想

日常生活中，家庭教育时时处处存在家庭生活每一个小事中，女儿长大了，凡事都有自己的想法，有时会固执己见，有时有点叛逆的举动和父母对着干。父母应了解孩子发育特点，懂得教育规律，多一点时间和孩子相处，参加一些实践活动。其实，实践活动的教育往往带来意想不到的效果。

游　泳

孩子：林风　家长：黄××

成长记录

今年暑假，林风就满十周岁了，已经是一个 150 厘米的小伙子了，虽然个子很高，却也显得有些胖胖的，为此我们与他商量假期参加游泳培训，既能锻炼身体也能锻炼意志！但是，都听说游泳是一件特别苦特别累的运动，看他平时走一点路就叫累的样子，我们都担心他不会答应！可没想到他欣然应允，并且保证说一定要学好！学校一放假就由爸爸负责接送，每天两个小时到四中游泳馆训练。游泳运动强度很大，由于初学老是呛水，他有过敏性鼻炎每天回来鼻子都很难受，天天都是高温日晒使得身上火辣辣的疼。有一天回来他趴到床上就睡着了，看到这个样子，我想他肯定坚持不了，这么累不出十天肯定要打退堂鼓了吧！可是没想到，他不但坚持下来，而且还表现很好，被教练选中参加市里的比赛，我真不敢相信他还能去参加比赛，因为参加比赛的都是去年就开始参加专业培训的学生，不但年龄比他大，水平也比他高得多，可他才不过培训了两个星期他能行吗？而且去比赛还要参加集训，每天都要水里训练四到五个小时，哪里吃得消啊，做妈妈的我真替他捏一把汗，我怕他坚持不了中途退出，就开始打击他，给他说了好多好多的困难，可是他还是决定去参加比赛，并且说再苦再累都不怕。既然他都这么坚持，我们还有什么好说的呢。我和他爸爸只能做好后勤工作，每天给他加强营养，爸爸还陪同他一起每天慢跑 30 分钟和举 7 公斤哑铃 120 次，以锻炼耐力和臂力，通过 12 天的艰苦训练，比赛终于顺利完成，他参加了 200 米的仰泳和 400 米的混合泳比赛，并且取得了小组第三名的成绩！为了庆贺这来之不易的成绩，我们还去豪客来吃牛排庆祝了呢！

活动感想

暑期的游泳结束了，看着孩子健壮的晒得黝黑的身体，我感觉到他真的长大了，再也不是温室里的小花朵了。如果不是他自己的坚持，我可能就放弃了他参加这次比赛的机会。我们舍不得孩子吃苦受累，可是他的兴趣和坚持让他体会到了丰收的喜悦，这种坚持的精神如果能运用到今后的学习和工作当中，还有什么困难是能打倒的呢？开学了，游泳由于条件限制不能继续，可是每天举哑铃还是从未间断过，我打心里觉得林风真棒！不知不觉中孩子也给我上了宝贵的一课。孩子，希望你在今后的人生道路中，能继续保持这种不怕苦不怕累的精神，能坚持做好每一件事情，你肯定会是最优秀的孩子！

儿子勇于承担责任了

孩子：振航　家长：陈××

成长纪录

我的儿子可谓是一个缺点多多，优点也多多的孩子。在其成长过程中，最让我担忧的个性行为，即缺点就是——推卸责任。因为这个缺点的存在，使他和同学之间的交往和沟通受阻，造成了同学们在一定程度上对他的不信任。这不，近段时间他又不高兴了。于是我问他："是不是和同学之间发生过不愉快的事情，也许我能帮你分析、查找原因呢？"在我信任的目光注视下，儿子跟我说起了：

有一次上体育课，我们正在操场上跑步，突然有人"叭叽"一声摔倒了，我一看，是被我的脚无意绊倒的，这下我急了，两眼紧紧地盯着老师。只听见老师放粗了声调，严厉地问："是你绊倒他的吗？"我怕老师批评，急忙回答："不、不是我，是他自己没站稳跌倒的，我……我没绊他过！"我急促地为自己辩解。老师看看我，又回过头看了看那同学，说："下次上课注意力要集中，别开小差。"那同学很委屈地对老师说："老师，我真的是被同学绊倒的。"这时老师又问其他同学："有没有看见他是被谁绊倒的？"此时大家都把目光集中到我的身上，说："是振航！"当时我觉得自己真的很丢脸，真后悔自己当时的做法，其实，当时我真的是害怕老师要指责我，才这样说的。

听完儿子的叙述后，我的心里很不好受，其实事情发生已有一段时间了，我都丝毫未察觉到儿子内心的烦恼，如果我多花点时间了解儿子，孩子的烦恼也许很快就过去了。于是我客观、耐心地给儿子分析："儿子，你知道吗？在一些重要的日子里，我和朋友相聚的时候，都会带上你，因为你很可爱也很聪明，那些叔叔阿姨都很喜欢你，因为你是孩子，说话都带着可爱和纯朴。但是体育课上发生的那件事情，妈妈觉得现在的你养成了不诚实的行为……"还没等我说完，儿子向前迈出了一步。

活动感想

自打那次和儿子面对面的交流后，我受益匪浅。的确，孩子一天一天地在长大，他们的思想也随之在变化，这个过程很需要父母的情感倾注，做一个有"心"的父母，是找到孩子成长烦恼的根源，也是孩子成长的心灵驿站，在这个心灵的驿站里，孩子的心灵会得到释放，成长的步伐会更稳健。

与孩子共同成长

孩子：倩倩　家长：高××

成长记录

对于孩子，一直以来，我们的培养理念就是不求她有多少拔尖的学科成绩，但希望能做一个讲文明，会感恩，善良、正直的人。在学习上不给过多的压力，但在教会孩子做人方面绝不含糊。为孩子付出的同时，我们更要让孩子知道父母为她的付出，让她也能想到父母，主动承担起家庭的一些责任。"眼中有活"，才会"心中有人"。

从十岁开始，我要求她做简单的家务：烧简单的菜，饭前盛饭端盘，饭后刷锅洗碗，整理自己的书桌卧室，洗袜子。

刚开始两天，她兴致很高，为爸爸妈妈炒鸡蛋，煮汤。当然，我需要打下手并在一旁加以指教。还别说，孩子做出来的菜味道很不错，好吃！我们边吃边大加赞赏，她更是乐此不疲了。

几天过后，新鲜劲儿一过，就不那么积极了，就不想再做了，而且老是推托(她松劲我们可不能打退堂鼓，怎么着也得让她坚持，养成习惯就成自然了嘛。)我和她爸一边鼓励，一边拿出菜谱和她一起尝试新菜肴的烹制技巧，这又调动起了她的积极性、好奇心、好胜心，现在的餐桌上总能尝到女儿的手艺了。(看着她一脸的兴奋，再难吃我们也觉得是"山珍海味"。)

可是有一天，不知为什么，孩子坐沙发上给我发号施令了，"妈妈，我要睡觉，给我烧洗脚水。"(命令的口气！搞得我真想骂她几句，但我还是忍住了。)我说："自己能做的事情自己做啰。"她不高兴也不动窝，我也不动不理会她。就这样僵持了十几分钟，她还是不情愿地进了厨房，自己烧了水。我也不失时机地表扬她："还是倩倩说话算数，小事情自己做，说到做到了，向你学习。"孩子也不好意思地笑了。(看来坚持与忍耐同样有效！)

可脚洗完了，女儿把袜子往水盆里一扔，端到卫生间就要走——袜子不想洗了。我走过去，拉住她，“来，妈妈帮你洗，一人一只。”结果，我俩共同洗完了一双袜子。（引导更重要呀！）

活动感想

我一直都认为，孩子的持久性是需要慢慢培养的，习惯是需要慢慢养成的，在这个过程中要让她当主角，家长——至少是我——再也不干越俎代庖的事了。要无条件地相信我们的孩子——你能行！

到现在，孩子基本上能自觉地想到做一些家务事，虽有时会有些推托，但还是能体谅到父母的辛苦，放学能自觉烧上饭，能自觉完成学习任务。外出尊重别人，待人有礼，同情弱者。

父与子

孩子：小迪　家长：吴××

成长记录

一天早晨，在一所小学的校门口，一名男孩从摩托车上爬下，男子最后整理了一下孩子肩上的书包对小孩说：“下午放学后我来接你。”男孩回答说：“不用了，我自己回去，您也很辛苦！送我上学后还要赶去上班，下班后还要为我准备晚饭。我自己会注意安全的您放心吧！”这不是电视或电影里的画面，而是现实生活中的一个真实场景，场景中的两位主角就是我和儿子。那天听了儿子说的那些话后，我真切地感到儿子在成长的路上又迈进了一步！记得在那次对话前不久，我在一次饭后和儿子闲聊，我想让他体会一下父子角色互换的感觉。我将自己一天的生活轨迹告诉了他，让他去体会一下父亲的责任和义务。也许就是这样一次简短的闲聊，儿子开始对爸爸的定义有了新的理解。当孩子从他幼稚的口里说出这样朴实的一句话语，作为父亲我真切地感受到了一点，父与子又多了一分理解！

活动感想

孩子是父母的希望，孩子是父母的最大精神寄托！这是每位家长共同的期盼。但是否家长都知道，父母是孩子成长过程中最重要最直接的老师呢？为人父母，自己是否在教育子女方面都尽到了自己的责任呢？父母的责任不仅仅只是为孩子创造好的物质生活条件，孩子在成长过程中更需要一个良好的温馨的家庭，需要一对能知道孩子理解孩子的父母。自己在观察孩子成长的时候往往只注重结果，而没有仔细去反思在孩子成长的过程中，自己做了什么？如何去做了？往往把孩子成长中的不足全归结于孩子的身上。通过这次活动，我不仅看到孩子成长了，感觉自己也伴随着孩子在成长，他让我明白了很多道理，孩子仿佛是一面明镜，映照出了自己在教育孩子中的不足。教育孩子需要注重方法，因人而异，生活中自身的言行是孩子最好最直接的榜样！

第七章　建构：小学德育文化的培育

一、从“两箱一谣”到“四有四气”

建校伊始，学校就提出了“塑造阳光心态比塑造神童更重要”的教育理念。学校设立“悄悄话信箱”和“金点子信箱”。“悄悄话信箱”呈城堡形状，贴有“悄悄话儿对我说”，放于学校综合教学楼口。红领巾广播站宣传箱的设立目的，在于鼓励同学主动说出内心困惑。学校组织心理健康教育教师每天下午五点开启，做到悄悄话不过夜。教师回复一般遵循亲切问候、共情分析、引导思考和美好祝愿四个步骤。对特殊需求学生或回信，或预约个别谈话；对普遍问题或反馈班主任开展团体心理健康教育，或借助校园广播站、校园回音壁等途径答复。“金点子信箱”呈笑脸模样，放于校门口，用于听取、收集家庭和社会对学校的评价和建议，及时反映社会时代发展对教育的最新要求。

学生在“悄悄话信箱”、“金点子信箱”活动中，充分调动了参与的积极性和主动性。从每一次信箱中信的数量和学生关注的话题，可以体现学生的主人翁精神。每次开信箱时，信箱总是塞得满满的。而学生谈及的话题则包括内在因素和外在环境的方方面面。例如，三年级一位学生这样写道：“我希望老师在开展班队活动课上，不要光让学习好的同学主持，应该让成绩一般的同学自己写稿子，自己主持。这样可以调动同学参与活动的积极性，增强同学的口头表达能力，也可提高同学的写作水平。”这位学生的自主参与意识跃然纸上。另一位学生这样写道：“这几年学校对同学们的负担减轻了，可我的负担却比以前更重了。每天放学回家，我做完老师布置的作业，爸妈还要我继续做课外辅导书上的作业，之后还要我练字，我每天晚上作业都要写到 7 点，心里非常难受。我希望我的爸爸也能像其他同学的爸爸一样，给我一点自己的空间。”由此可见，“悄悄话信箱”为展示和培养学生的自我意识和独立意识提供了一个平台，促进学生自我意识、独立意识和学生的自我教育能力的发展，充分激发了学生的学习、成长的主人翁精神。

“悄悄话信箱”和“金点子信箱”加强了学生、教师和家长的沟通，充分调动了学生和家长参与教育活动的积极性和主动性。为进一步形成有计划有系统的德育内容，学校开展了“德育新童谣”研究。心理教育是一个系统工程，除了设立作为主要渠道的“悄悄话信箱”外，创造良好的心理发展环境也是非常重要的，它能有效地避免学生经常性地陷入危机状态，维持其心理的平和、积极、顺畅，对于实现心理健康教育的基本目标起着重要作用。健康的心理教育环境应是有利于学生充分挖掘潜能，形成健全人格的环境。其中最为关键的是要有利于学生形成积极的自我概念，激发自我发展的需求，并在此基础上形成自信心与自尊心，从而较好地适应学习和生活。

从“悄悄话信箱”的操作过程中，我们可以看到心理健康教育与德育是相辅相成、不可分割的。德育是做人的教育，是素质教育极其重要的组成部分。毫无疑问，德育的实施蕴含着心理教育的内容，因为不管是道德品质的教育还是道德行为的教育，都必然与儿童心理以及心理教育发生关系。现代的道德教育中，其基本内容是侧重于人之社会化的教育，道德品质和道德行为，也包含着人与社会，以及人与人交往中的伦理准则。它与心理教育的共同之处在于对人格的培养，对人将发展的促进。基于德育与心理教育的关系及其本身的重要性，我们提出了以德育新童谣为重要形式的规范养成教育。通过这一教育形式，优化学生的心理教育环境，培养其良好的心理品质，发展其个性。在我们的改革实践中，德育新童谣是配合思品教材，结合《小学生日常行为规范》编写出的简短精练、形象生动、琅琅上口，可以作为游戏组成部分，寓教于玩，寓教于乐，符合儿童的年龄特征，是行为规范养成教育的新颖内容和有效途径。它使教学过程生动活泼，营造了一种轻松自在的学习氛围，让学生在学习中自得其乐，为学生的成长创设了极佳的心理发展环境。

德育新童谣的操作主要分为以下几种形式：

(1) 创编：组织教师配合《思想品德》课教材，结合《小学生日常行为规范》编写了50多篇德育新童谣，并根据年段特点分为三大系列：低段以安全卫生、文明礼貌为主，中段以勤学守纪、创新进取为主，高段以爱国守法、勤劳孝敬为主。

(2) 传诵：在校内，结合思想品德课等学科内容，教诵新童谣；举办新童谣板报展；还以少先队大队活动形式专门举办“新童谣朗诵会”，把新童谣排成节目，边诵边演。在校外，鼓励学生利用课余时间和节假日跳牛皮筋、造房子等游戏的机会，把童谣当作游戏的一部分，边玩边念，把学会的新童谣向邻居、邻校的小朋友传诵。

(3) 征集:暑假前夕,学校大队部向全市青少年朋友发出“人人传诵健康新童谣,告别庸俗顺口溜”的倡议。在暑假期间,和金华电视台联合举办了向社会各界征集德育新童谣活动,并给本校学生布置了“六个一”德育作业,其中一个“一”就是创编一首德育新童谣。

(4) 成册:将由教师创编与向社会征集的德育新童谣编辑成小册子,本校学生人手一册,并赠给其他小朋友。

童年需要童谣,对小学生尤其是低年级学生只有用健康的童谣从小去影响他们的心灵,才能有效地剔除庸俗顺口溜的侵蚀。德育新童谣的创编、传诵工作逐步由低段向高段拓展,由校内向校外延伸,对培养学生的良好行为习惯、道德品质及健康心理起着不可忽视的作用。

“两箱一谣”在学校形成了德性养成的绿色通道。在对成果不断整理的过程中,我们发现学生在“悄悄话信箱”中反映的困惑大多与人际交往有关,“金点子信箱”中反映的情况大多与行为习惯养成有关,而涉及这两方面的童谣特别受到学生欢迎。为此我们将德育进一步切入到小学生成长需要的方面,形成了符合小学生心理发展规律和学校特色发展规划的“四有”和“四气”德性目标。

学校结合“以德育人、修德育才”的办学目标,提出了“言之有训、行之有范、眼中有活、心中有人”的小学生智慧德性养成目标。“言之有训”是德性养成的认识基础,反映了小学生对于德性现象和规律的理解,要求小学生在交往中言谈文明,体现较高的品行素养;“行之有范”是德性的显性体现,反映了小学生运用理解的德性解决问题的过程,要求小学生遵循社会良好的规范与法则,形成积极的人际关系;“眼中有活”是德性需要的体现,反映了德性主体与客观世界之间的关系,要求小学生在学习和生活中自主、合作和探究,承担小公民的社会责任;“心中有人”是德性激发和持续的动力,要求小学生对共同生活的生命表现出关怀和尊重。四者构成一个完整的品格心理结构(德性)的整体,相互关联,互为基础。智慧德性的划分只是出于研究方便,现实操作中往往每一“有”都体现了德性的整体和谐。

智慧德性从小学生行为习惯养成与和谐人际关系入手,较为细致具体地说明了小学德育工作的落点;进一步提升后使儿童形成“大气、雅气、灵气、朝气”的精神面貌。“大气”是学生在为人处事方面的体现,“雅气”是学生在学识才能方面的体现,“灵气”是学生在生理心理方面的体现,而“朝气”是学生在持续发展方面的体现。由此从行为到精神建构了具有学校特色的小学生德性内容体系。

“四有”和“四气”的德性内容体系确定后，我们对“德育新童谣”进行充实。“两箱”的信息反映出很多学生存在道德认知、道德情感和道德行为不一致情况。“德育新童谣”单纯关注道德认知，应该给孩子们更多道德行为实践和道德情感体验的机会。学校对小学生德育途径进行变革，从实践和体验入手开展小学生德性养成研究。研究采用情景剧提升儿童自我认同能力，在安全氛围中尝试各种方法迎接成长挑战；创编课间游戏，在同伴互动中参与共享、助人和合作活动，形成乐群的良好品质；利用课堂三分钟，开展师生画像，为教师和学生相互理解，相互感受生命意义提供机会；发动教师和家长合作，共同创设增进亲子关系的家庭传统，营造和谐的家庭氛围，努力引导家庭形成适合儿童成长的温馨环境。通过整合学校和家庭的教育资源，形成以实践和体验为核心的小学德育策略体系。

通过基于体验的小学生智慧德性养成的策略研究，提升了学校师生的理想道德、人格品质和社会责任意识，丰富并活跃了我们的精神生活，用行动打造出了东苑儿童“大气、雅气、灵气、朝气”的新形象；构建起一套自成体系的小学生智慧德性养成策略，其基于体验的途径和源于生活、用于生活的价值理念，大大提升了德育的实效性。通过几年的实践，校园中形成了利于学生提高自我意识，形成良好同伴、师生和亲子关系的和谐环境。我们欣喜地发现，教师的幸福感增强了；孩子与家长所说所做、所为所想、所思所虑也发生了显著的改变。

教育是一种有目的、有计划、有组织的促进学生身心全面和谐发展的运动。为达此目的，开展教育活动必须依赖积极的组织系统。积极的组织系统有利于系统内个人形成积极人格，并产生积极情感。对学校而言就是能调动教师和学生的积极性，发挥师生的潜能，增进其积极情感体验。这正是智慧德育力图实现的目标。

学生和教师的经验、潜力不仅受到学校的影响，也受到家庭和社会的影响，而且后者的影响更持久和广泛。家庭、学校、社会共同组成了一个大的组织系统影响着孩子的健康成长。创造良好的组织系统有赖于三者的共同努力和整体优化。随着智慧德性教育的逐步深入，学校逐渐形成一种全社会共同关心的组织系统。

学校组织由多个层次组成，是一个复杂的系统，建立积极的学校组织系统环境涉及学校管理的诸多理论和实践研究，在此主要从积极心理学的角度谈谈如何激发教师的积极性以及积极的班级环境的建设。

首先，要调动教师积极性，增加其积极体验。苏联教育家苏霍姆林斯基深有感触地指出:“如果没有全体教师从精神上对我校长工作的支持,那我在学校里连一天都待不住。”充分调动广大教职工的积极性,发挥每一位教职工的创造潜能是办好学校的根本。造成学生心理问题的原因是多方面的,但最主要的是学习压力、家庭环境、社会影响和教师的教育方法。有专家通过个案分析指出,2/3 的成人心理疾病产生于中小学时期,小学生心理疾病的根源大多数在家长,中学生心理疾病的根源大多数在教师。积极心理学认为,在学校心理健康教育中,教师和学生一样都是成长的、发展的个体,不再是教育与被教育的关系,教师不仅要以积极的态度看待发展中的学生,重视学生关注自我成长的经验、流畅的思维和情感,培养学生的积极心理,还要善于培养自己的积极心理,关注自身的健康成长。

在学校工作中要尊重教师,坚持以人为本,为教师营造个人成长、发展、自我实现的环境,从内外两个方面不断创造教师平等发展、自我实现的环境,调动教师从事教育事业的积极性、主动性、创造性,提倡民主治校,理解教师、信任教师,积极听取他们的意见和建议。让教师积极主动地参与学校各项管理工作中。同时,学校需建立激励机制。一是情感激励,实际上就是学校领导对教师的理解、信任和支持,注意给教师关心和爱护,帮助他们实现自我成长的需要,帮助教师解决一些工作以外的实际问题,为教师排忧解难。二是制度激励,就是学校在管理中,首先要建立一些符合本校实际的制度,科学设置一些规范要求,使全体教职工明确这是实现学校目标的基本保证,在认同的心理下主动接受制约。对于教师也要加强德育和心理健康教育的培训。在制定中小学教师培训计划时,应将德育和心理健康教育作为教师继续教育的一项重要内容。

其次,要建设积极的班级环境。“以学生为本”是管理好一个班级的根本途径。教育的目的就是要把所有的学生都培养成对人民有益、对社会有贡献的人,然而,教育对象的特殊性决定了我们的教育不能靠简单的灌输和压制,“以学生为本”是素质教育的灵魂,也是班级管理的灵魂。“以学生为本”就是以学生为主体,把班级管理的主动权交给学生,通过学生团结协作、互相监督等途径促进良好班风的形成。实践证明,班级管理只有坚持“以学生为本”的管理原则,才能获得最佳的管理效果。因此,作为一班之主的班主任要面向全体学生,尊重全体学生,让每一个学生都成为班集体的主任,参与班级管理。

从“悄悄话信箱”、“金点子信箱”和“德育新童谣”到“智慧德性养成”,从“四有”到“四气”,学校经过了十年德育探索。这十年是学校与课程改革共同成长的十年,是学校创造性开展小学德育改革的十年。本研究成果展示了一所现代化学校，以集体归属感为核心，探索校园德育文化建设的历程，真实地记录了课程改革在基层学校理念落实和行为转变的过程。

二、小学生智慧德性的特点

传统小学生德育大多遵循内化和外化的形成规律，强调个体德育是一个认知先导的从无律、他律到自律的过程。有些研究者提出了顺从、认同和内化的阶段论。通过实践探索，我们认为小学生德育应该重视个体内在原有德性的培养，在体验式活动中，以情感为先导，引发道德主体自我意识与客观环境的互动，在人际交流中养成和谐德性。这是以往研究所没有给予充分证明和实践的，符合小学生心理发展规律和德育工作规律，具有浓厚的本土特色。其体系如图 7－1 所示。

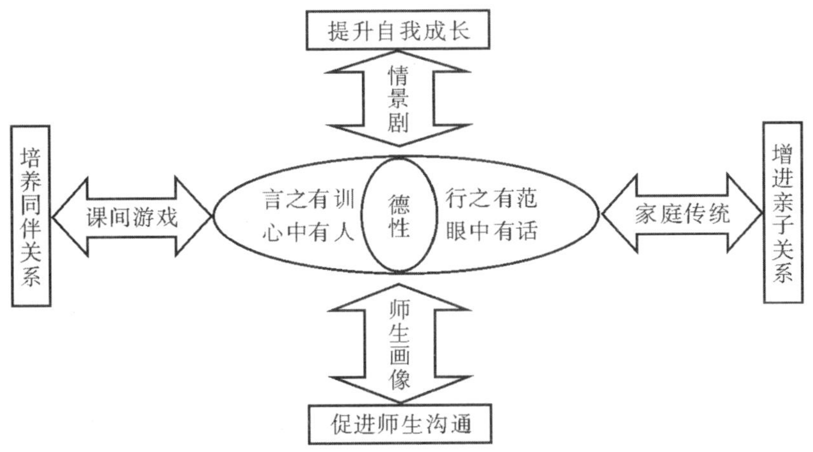

表 7－1　小学生智慧德性养成策略体系

情景剧是通过小学生的角色扮演，释放平时压抑的情绪，同时通过讨论、角色互换、互提建议、交流感受等方式，帮助学生自我反省、互相启发和互相支持，更加深入的了解真实情况和他人感受，学习人际交往的技巧，获得处理问题的灵感并加以练习，实现“四有”德性的自我成长。情景剧的内容主要来源于小学生的生活，将生活世界作为课程资源的重要来源。情景剧的实施除常规性地培训引领教师外，具体实施时还应制定规则，开展两结合的评价方式。在反复实验基础上，形成了“暖身—表演—分享与讨论—再表演”情景剧的四阶段。

游戏是儿童的天性，课间游戏的开展既能解除小学生的疲劳，又能养成他们良好的行为习惯。游戏内容来源广泛，但要精心筛选，以达到游戏价值的最大化。游戏的实施遵循特定的原则，我们在长期实践基础上，形成了“学做游戏—加工素材—分组创编—展示与交流—推广游戏”的创编程序。课间游戏的设计一般两人或多人进行，为学生学会交往，学会团结合作，学会关心他人提供了良好的条件。

师生画像旨在通过简短的活动或课前预热、课间放松，形成生命与生命之间的对话，使得师生之间关系更加民主、更加和谐，达到老师的眼中有学生，学生的眼里有老师，从而建立和谐的师生关系，促进课堂效率的提高。师生画像的内容聚焦于老师对学生的闪光点和兴趣点的特殊关注，也可以是学生对老师兴趣点的关注，师生间的互相关注和鼓励是创造课堂三分钟画像的重要因素。师生画像的实施原则具有教育性，操作程序具有关怀性，评价方案具有发展性，从而使得师生画像成为增进师生感情、激发师生相互关注重要载体。

家庭中的亲子和谐关系是孩子健康成长的营养剂，而开展亲子对话传统活动则是培养亲子和谐关系的重要途径。家庭传统的内容选择使父母和孩子成为朋友，孩子与父母对话自由，建立现代家庭从“听话”转变到“对话”的亲子关系模式，从而确立民主、平等的亲子关系。在形式上家长“蹲下来”和孩子说话，尊重孩子的人格，向孩子学习，理解、倾听和鼓励孩子，与孩子进行平等的交流与沟通，真正走进孩子的心灵。“家庭传统”内容的选择视野开阔，大大地丰富了“四有”的内容，注重在细节处进行教育，在形式上进行拓展，在时间的安排上也有灵活的处理。在长期的实践过程中，我们总结出家庭传统开展的原则、操作程序以及评价活动的方法。

上述四种策略的构建，都是基于“体验”这一核心策略。体验既是一种行动或过程，又是一种结果；既有认知因素，也有情感和行为成分。上述德育策略体系的构建侧重道德认知、道德情感和道德意志三个方面的德育目的，显示出与传统德育模式截然不同的风格。德育的本性在于人在理想中实现自我超越，所以其根本目的应在于完成品德心理结构完整、情感丰富、知行合一的道德主体。

体验是一种亲历活动，既是行动或活动本身，又是活动的结果，所以体验对于小学生“四有”德性之养成，意义重大。体验产生情感，从而将品德心理结构中的知、行统一起来，实现由知到行的转化，培养道德行为的习惯。情感是体验的核心和灵魂，而情感又是体验的出发点，促使主体进入到新的道德体验活动中去。在学校里，人们经常看到这样的场面：教师把犯错误的学生叫到办公室，教师气呼呼地一坐，学生怒冲冲地一立；教师把口一张，学生把头一低。尽管教师义正词严，可学生却很难听进去，更不能唤起学生自惭自愧的内疚心理。对此，教师会唉声叹气："孺子不可教也。"老师若能运用体验的方法，把犯错误的学生悄悄地叫到一边，师生促膝而坐，相互沟通，不仅可以避免学生的逆反心理，还可以拉近师生间的距离，从而起到"亲其师，信其道"的效果。有一天，某同学放学后偷了农家的番薯，结果被农民发现告到学校。我们采用了"冷处理"的办法，把这件事压了下来。因为，从自己曾有过的类似经历中，偷番薯是学生好玩心理的表现。一天之后学生自己却惴惴不安。心想"老师怎么不批评我？"到了第五天，我们在他的耳朵边悄悄地说了一句："哎，偷来的番薯好吃吗？"如今，这位同学已走在工作岗位，成了一名优秀的小学教师。我们见面谈起他那幼稚、美丽的错误时，他真诚地说："谢谢老师当时给我面子，又使我无地自容。"正是通过情境体验、移情换位、角色扮演、自我经验反思等机制，体验改善了个体的德性心理结构，促使个体知行合一，引导个体过道德生活。

北京师范大学公民与道德教育研究中心的檀传宝认为，学校德育具有三种课程形态：一是"直接德育"，如政治课、班团队活动、升旗仪式等，其特点是直接进行价值或者规范的宣讲；二是"间接德育"，如语文、历史或数理化诸课程中固有的爱国主义、科学精神、唯物主义教育内涵等；三是"隐性课程"，即在开展前述两种显性教育过程中，通过师生交往的形式、学校制度、教学组织形式等途径，对教育对象实际发挥的价值影响——比如课堂教学中教师是以平等的口气与学生共同探索，还是居高临下的教学，会传递完全不同的价值，培养完全不同的人格。

有效的德育需要实现直接德育、间接德育和隐性课程的"三课并举"，间接德育与隐性课程是"沉睡的雄狮"。小学生智慧德性养成的几个策略恰恰关注的就是如何唤醒间接德育和隐性课程这头"沉睡的雄狮"。正是在全面开发德育课程的基础上，学校德育文化展现出价值与规范的文化智慧之美，展现了德性生活的温暖，德性人格的优雅，使得全部的德性课程具有了欣赏性和审美性，彰显出德育工作本来就具有的精神魅力。

三、培育充满生机的小学德育文化

学校文化是学校群体共同遵循的生活愿景、活动信念和价值标准，是学校最核心最深层的管理。"两箱一谣"的研究历程是学校德育文化的确立过程，

"四有四气"的研究历程则是学校德育文化的培育过程。通过这两个阶段，学校明晰了自己的价值追求，有意识地在教育教学和学校管理工作中培育充满生机的小学智慧德育校园文化。这个过程体现了我们对于校园文化和德育文化不断深化的认识过程。

文化内涵复杂，不同学科和不同学术流派对文化有不同的理解和认识。有研究者认为，文化是人类群体在历史发展中特有的存在方式；有研究者认为，文化是由象征符号表现出来的人类群体的思想方式、行为模式、制度类型等生活方式；有研究者认为，文化是人类在物质生产和精神活动中抽象出的原则体系以及这种体系的现实化。我们一般将文化分为广义和狭义的文化。广义文化指人类在社会历史实践过程中所创造的物质财富和精神财富的总和。狭义文化指社会的思想、科技、教育、文学、艺术、宗教、传统习俗等及其制度的复合体。

教育和德育是文化的一个组成部分，是文化大系统中的重要因素。很多学者甚至认为，教育就是文化，德育是高度的文化。就学校教育来说，健康的教育环境还需要营造良好的校园文化心理环境，这包含两层意思，一是指静态的文化心理环境，如校容、校貌以及各种设施设备，它对学生的心理发展会有一定影响；另一指动态的文化心理环境，如班风、校风等，它对学生会产生更大的影响。良好的校园文化心理环境的营造要动静结合，形成一种和谐的整体氛围。

（一）智慧德性文化具有生态性

生态发展观点强调，儿童的发展是一个渐进的过程，行为或心理是人与环境的函数，心理学研究应该将自然环境作为必不可少的研究单元。生态理论学者 Bronfenbrenner 将儿童在生态环境中受到的影响具体分为四个系统：

微观系统（microsystem）是指对儿童身心发展有直接影响的环境，比如家庭、伙伴、班级和学校。微观系统对传承社会文化最为直接，包纳了处于特定生活中的个体活动方式、角色责任和人际关系模式。在微观系统中，所有关系都是双向的，生活环境具有的独特物理、社会及文化特征，形成了个体在该环境中的活动方式，以及个体与该环境的互动方式。

中介系统（mesosystem）指在儿童发展过程中，个体与微观系统以及不同微观系统间的联系，比如家庭和学校、教师和教师、学校和社区等之间的联系。建立良好的家校合作机制就是一种中介系统的运作，家长参与学校管理，了解学生学习情况，以及学生在家长协助下进行学习活动都对学生最终成绩产生影响。

外系统(exosystem)指影响小系统的正式或非正式的社会结构或社会政策。虽然个体并未直接参与外系统，但其对个体成长有潜在影响。比如地方政府关于学校教育轻负担高质量的法规，有利于儿童发展的家长人际关系。

宏观系统(macrosystem)指国家、社会或文化脉络等对儿童身心健康有直接或间接影响的全面性系统，包括社会价值取向、生产实践、风俗习惯等。

四个系统相互影响，相互关联。个体处于一个复杂关联的系统网络，既不能孤立存在也不能孤立行动。有时儿童虽未直接参与这些系统，但是由于各系统间的变动皆会直接或间接影响儿童，这些系统不仅彼此关联、且具有牵一发动全身的效果。

所有学生均受到来自内部和外部动因的影响，德性发展变化可能源于外界环境，也可能源于儿童自身。个体主动塑造着环境，同时环境也塑造着个体。在成长过程中，儿童会选择、修正和创造他们自己的环境和经验。学生时刻力求达到并保持与环境的动态平衡。儿童选择、修正和创造环境与经验的方式又取决于他们自身身体、智力、人格特点和环境。人与环境达到最终拟合度有利于德性发展，如果拟合度不理想，人就会通过适应、塑造或更换环境来提高拟合度。教育的工作更多的是增进个体和环境的拟合度，提供适合学生德性发展的环境。

为了充分展现校园德育文化的生态性，学校一方面加强物质文明建设，为学生建设了“四季有花香，常年绿满园”的校园，布置干净整洁、阳光充足、空气畅通、赏心悦目的教室；另一方面加强校园精神文明建设，创建良好的班风、校风。民主、团结，同时又充满着竞争的班级氛围是良好班风的具体表现。为建立良好的班风，教师以“民主”治班，师生平等交往，组织学生参与班级管理，创造宽松的班级氛围；以“舆论”治班，利用晨会、班会、上课等机会引导集体舆论向正确的方向发展；以“活动”治班，通过组织各种活动，沟通师生心灵，在轻松的气氛中拉近师生的心理距离。校风是校园文化建设的一个十分重要的内容，也是影响学生心理发展的重要条件，良好的校风会使学生感受到一种催人奋进的心理氛围，这样会潜移默化地优化学生的心理品质，提高其心理健康水平。为建立良好的校风，学校培养和训练学生文明、互助、竞争等良好的行为习惯，形成和谐、融洽、友好、合作的人际环境；开展丰富多彩的校园活动等，以此帮助学生深化自我认识，充分发展个性，改善适应能力，形成健康的心理品质。

在优化学校、班级文化心理环境的同时，我们还积极引导学生开展自我教育活动。首先，通过自主教育，培养学生自主自立的心理品质，重视学生的自主活动与交往，满足学生自我实现的需要。开展如“自己的事情自己做”、“我当一天家”、“我能管好自己”等自主实践活动，让学生自行研究设定活动的内容、方式、目的，使学生通过自己的活动训练自主与合作能力，克服依赖心理。其次，通过志向教育，培养学生自强自信的心理品质。创设成功的情境，让每个学生参与活动、参与竞争。不同学生要求也不同，教师应灵活掌握，让每个层次学生通过自身目标的实现领略成功的喜悦，激发进取心，克服惰性心理。如结合习惯养成教育，设立“卫生班长”、“纪律班长”、“锻炼班长”等，让学生轮流或竞争上岗管理班内日常事务，以竞争激励方式，增强和满足学生自尊的需要。再次，通过合作教育，培养学生和谐健康的心理品质。我们尝试教学合作、活动合作等课内外合作形式，如在“团结同学”、“尊师爱校”等养成教育中，设计主题为“手拉手”、“爱母校”等班会活动，使学生在活动中优化心态，提高合作意识，克服心理失调。最后，通过挫折教育，培养学生坚强意志。开展耐挫为主题的班队活动，如“无差错日”、“毕业考前”、“落选后”、“同学为何不欢迎我”等，开展以亮心胸、扩视野为主题的“假如我当选”、“野外生存训练”等活动，培养学生克服困难、坦然面对困难的信心和勇气，面对困难不屈不挠，不断提高意志水平，克服脆弱心理。

为进一步加强德育的实效性，我们非常注重家庭系统和学校系统的整合。家庭系统和学校系统都具有一个最基本的功能，就是帮助儿童顺利完成社会化的过程。教师对学生的教育过程就像家长抚养孩子的过程一样，两者都需要运用惩罚和奖励等许多方法。它们的不同之处在评估儿童的时候表现得较为明显。在家庭系统中，家长不会采用试卷、量表等来直接对自己的孩子进行评估。但在家庭系统中，家长对孩子的评估存在一个缺陷，父母往往会根据自己的主观判断为孩子贴上诸如顽固、木讷等标签，这些缺乏科学根据的标签时间一久会对儿童的发展造成不良的影响。在家庭系统和学校系统中都有不同层级的子系统，系统内部有一定的结构和原则。这种结构与原则无论是对学校系统还是家庭系统都是非常重要的。而且，在这里必须指出，学校和家庭对于学生的要求应该保持一致，否则会导致儿童的价值观混乱，引发的行为问题。

家庭系统和学校系统存在区别，两个系统之间不停地交互作用使得家庭系统和学校系统具有各自不同的特点。Bartholomew(1987)提出家庭系统和学校系统之间可能存在五种不同的互动模式：① 家庭系统和学校系统是相互回避的关系，两者之间存在明显的壁垒。这种模式不利于信息的互相交流。② 家庭系统和学校系统之间是竞争的关系，每一方都希望自己的做法能影响对方的看法和行为。这种模式会导致两者的强烈冲突。③ 家庭系统和学校系统的过度融合。这样的模式有个极大的缺陷，两者的过度融合可能会造成忽视儿童的真实情况，以及学生的问题行为。④ 家庭系统和学校系统是单向的关系。这种单向的关系就是指一方面持积极联系的态度，另一方面却比较消极，不愿付出努力。这种单向的关系长久下去会导致家庭系统和学校系统之间的问题逐渐扩大。⑤ 家庭系统和学校系统之间互相合作的关系，并且有明确的边界不至于过度融合。每个系统都有各自的职责和特性，运作自己的工作，两者的相互联系建立在需要的基础上达成融合。

有许多因素会影响系统运行的模式和关系，如：社会文化因素的影响、关于儿童发展的不同理念、系统内部教师职业倦怠或者家庭系统中婚姻破裂等系统发展的危机。当发现学生学习上出现问题的时候，学校和家庭对问题的看法往往是不一致的，这种情况就是影响两个系统关系的其中一个因素。很多时候，家长不愿意承认家庭带给学生的影响。这些家长往往会把问题的原因纯粹归咎于学校，认为负责好学生的学习是学校的责任和义务。同样，有的教师会把学生问题的原因完全归结于家庭，认为学生的家长应该对其问题完全负责，尤其是那些离异的家长，学校是没什么办法来处理好这类学生的问题的。家庭系统和学校系统之间的距离就会越来越大，就不可能建立那种相互合作的关系，无助于智慧德性的形成与发展。

德育的目标是让学生学会做人，做对社会有用之人。如果我们无视、回避、抵制市场经济等社会变革给社会、家庭、学校教育带来的种种冲击和重重矛盾，那么学校就成了“世外桃源”，学生在这“真空世界”和社会这个“真实世界”中就会出现双重人格。因此，社会的发展要求学校德育必须建立“三位一体”教育网络，使学校、家庭、社会教育在目标上统一要求，时间密切衔接，作用上协调互解，力量上聚分适应，发挥整体功能，形成教育合力。

家庭系统和学校系统之间形成互相合作的关系，形成一个最有利于学生发展的整合环境非常重要。“金点子”信箱直接面向广大家庭和社会各界，主动沟通学校与外界的联系渠道。一方面可以加强合作，弥补家庭教育的不足，利于学生的教育；另一方面可以听取、收集家庭社会对学校的评价和建议，及时反映社会时代发展对教育的最新要求，及时改进学校工作。教师在掌握了系统理论的基础上，能帮助教师和家长了解学生之所以出现问题可能是由于两个系统内部的其他因素引起的，如此可将教师和家长引导到共同帮助学生解决问题的道路上来。教师还可以发挥自己的专业特长为家长在处理学生问题事务上提供支持。“悄悄话”信箱可以反映学生在家庭、社会生活中的困惑。“德育童谣”可以由课内延伸到课外，校内拓展到校外。两者都触及家校协同教育这一主题。

促使家庭和学校发生改变的最有效的途径是系统重构，将思维方式从对系统中因果关系的成见中突破出来，用发展和积极的意义去解释。比如说一个经常因为孩子的行为问题抱怨或责怪学校没有尽责的家长，我们用新的意义去重构他的行为，我们就可以将之理解为他对自己孩子成长的关心，对自己孩子行为问题的着急和焦虑，而不是将他的行为理解成为防备和敌对。这样有助于家庭系统和学校系统发展良好的关系，互相理解支持，达到良好的整合。

开展德育工作用系统的观点去解决问题时，需要考虑很多方面的因素。首先，不能忽略家庭和学校中的系统层次结构与系统原则。我们需要了解在系统中，谁起主导作用，谁对儿童行为影响最大。其次，文化差异也是我们必须考虑的一个方面。判断一个学生行为问题的时候，应该确立问题行为的基线期，收集基线期的数据对同一文化背景中的正常儿童进行对照，提供问题行为界定的科学性。最后，寻找问题解决策略的时候应考虑其发生时系统内各因素之间的联系。系统理论在干预学生问题行为的时候非常重视从系统内部的成员关系出发着手进行。运用系统理论十分重视干预目标的阐明以及干预措施的制定。

（二）智慧德性文化具有变革性

迈克弗兰在《变革的力量——透视教育改革》中对学校改革提出了一些建议：

（1）强制是重要的，政策制定者有义务确定政策，设立目标并监督其实施。但你不能强制决定什么是重要的。因为对于变革的复杂目标来说，真正重要的是技巧、创造性思维和投入行动。变革越复杂，你能迫使他做的就越少。变革太重要了，不能只交给专家去做。既然没有人认识到在一个动态的复杂系统中变革的复杂性，我们就不能把责任推给别人，而且变革的新范式所需要的条件不可能由领导人自己来制定，每个人都是变革的动力。

（2）变革是非直线的，充满不确定性，有时还违反常理，而不是一张蓝图。变革好比一次有计划的旅行，你和一伙叛变的水手在一只漏水的船上，驶进了没有海图的水域。问题不可避免要出现。但从积极的方面想，如果没有问题，你就学不到东西，也不能成功。问题是我们的朋友，我们只有深入到问题之中，才能提出创造性的解决办法。问题是通向更加深入的变革和达到更为满意的途径。

（3）不成熟的见解和规划可能是盲目的。因为在变化的复杂情境下，人们在形成一种似乎正确的见解之前需要大量供以思考的经验，而通往成功的共同见解的形成需要时间，需要机构的成员和领导进行相互的动态的作用，所以见解和战略规划往往稍后形成。

(4) 对于孤独和小集团思想，没有单方面的解决办法。最新的思想往往产生于多样性和在团体边缘的人。个人主义和集体主义必然有同等的力量。集权失之过于控制，分权错在走向无序。严密管理和与之相反的方法都是必要的，中央和地方的单位都相互需要，需要相互给予压力、支持和不断地协商。单纯的集权或者分权都是行不通的。

(5) 最好的机构从外部学习也从内部学习。许多机构从事内部发展的工作，但是对待环境没能保持一种超前的态度，这一不幸的缺陷好像是老的，又好像是不断进化的。个人的道德目标必须和更大的社会利益联系起来；为了成功，机构必须积极深入他们的环境，与更广泛的环境相联系是十分重要的。

后来，迈克弗兰在《变革的力量：续集》中又补充道：

(1) 道德目标是复杂的和充满问题的，因为其中要改变的是某种权力的结构。道德目标中不仅包含提高学业成绩，还要设法激发那些学习兴趣淡薄的学生和家庭的学习动力。我们需要的是更大范围的努力。

(2) 变革的理论和教育的理论相互需要。许多变革者遭遇到的尴尬是，虽然他们拥有良好的教育理论，但在实践中他们宝贵的观点或是被忽略或是被误解。一成不变的理论永远不会存在，没有一种所谓放之四海而皆准的理论。对于主张变革的理论工作者和实践者来说，要把不断总结成功的变革过程的经验作为自己的一项任务。

(3) 冲突和多样化是我们的朋友。如果冲突各方以相互尊重为前提，那么这种在复杂动荡的条件下的冲突很有可能是与创造性的突破相关联。多样化本身并不具有任何意义，重要的是多样化之间的合作，合作也意味着冲突的发生。你必须和自己不理解、不喜欢的人结为伙伴关系。

(4) 理解处在混沌边缘的意义。混沌边缘是秩序性和开放性两者兼而有之。不要试图通过大量的规则、僵化的条框和形式化的交流渠道对变革过程进行事无巨细的限制。螺旋式的巩固和自我组合模式具有重要的意义。

(5) 情感因素即能引发焦虑又能控制焦虑。怀有道德目标的人，知道在困难的情境下对自己和他人产生一定程度的焦虑是必然的，甚至是有价值的。一个牢固的自我组成过程不是通过回避焦虑实现的，而是通过寻求他，战胜他实现的。

(6) 合作文化既能引发焦虑又能控制焦虑。生命力就是在不断经历冲突和对抗之中成长壮大的。富有生命力的系统也包含焦虑，只不过各个方面的关系是积极的。合作文化是具有革新精神的，不仅在于相互提供支持，而且在于他们承认存在于组织内外分歧的价值。

(7) 解决不一致问题——关联性和知识创新是关键。由于复杂社会的自然状态就是混乱，他需要有人能成功地明确事物的意义。共同的认识和组织内部各个环节之间的关联性是组织获得成功可以依赖的长期财产。

(8) 没有唯一的解决问题的办法——做一个具有批判精神的消费者，精心设计自己的理论和行为。当你经历了隐性知识到显性知识的转化过程，并在这个过程中不断用改革文献中获得的观点修正和精炼这些知识，那么这就表明你已经开始精心设计自己的改革理论。除了你自己，谁也无法帮助你解决变革问题。

这些变革原则是我们在建构小学德育文化过程中多轮谈论的话题。教育是文化的过程，文化的保存、传递和创造的过程实际上是社会文化从客观到主观再到客观的转化过程。教育因其在保存、创造和传递文化过程中的特殊作用，成为了文化过程的另一种提法。传统的德育过于强调知识教学，过分强调教师在教学过程中的主体地位，把德育看作单纯的教条知识传递，忽略了人格的养成、心灵的唤醒，结果造成了人的片面发展，使学生失去了应有的活力。以体验为基本途径，构建面向生活的小学生智慧德性关注学生的精神生活。从旧有的文化转变为现有的文化需要诸多的变革，需要不断地讨论与研究。这是我们之所以不断关注变革力量的原因。

学生在成长过程中会遇到种种困惑，需要一个培养基地和支持系统。学校就担负着帮助学生健康成长的职责。杜威对学校职责的分析在当前仍然具有针对性。“学校环境的职责在于尽力排除现存环境中的丑恶现象，以避免儿童的心理习惯。学校要建立一个净化的活动环境。教育的目的不仅是简化环境，而且是清除不良的东西。每一个社会都被一些无关紧要的东西、旧时留下的废物以及确实是一些邪恶的东西所累，阻碍进步。学校有责任从环境中排除它所提供的这些坏东西，从而尽其所能抵制他们在通常环境中的影响。学校选择其中最优秀的东西，全部自己使用，努力强化他们的力量，使社会更加开明。学校认识到它的职责不再把社会的全部成就传递下去、保存起来，而只是把有助于未来更美好的社会的部分传递和保存起来。学校就是社会完成这个目的的主要机构。”

智慧德性文化的培育是一个不断变革的任务，是每个教师在经验的不断积累中形成个人教育理念，实践个人教学行为的长期过程。学校文化是在长期的积淀和沉潜中生成的，需要广大教师在多元的社会文化中认真选择，不断提炼，形成适合小学生成长的文化，展示出具有特色底蕴的学校风貌。

（三）智慧德性文化具有积极性

积极性是智慧德性文化重要的特点，其核心理念来源于积极心理学。积极心理学最早于1954年出现在人本主义学派的代表人物马斯洛的著作《动机与人格》中，当时该书最后一章的标题为"走向积极心理学"。至1958年，美国著名心理学家贾霍达在美国心理健康联合委员会编订的一套心理健康系列丛书中提出了"积极心理健康"。美国心理学会（APA）前主席赛利格曼在1998年的APA年度大会上明确提出把建立积极心理学作为自己就任APA主席期间的一大任务，积极心理学开始受到世人的关注。在1998年美国心理学会年度大会上，赛利格曼在大会上提出20世纪心理学的发展存在两个不足：一是在民族和宗教冲突上，心理学介入不够；二是对强调和理解人的积极品质和积极力量的积极心理学运动重视不够，因此21世纪的心理学要把这两个方面作为自己的工作重心。这是心理学历史上第一次在正式场合使用"积极心理学"一词。2002年Snyder和Lopez主编的《积极心理学手册》的出版，正式宣告积极心理学的独立。

积极心理学认为，心理学不仅仅对损伤、缺陷和伤害进行研究，也应对力量和优秀品质进行研究；治疗不仅仅是对损伤、缺陷的修复和弥补，也是对人类自身所拥有的潜能、力量的发掘；心理学不仅仅是关于疾病或健康的科学，也是关于工作、教育、爱、成长和娱乐的科学。即便那些患有最严重的心理疾病的人，也不仅仅只是要求减轻痛苦，处于混乱中的人们其实需要更多的是满意、愉悦与快乐；人们需要构建力量，而不仅仅只是纠正缺陷；人们需要有意义、有目的的生活，而这些并不会因为痛苦减轻了就会自动产生。积极心理学主张致力于研究良好人格以及影响人格形成的积极因素，从特质维度来对人格进行研究，如研究那些包括了自觉、成熟防御机制、智慧等积极人格特质。

积极心理学是关注人的力量和美德的科学。它要求心理学家以一种更具开放性和欣赏性的眼光去看待人类的潜力、动机和发展能力，主张人格研究不仅要研究问题人格和影响人格形成的消极因素，更要致力于研究人的良好人格特质的形成和发展中的作用。这种人格研究倾向称为积极人格研究。积极的人格特质是积极心理学得以建立的基础。它的基本理论假设是：人类的自我管理、自我导向，具有适应性的整体。而积极心理学的宗旨是培养和造就积极人格，将个体的人格优势体现到整个生命过程中。所以积极人格特质既是继续努力学的基础，又是积极心理学的目标和追求。这样的理论假设将心理健康与德性养成内在地联系了起来。

积极心理学提倡研究积极人格特质，也就是那些与特定的良好德性相联系的个人特质。良好德性会渗透到人的各个生活空间，产生长期的影响。彼得森和赛利格曼将积极人格特质作了详细的分类，其中包含了智慧、勇气、仁爱、正义、节制与卓越等六大类，统称为“良好品德”，并且再细分为24种积极人格特质(见表7-1)。

表7-1 良好品德

良好品德	定义性特点	积极人格特质
1. 智慧	知识的获得和运用	1. 对世界充满好奇 2. 爱学习 3. 创造性和创新性 4. 判断力、批判性思维和开放性思想 5. 个人、社会和情感性智力 6. 大局观
2. 勇气	面临内外在压力时誓达目标	7. 英勇、勇敢 8. 坚持、勤奋 9. 正直、诚恳、真实
3. 仁爱	人与人交往	10. 慈祥、慷慨 11. 爱和被爱的能力
4. 正义	文明	12. 公民职责、权利和义务，忠诚、团队精神 13. 公平、平等 14. 领导的职责、权利和义务
5. 节制	做事适度	15. 自我控制和自我条件低 16. 审慎、小心、考虑周到 17. 适度和谦虚
6. 卓越	使自己与全人类相联系	18. 对优秀和美丽的敬畏和欣赏 19. 感激 20. 希望、乐观，为将来做好准备 21. 精神追求、信念和信仰 22. 宽恕、仁慈 23. 风趣、幽默 24. 热情、激情、热心和精力充沛

在这个德性分类评价系统里，良好品德是核心，而培养性格类积极力量即积极人格特质则是确保个体能获得良好品德的重要途径。积极心理学认为一个人获得良好的品德并不是说一定要具有某项美德所包含的所有积极人格特

质，许多时候一个人只要具有其中的一项或两项也许就够了。表中所列的六大美德被认为是人类进化过程中形成的一种具有生存价值意义的心理机制。

积极心理学认为，个体先天的生理因素是人格形成不可缺少的物质基础，但人格的形成主要还是依赖人后天的社会生活经验。正是由于不同的人有着不同的后天社会生活体验，人与人之间才出现了人格面貌的根本不同。赛利格曼的“解释风格”理论告诉我们，人们对同一事件的不同认知是导致我们形成不同人格类型的重要原因，而人们之所以会产生不同认知又是由于不同的人在后天有着不同的社会生活体验。因此，积极心理学把增进个体的积极体验和培养个体的自尊作为培养个体积极人格（即乐观型解释风格人格）的最主要途径。

一般而言，积极的体验容易产生积极的认知，形成积极人格；消极的体验则容易产生消极的认识，形成消极人格。因此，积极人格的培养途径之一是培养学生的积极体验。具体来说，积极体验主要有感官愉悦和心理享受两种。与感官愉悦相比较，心理享受型的积极体验常常与个体的创造和创新相关联，更具有社会意义和个人意义，更有利于个体的成长和幸福感的产生。积极人格的培养应以培养个体的心理享受型积极体验为核心。具体到班级环境中，有学者主张：① 学生即使失败也不会受到侮辱；② 当学生表现出不当行为时，要先了解行为成因，避免惩罚或放纵；③ 避免使用不受尊重或不被鼓励的行为，而是使用受尊重与被鼓励的行为；④ 教师和家长仁慈、尊重、坚决和鼓励是最为重要的元素。

学校德育以积极心理学价值取向为先导，以一种宽泛的视野，来重新整合德育和心理健康教育各种要素，将其作为一个系统，并把系统内各学科视野、各种取向、各要素，通过有机的联系、渗透、互补、重组综合起来，形成科学合理的结构体系，实现整体优化、协调发展，发挥学校德育整体的最大功能。

首先，积极心理学机制取向使学校德育的最根本目标回归到本原。积极心理学提出核心目标——培养积极的人格，整合了德育和心理健康教育的目标。积极心理学在对传统主流心理学总结与反思的基础上，提出心理学不仅应该削减问题，而且应该着重培养学生优秀的、积极的心理品质与人格特征，最终目标都是激发青少年内在的潜能，帮助他们发展综合的机能，承担起生活的责任，成为有社会能力和富有同情心、心理健康的成年人。积极心理学在对传统主流心理学进行批判的基础上，提出应该强调个体和群体自我的积极面。它关注个体正在经历的知足、满意等主观感受，注重个体体验过去的良好状态，同时也乐观地看待未来，其中包含了积极的个性特征，如爱、勇气、给予、创造和坚韧。在群体方面，它包括培养个体承担社会责任的美德，培养更好的公民特征。积极心理学既包含了个体的培养目标，也兼顾了群体和社会的培养目标。这使得学校心理学积极心理品质的培养目标与问题的消解目标、全体目标与个体目标、总目标与具体目标的整合变成了可能。

其次，积极心理学善于整合学校的教育资源，使其服务于学校德育目标。积极心理学摈弃以往德育和心理健康教育以问题为靶子的模式，强调学校中的一切都是德育和心理健康教育可供利用的资源。因为学校是学生真实生活的情境，只有在真实的情境中开展德育和心理健康教育，才是最真实的教育，才是着眼于学生潜能的教育。积极心理学认为，学校心理学的服务与学校其他工作的关系不是割裂的，更不是对立的，而是融合的关系，是一个有机的整体，这个整体不仅包含积极的教师，也包含积极的学生。以积极心理学为特色的小学德育认为，学校应重视教师发展和运用自己的积极心理，鼓励教师在课堂中利用积极心理，帮助发展学生的积极心理。这不仅有助于形成一种互动多维的德育服务网络，而且将德育、心理健康教育与各学科教育、各教育因素融合在了一起。积极心理学认为每一个人都既可以是受教育者，又可以是教育者，人人都具有积极的心理潜能，都有自我向上的成长能力。这种价值取向给德育提供新的视角，极大地丰富了其内涵。具体来说，积极教育的内容既可以是积极的思维活动，也可以是积极的情绪情感体验；既可以是积极的习惯养成，也可以是积极人格的培养；既可以是积极的认知方式，也可以是积极的意志品质；既可以是个人的主观幸福获得，也可以是周围积极的组织与群体等等。具有了积极性的德育内容存在于鲜活的日常生活中，只要用心去关注，努力挖掘，德育的服务实践就不会限于僵化，其发展也会充满生机与活力。

四、智慧德性学科渗透

品德学科中的悄悄教育：待人要宽容

滕闽军

［教学目标］

1. 认知目标：知道宽容的含义，懂得待人宽容是做人的一种美德。能初步分清待人宽容与是非不分、一团和气的界限。

2. 情感目标：乐意接受这一道德观念。

3. 行为目标：在人际交往中不斤斤计较个人得失，原谅别人对自己的过失，逐步养成宽容待人的品德。

［教学重点］

知道什么是宽容，初步培养崇尚宽容的情感。

［教学难点］

针对学生实际，解决学生在现实生活中遇到的实际问题，提高学生自己解决问题的能力。

［课前准备］

1. 运用“悄悄话信箱”了解学生在集体生活中待人宽容的事例以及遇事气量小、斤斤计较的现象。

（“悄悄话信箱”构建了师生间思想沟通和情感交流的“绿色通道”。教师了解学生的思想动态，利于课堂上有的放矢地进行教育。）

2. 课件

［教学时间］

一课时。

［教学过程］

一、类比对比，巧入主题

1. 比较铅笔盒的宽窄。教师拿起一只宽，一只窄的两只铅笔盒问学生：这两只铅笔盒，同样长，同样高，哪一只宽呢？比一比，哪一只铅笔盒容纳的铅笔多？

（“宽容”一词对于小学生来讲是较难理解的。用铅笔盒的宽窄之比，即宽的铅笔盒可容纳更多的铅笔，来比喻心胸宽广的人能容纳更多的人和事，这是一种类比，将两种铅笔盒进行比较，又是一种对比，自然地运用类比与对比的方法，使学生一下子进入学习的主题，初步领悟了“宽容”的概念。）

2. 学生比较对照。得出结论：宽的铅笔盒容量大，窄的铅笔盒容量小。

3. 教师小结揭题：物体是这样，人的心胸也是这样，有宽窄之分。我们要做一个心胸宽广的人，来容纳更多的人和事，使我们的生活充满欢乐，充满笑声。

二、活用教材,感知明理

(一) 学习“将相和”的故事

1. 课件展示《将相和》片断之一“廉颇挡路”。

2. 讨论:

(1) 如果你当时在场,如果你就是蔺相如的部下或朋友,你心里会怎么想?

(2) 蔺相如这么做是不是太窝囊了,你们说他该不该一忍再忍,一让再让?

(让学生与他人进行角色置换,由此时此地的情境,转换到彼时彼地的情境,并按照置换后的角色去考虑、体验,激起了学生思维、表达的欲望。)

不该让……为什么?

该让……为什么?

(真实的画面,冲突的问题,创设了一种学生敢于争议的氛围。争议挑起学生的思维冲突,引发学生独立思考,加深了对人物的理解和感受。)

3. 自读自悟。阅读《将相和》故事片断之二《蔺相如释疑》,从书中找一找,蔺相如为什么要一忍再忍,一让再让呢?

随机出现板书:

团结→国家→强盛

4. 课件展示《将相和》片断之三《负荆请罪》。

(将教材中《将相和》的故事剪裁成“廉颇挡路”、“蔺相如释疑”、“负荆请罪”三块,并用“蔺相如该不该一忍再忍,一让再让”这一问题将三块内容有机连接起来,通过问题连接揭示了它们之间的直接相关性,组成了一条最佳感知路线。)

5. 讨论:蔺相如该不该忍让? 蔺相如的宽容、忍让换来了什么?

6. 点题:像蔺相如这样为了国家的利益,气量大,不斤斤计较个人得失,这就是宽容。

随机出现报书:

个人→国家→强盛

(二) 学习“赖宁的故事”

1. 自学课文,思考赖宁遇到哪两件不愉快的事? 他是怎么对待的?

2. 师生齐议。

3. 你愿意与赖宁交朋友吗? 为什么呢?

（既注意分析榜样的行为表现，又借“交朋友”这一问题，深刻剖析了榜样，这使学生不仅仿其行，而且知其心。）

随机出现板书：

自己←→他人←→团结

过失原谅

4. 点题：赖宁遇事能设身处地地为别人着想，能原谅别人的无意过失，这就是宽容。

（三）小结明理

学习了《将相和》、《少年英雄赖宁》的故事之后，让学生小结一下什么叫宽容。

三、正反事例，深化激情

1. 交流收集到的宽容待人的事例。伟人的事例、社会上的事例、学生班级里的事例……

（学生在课前广泛收集，在课堂上将收集到的事例实话实说，使课前——课堂——课外事例连为一体。）

教师随机从事例中小结宽容的意义。

2. 交流宽容待人方面做得不够的事例。

3. 教师讲述《江辉与主明》这一真实事例。

（课堂与社会是相通的，社会是复杂的，社会上的消极现象在课堂上不应一概回避。课堂上适当选择与学生关系比较密切的消极现象，作为反面教材，不但反衬出宽容待人的高尚，而且有利于提高学生的识别能力。）

4. 学生谈谈听了故事之后的感受。

5. 吟诵小诗，谈中感悟。

宽容是一份情，宽容是一种爱。

宽容是一种付出与给予。

珍藏一个善良，保持一份真诚。

用宽容去对待别人呢！

（直接抒发，诵读品味，形成了相互感染，实现了情感共鸣。）

四、联系实际，辨析反思

1. 课件展示《铅球与花盒》片断。

(1) 分组讨论：王刚答应施陈伟替他保守秘密，你们说他做得对吗？

对？对在哪？

错？又错在哪？

（将“两难辨析题”用录像的形式再现。目的在于引出不同的观点与冲突，引导学生争辩、讨论，更深一步地去看“宽容”。）

（2）小结：通过学习我们知道了要原谅同学无意的过失，施陈伟砸坏花盆确实是无意的，但根据小学生守则规定：损坏东西必须赔偿，做错事必须承认。王刚替他隐瞒事实，这不是宽容，这是包庇纵容。

点击出现板书：

自己←→他人←→友谊

过失原谅

错误批评

2. 课件展示《吴仪的一次谈判》。

（1）质疑，也许有人会说，对于美方代表说的这一句话，我们宽容他算了，可吴仪为什么要这样做呢？

（2）小结：待人宽容不斤斤计较的是个人的得失，如果对那些损害国家和集体的人和事也不计较，那就是非不分，不再是宽容待人了。

随机出现板书：

损害国家、集体利益→批评、斗争

决不宽容

五、实话实说，以知导行

1. 倾诉烦恼：同学们都愿意做个宽容待人的人，但有时也会遇到阻力或烦恼。我们应该怎么办呢？同学们互相谈谈心吧！

（打破了直线型问答式教学模式，采用“实话实说”的形式与方法，让学生袒露自己真实的思想，使品德课更能体现以人为本的原则，更具有吸引力，也更具有针对性、实效性。）

2. 答疑解惑：同学们当回“知心姐姐”来帮他解决一下难题。

（针对同学的烦恼、困惑，将心理疏导、辅导、渗透到课堂中，使心理健康教育与德育有机结合。）

六、畅谈收获，歌声凝情

1. 同学们，这节课我们学习了待人宽容，请大家谈谈看你有什么收获？

2. 我们同学之间肯定发生过一些磕磕碰碰的小事，可能还闹过小矛盾呢。以后咱们相处可千万不能忍无可忍、怒发冲冠了，让我们心平气和地握手言和吧！老师提议，让我们走下位子，和曾经宽容了或没能宽容的同学握握手，留下他真诚的微笑好吗？

点击飘出歌曲《歌声与微笑》。

3. 学生在歌声中互相握手。

（开放式的课堂，将学生的自主学习和直接体验相结合，有利于道德认识内化为道德信念，外化为道德行为。）

静止板书：

气量大，不斤斤计较→国家强盛
原谅无意过失→增进友谊
分清是非
坚持原则

音乐学科中的悄悄教育：好朋友

何秋瑜

［教学内容］

义务教育课程标准实验教材（人音版）第一册第一课《好朋友》第一课时

［课　型］

始业教育课

［教学设计］

初入学的 7 岁儿童，稳定性差，注意力短暂，对新的环境非常好奇，但同时又存在师生之间、生生之间的陌生感与拘谨感。因此，始业教育尤为重要。要想尽快使学生进入学习状态，积极主动地参与到教学实践活动中，我们要用贴近儿童心理的教学内容、新鲜多变的教学形式，让孩子们从此喜欢音乐老师、喜欢上音乐课。

本课的教学设计主要就是用“悄悄话儿悄悄说”（一年级学生还不会写“悄悄话”，故以说代之）的形式拉近师生间的距离。通过有趣的游戏、生动的儿歌将歌曲教学、即兴创作、常规教育等内容有机融合在一起，使学生在不知不觉中感受到音乐王国的丰富多彩，体验到学习的快乐，同时初步养成良好的学习习惯。

[教学目标]

1. 用儿歌、游戏、表演、说“悄悄话”等形式激发学生的音乐学习兴趣，使学生融入集体，乐于参与，真诚赞赏他人，与他人友好交流相处。

2. 用愉快的心情演唱《你的名字叫什么》，并即兴变换歌词，体验创造的乐趣。

3. 认识音乐学习标志，培养良好的走、坐、听、唱、动的习惯。

[教学重点]

通过各种实践活动，让学生喜欢音乐课。乐于参与和与人合作交往。

[教学准备]

音响、话筒、图片、头饰、小奖品等。

[教学过程]

一、导入新课

1. 师：小朋友，今天是大家进入小学的第一节音乐课，祝贺你们成了一名光荣的小学生！今天老师特别高兴，又有那么多的新朋友要认识了，你们的心情怎么样？能把心中的话悄悄地告诉老师吗？（出示图片“悄悄话儿悄悄说”）

2. 师鼓励学生大胆说出自己的愿望，并做小结：看来大家都很开心，那么，高兴的时候你喜欢做些什么呢？

3. 念儿歌《高兴歌》：小鸭高兴嘎嘎叫，小兔高兴蹦蹦跳，小鱼高兴吹泡泡，小朋友高兴哈哈笑。（末句可由学生创作）

4. 集体演唱大家熟悉的歌曲《数鸭子》等。

（设计意图：从关注学生的心情入手，逐步引导学生敢于与老师、同伴交流，说心里话，释放出愉快的心情，调动表现欲。）

二、音乐游戏：“找朋友”

1. 师：老师喜欢找快乐的孩子做朋友，看谁的笑脸最甜。

2. 师唱：“找呀找，找呀找，我要找个好朋友，又聪明呀又爱笑，谁是我的好朋友？”

3. 找出几个小朋友在黑板上写自己的名字，并说说名字的意义，然后随即赞赏："你的名字真好听"、"你的名字真好记"、"你的名字真有趣"，等等。

（设计意图：此环节是歌曲教学的一个过渡，利用学生的好胜心理，鼓励大家进行与众不同的自我介绍，培养个性；引导学生真诚的赞赏别人，知道记住别人的名字，关心他人，才能成为好朋友的道理。）

三、学习歌曲《你的名字叫什么》

1. 师：老师还想听听哪些小朋友的名字更好听！要想让大家记住你的名字，可要说大声点噢！

2. 练习用"我叫×　×"或"我叫××　×"的节奏说名字。

3. 选出两位学生与教师合作范唱歌曲（学生只要报名字即可）。

4. 播放录音，每位小朋友将自己的名字拍着手念出来。

5.前后左右自找伙伴演唱歌曲，边唱边对拍手或即兴表演。

6.趣味填词：大家唱得这么好，小动物们也想来唱一唱。（出示头饰：小花猫、白天鹅、小百灵、金孔雀、小羊羔）

小朋友用小动物的名字编词演唱。

7.说说你最喜欢哪个小动物，引出第二首儿歌，进行常规教育：

走路要学小花猫，脚步轻轻静悄悄；
坐下要学白天鹅，挺胸收腹精神好；
唱歌要学百灵鸟，轻声悦耳不喊叫；
跳舞要学金孔雀，舞姿优美又灵巧；
聆听要学小羊羔，安静文雅不吵闹。

（设计意图：按节奏说名字可以将自己的大名和小名都说出来，教师偶尔叫一下学生的小名，可以增加亲切感；师生共同范唱的形式改变了歌曲的呈现方式；在音乐的反复呈现中熟悉歌曲，使学习变得简单；用小动物的名字填词增加了歌曲的趣味性；结合儿歌进行常规教育，避免了空洞的说教。）

四、认识音乐学习标记，展示师生特长

1. （出示一个话筒）看到它你想到什么？你知道音乐课还做些什么吗？

2. 根据学生的回答，出示相应的标记图片，引出第三首儿歌《音乐课呀真有趣》：

音乐课呀真有趣，唱歌跳舞做游戏，
演奏乐器听音乐，开动脑筋学知识，

你帮我呀我帮你，互相帮助来学习。

3. 教师展示自己的弹、唱、跳等特长，鼓励学生也来露一手，并进行正面评价。

（设计意图：将一些知识性的内容编成儿歌，使学习变得有趣；师生特长展示将全课推向高潮，学生在对教师才艺的赞叹中不自觉地会爱上音乐课，希望自己也能一展风采，教师要不失时机的鼓励鼓励再鼓励！）

五、全课小结

1. 学生用手势表示自己的开心指数：10很开心、8开心、5还好……

2. 巩固歌曲《你的名字叫什么》，采用角色化演唱的方式来表现：如模仿老爷爷问你的名字，或叔叔、阿姨、小朋友等。

3. 给老师的"好朋友"（表现好的学生）颁奖，在快乐的歌声中结束全课。

（设计意图：让学生给自己的心情打分，实际就是学生对教师这节课的评价，便于教师根据情况不断改进自己的教学，以使日后学生的开心指数不断上升；改变传统的复习歌曲的方式，让学生用不同的语气演唱歌曲，不但能创造性的表现歌曲，而且进一步激发起学生的学习欲望。）

[教学后记]

1. "悄悄话儿悄悄说"的形式，能使学生克服胆怯心理，让教师更了解学生的需求，在师生间架起了一座心桥，并为日后学生将"悄悄话"以书面形式表达出来打下伏笔。教师对学生心理的关注，必将使"以学生发展为中心"的理念落到实处。

2. 本课多次采用歌谣的形式对学生进行德育教育，并不断变换学习方式，学生的学习热情高涨，始终未分散注意力，积极参与到各项活动之中，取得了预期的效果。

3. 最后一环节特别出彩，"开心指数"几乎都是"10"！这对师生都是一个激励，在今后的教学中，不妨多多进行"心情预报"。

美术学科中的悄悄教育：泥巴的舞蹈

赖晗珍

[教学目标]

1. 学习用泥塑的形式来表现生活、创造美，塑造出人物的基本特征、姿态。

2. 通过欣赏体验，引导观察人体造型的节奏美感。

3. 通过欣赏一些名作，让学生感受雕塑艺术的魅力。
4. 充分激发学生的创造能力，使其创造时更能发挥主观能动性。

［教学重点］

通过欣赏、观察，引导学生用泥塑的形式来表现生活。

［教学难点］

能抓住人物的特征、姿态，适当地夸张，进行造型。

［教学准备］

1. 运用“悄悄话信箱”，了解学生各自独特的感受，大胆充分地表达出来，并在同学之间交流，共同探讨、共同提高。
2. 课件、实物投影仪、磁带、陶泥、泥工板

［教学过程］

一、欣赏，导入新课

1. 今天我把音乐老师请到了课堂上，为什么呢？因为我们音乐老师的舞姿特别美，我们以热烈的掌声请她来为我们跳上一段！
2. 师中途停在一个舒展的造型上，生分析姿态美的原因——舒展、挺拔、有转折变化。
3. 只可惜这么美的一瞬间消失了，那我们怎样才能让这最美的永恒呢？指名回答。（摄影、绘画、雕塑等）

二、再欣赏、讨论

1. 出示课件:《优美的舞姿》，指导欣赏。
2. 分小组欣赏图片（中外古今各种舞蹈图片）。
3. 讨论、分析不同的美感，它们表现了什么？
4. 各小组派代表汇报各自的学习情况。

三、表现、体验

1. 欣赏音乐、感受节奏
(1) 师播放节奏舒缓柔美的音乐
① 闭上眼睛想象，你看到什么，想到什么？
② 请四位同学试着表演。（动作舒展、柔美）

③ 把你最美的造型展示给大家看。

④ 定型、点评。

(2) 感受节奏激烈的音乐

① 全班同学在自己的位置上感受。(动作幅度大、紧张)

② 师随时发现造型丰富的同学或组合,将他们定型、点评。

四、创作指导

1. 出示:泥巴

我们能不能想办法把他们变成一个个优美的舞者。(电脑课件演示课题:泥巴的舞蹈)

2. 生讨论可以用那些方法来进行创作。

3. 师生小结出最基本的创作方法:

(1) 塑基本型;

(2) 细节刻画;

(3) 调整修饰。

4. 欣赏典型性名作

课件演示:《思想者》、《掷铁饼者》、《自由女神像》、摩尔雕塑作品等。

5.再欣赏同龄人泥塑作品。

6.说说自己有什么感受和启发。

五、鼓励创作

1. 老师出示一组题目:快乐的舞蹈、柔美的舞蹈、劳动中的舞蹈、忧伤的舞蹈、丰收的舞蹈、奔放的舞蹈。

2. 各小组派代表抽签,展开讨论。

3. 生发挥想象、自由创作。

四人一组,鼓励独立创作,也可以共同探讨、合作完成。

4. 师巡回指导,并播放舒缓柔美的背景音乐。

六、展示、评议

1. 各小组展示自己的作品。

2. 学生自由地相互欣赏、评论作品。

拿出信封中千纸鹤(课前准备),把它投给你最喜欢的或你认为最有创意的作品。

3. 请有代表性的小组长说说自己的想法和创作的收获。

七、课堂小结

通过与我们班同学的合作，老师发现我们班的同学不但“心灵”，而且“手巧”，老师相信，大家一定能用自己灵巧的双手，创造出更美的作品，更美的生活。

电脑演示：“做一个心灵手巧、勇于创造的人”。

[教学随笔]

教师要善于营造一个轻松、自由的创作氛围，让学生充分地表达自己的见解，努力调动学生的创造性思维和创造积极性。教师要在活动中提供较多的让学生寻找创作灵感的素材，以打开学生的创作思路，丰富学生的表现形式，还要大胆地鼓励学生创新，及时地肯定表扬学生的奇思妙想，并帮助他们克服表现中的困难。学生在创作过程中随心所欲、热情高涨，想象力都得到了很好的发挥，所作的作品生动有趣，富有童真和创意。通过展示、评议，学生们一起分享了创作的喜悦，共同体验到成功的快乐。

科学学科中的悄悄教育：蚂蚁

李兰英

[教学目标]

1. 通过观察，让学生了解蚂蚁的身体特点。

2. 尝试解决观察蚂蚁过程中碰到的问题，培养学生的观察能力。

3. 从“悄悄话信箱”中了解学生集体生活中搞分裂、闹不团结的情绪，培养学生乐于与人合作，关心班集体的团队精神。

[教学重点]

观察蚂蚁方法的探究指导。

[教学难点]

观察蚂蚁方法的探究。

[教学准备]

放有蚂蚁的杯子、白纸、放大镜、昆虫观察盒、小木块、纸条、画笔、毛笔、水槽、烧杯、小红纸等。

[教学时间]1 课时

[教学过程]

一、谜语激趣,妙引课题

教师将蚂蚁的外形特征,巧妙地编成谜语,让学生猜,激发学生的兴趣,引出课题。

二、活化材料,主动探究

1. 教师先了解学生捕捉小蚂蚁的情况,并引导说一说捕捉方法。表扬方法好的学生。

2. 请每个学生用画笔画一只蚂蚁,并将画得最快的五位同学的画贴于黑板给大家展示。

3. 观察蚂蚁实物并比较画得像不像。

4. 收集学生在观察中遇到的困难。

5. 组织学生讨论解决困难的方法。想出一种方法就在纸上打一个☆,比一比哪个小组的方法多而且好。

6. 每个小组选派一名学生上台汇报,交流好的方法。

(教师充分放手,让学生采用自主、合作、探究的学习方式,开启思维。)

7. 学生介绍方法,筛选出几种好的方法,让每组选择一种观察方法进行观察。需要的器材请各组小组长选择领取,看看蚂蚁到底是怎样的?它有多少节?多少脚?脚长在哪里?观察到的结果可以用图、物体或语言等方式表示。

(学生观察,教师巡视参与活动)

8.(音乐声响,停止活动)反馈交流观察情况,并重新画蚂蚁,选几张画贴于黑板,比一比观察前后的画有何不同。

9. 生在观察中可能有些骚动,特别是某些男生有争抢器材的行为,致使同学之间合作不愉快。教师乘机利用小故事对学生进行思想品德教育,融德育于教学中。

(1) 教师先将看到的不文明行为说给学生听,让学生对这种行为进行评议。

(2) 教师顺势将《悄悄话信箱》中收集到的学生中搞分裂、闹不团结的事例一一摆出,让学生评议。

(3) 讲《勇敢的蚂蚁》故事,说明蚂蚁是一种很富有团结精神、不畏强暴的勇敢的小昆虫。（培养学生乐于与人合作，关心班集体生活的团队精神。）

（4）让学生说一说蚂蚁具有怎样的品德。

（5）对比自己，今后该怎样与同学相处？

三、拓展延伸，升华情感

1. 学生上台表演节目：用硬币与火柴梗搭蚂蚁的身体。

2. 分组讨论确定一个继续研究的课题，把课外研究的结果填在《我们的研究》报告单里。为下一节课举行"蚂蚁研究信息报告会"作准备。

3. 将心比心，揣摩蚂蚁此刻归心似箭的心情。

4. 送蚂蚁回家。（培养爱护小动物的情感）

［教学反思］

课后，我对这一课的教学进行了认真的反思：本人觉得喜忧参半，既有成功的一面，也有不如意的地方。喜爱小动物可以说是孩子们与生俱来的天性。当他们发现许多可爱的小动物时，往往会情不自禁地、兴致勃勃地观察起来。但对于常见的小蚂蚁来说，学生也许观察的兴趣不浓。因为蚂蚁的身体小，到处乱爬，要清楚地观察蚂蚁的外表特征有一定的难度。教学内容就是随着学生观察蚂蚁需要解决的一个个问题的提出而展开，学生带着"蚂蚁的身体到底是怎样的？"这一观察任务，不断改进观察方法，解决观察过程中的问题，达到获得对蚂蚁的丰富的直接认识，实现学习、表达的多元化，自主化。另外，学生观察蚂蚁搬运食物时，体验比较深，加上教师讲的故事《智勇的蚂蚁》的启迪作用，学生的心灵受到强烈的震撼：蚂蚁虽小但很团结，能搬运比自己身体大好多倍的东西。可见集体的力量是多伟大啊！教师则根据"悄悄话信箱"中收集到的情况，对学生进行对症下药。让学生将蚂蚁的行为与自己进行对比，觉得同学之间不能斤斤计较，并要乐于与人合作，多关心班集体，以把自己融于集体熔炉中为荣。以上这些教学能顺其自然、水到渠成地完成教学任务。但不如意的地方是没有遵循整册教材安排的侧重点之间的"序"，过高地估计学生的能力。这个"序"就是顺着小学生身心发展的规律，由浅入深，由简单到复杂，由扶到放呈梯度排列的。因此，我们在组织安排科学探究活动时，不能轻易打乱这个"序"。《蚂蚁》这一课在科学探究活动的安排上正是打乱了这个"序"，过高地估计学生，一味地放手让学生"自主"，其实这就是我们常见的"放任自流"，在不知道怎样观察，按照什么顺序观察的情况下就放手让学生自主观察蚂蚁的身体，结果学生的观察自然是无序的。而其间教师只能是采取一些补救的措施。

主要参考文献

[1] Eusan Avishai. 儿童自己做决定. 台北:创作性儿童出版社,2006

[2] 卜卫. 大众媒体与儿童. 北京:新华出版社,2002

[3] 丁锦宏. 品格教育论. 北京:人民教育出版社,2005

[4] 范树成. 德育过程论. 北京:中国社会科学出版社,2004

[5] 傅季重. 道德的理论和实践. 上海:上海社会科学院出版社,1987

[6] 黄向阳. 德育原理. 上海:华东师范大学出版社,2000

[7] 鲁洁. 道德教育的当代论域. 北京:人民出版社,2005

[8] 鲁洁,王逢贤. 德育新论. 南京:江苏教育出版社,2000

[9] 戚万学. 道德教育新视野. 济南:山东教育出版社,2004

[10] 唐思群编. 师生沟通的艺术. 北京:教育科学出版社,2001

[11] 学校政治思想道德教育大纲. 北京:北京师范大学出版社,1986

[12] 钟启泉. 儿童"德性"的形成及其环境影响分析. 北京:全球教育展望出版社,2001

[13] 何宏玲,考释. 生活的教育——陶行知. 济南:山东文艺出版社,2006

[14] [英]亚当·斯密. 道德情感论. 西安:陕西人民出版社,2004

[15] [美]吉诺特. 老师怎样和学生说话. 海口:海南出版社,2005